财经类专业"十四五"规划新形态教材

智能财税

闫菲 张建华 赵媛／主编
孙蕾 武海霞 于玥／副主编

立信会计出版社
LIXIN ACCOUNTING PUBLISHING HOUSE

图书在版编目(CIP)数据

智能财税 / 闫菲，张建华，赵媛主编. —上海：立信会计出版社，2023.12
ISBN 978-7-5429-7499-0

Ⅰ.①智… Ⅱ.①闫… ②张… ③赵… Ⅲ.①财税—管理信息系统 Ⅳ.①F810-39

中国国家版本馆 CIP 数据核字(2024)第 007281 号

策划编辑　王斯龙
责任编辑　王斯龙　张忠秀
美术编辑　吴博闻

智能财税
ZHINENG CAISHUI

出版发行	立信会计出版社		
地　　址	上海市中山西路 2230 号	邮政编码	200235
电　　话	(021)64411389	传　　真	(021)64411325
网　　址	www.lixinaph.com	电子邮箱	lixinaph2019@126.com
网上书店	http://lixin.jd.com		http://lxkjcbs.tmall.com
经　　销	各地新华书店		
印　　刷	上海万卷印刷股份有限公司		
开　　本	787 毫米×1092 毫米　1/16		
印　　张	17.5		
字　　数	415 千字		
版　　次	2023 年 12 月第 1 版		
印　　次	2023 年 12 月第 1 次		
书　　号	ISBN 978-7-5429-7499-0/F		
定　　价	49.00 元		

如有印订差错，请与本社联系调换

前　言

智能财税是互联网、大数据、智能化、云计算、物联网等现代技术在财税行业应用的必然结果。习近平总书记在中国共产党第二十次全国代表大会报告中指出："加快建设制造强国、质量强国、航天强国、交通强国、网络强国、数字中国。"随着互联网技术的不断进步，数字经济的日新月异，特别是金税四期工程的全面升级，企业推进财税管理数字化、智能化转型的速度不断加快，企业的财务人员不仅要掌握传统的财税知识和技能，还要具备数据挖掘、分析和处理，智能技术及工具应用等数智技能。

本书具有以下特点。

1. 以"项目导向、任务驱动"为编写理念，体现理实一体

本书按照"项目导向、任务驱动"的"活页式"教材的理念编写，设计了四个项目，涵盖了一家企业从设立到增值税发票的开具、经济业务的账务处理和纳税申报的典型财税岗位任务，设有【任务情境】【任务要求】【任务准备】【任务实施】【任务总结】【任务评价】等栏目。每个工作任务都由理论和实操两个部分组成，以学生为主体，由浅入深、由易到难、由点到面重新组合课程，一体化设计教学项目内容，可满足中高贯通、分段培养的人才培养目标。

2. 融岗课赛证内容为一体，注重职业能力的培养和职业素养的提升

本书聚焦财税智能化和数字化，以财税工作岗位为主线、以财税岗位职业技能训练为内容、以航天信息股份有限公司 Aisino 财税教学系统和数字化电子发票教学系统为载体，融入国家职业院校技能大赛智能财税赛项标准，对接金税财务应用"1+X"证书标准，设置"1+X"证书闯关任务，通过岗课赛证一体化模式，强化职业技能、提升职业素养。

3. 内容新颖，与时俱进，配套立体化教学资源

本书涉及的财税理论均依据最新的会计准则、税收政策法规编写，实训操作与国家税务信息化系统发展保持一致。全面数字化电子发票时代来临，学生的学习内容要与时俱进，本书将数字化电子发票的操作融入技能任务，让学生掌握数字化电子发票的操作技能，实现最新职业技能与日后岗位工作的无缝对接。本书与课程建设一体化，通过在线开放课程，配套数字化教学资源，借助虚拟仿真实训平台，强化职业技能。为了方便学生准确把握实操效果、提高业务技能，本书配套参考答案。

4. 校企"双元"合作开发，课程思政领航育人

本书采用"基于行动导向的真实工作案例"设计，注重吸收行业发展

的新知识、新技术、新工艺、新方法,与航天信息股份有限公司在校企合作基础上,合作开发本教材,强化学生财税岗位职业能力,提高核心竞争力。本书以党的二十大精神为指引,遵循"以树人为核心,以立德为根本"的原则,将我国最新税收法律法规、金税工程发展历程、职业素养等引入教材内容,习近平新时代中国特色社会主义思想、社会主义核心价值观、工匠精神等自然融入各项目任务,思政教育与专业课程学习融会贯通、系统推进。

本书由闫菲(山东经贸职业学院)、张建华(兰州现代职业学院)、赵媛(山东经贸职业学院)担任主编,孙蕾(山东经贸职业学院)、武海霞(山东经贸职业学院)、于玥(航天信息股份有限公司)担任副主编。此外,王玉珍(山东经贸职业学院)、秦敏(山东经贸职业学院)、刘凤文[和信会计师事务所(特殊普通合伙)济南分所]、董校玮(航天信息股份有限公司)参与了本书的编写、校对等工作。在编写过程中,我们参考了一些专家、学者编写的有关资料和教材,同时得到航天信息股份有限公司专家团队的大力支持,在此一并表示感谢。

本书系智能会计与金融高水平专业群建设教材成果和山东省2021年职业教育教学改革研究项目"'三教'改革视域下打造优质'双课',助力职业教育提质培优"(编号2021413)的阶段性研究成果。本书结构与内容设计紧密结合企业发展实际,既可以作为大数据与会计、大数据与审计、大数据与财务管理、会计信息管理、统计与会计核算等专业学生的实训教材,也可以作为金税财务应用职业技能等级证书考试培训的教材,还可以作为企业财务人员培训和自学用书。

为方便教学,本书涉及的单位名称、纳税人识别号、地址、电话及人员信息等纯属虚构,特此声明。

由于编者水平有限,本书和配套资源如有疏漏和不妥之处,恳请读者批评指正,以便今后修订、完善。

编者

2023年12月

目 录

企业基本信息 ·· 1

项目一　企业设立 ··· 8
　　任务一　工商登记 ··· 10
　　任务二　税务登记 ··· 21
　　任务三　印章刻制 ··· 26
　　任务四　金税盘发行 ·· 29
　　知识巩固 ·· 34
　　技能提升 ·· 37

项目二　增值税发票申领与开具 ·· 40
　　任务一　增值税发票申领 ··· 42
　　任务二　增值税发票开具 ··· 47
　　任务三　抄税 ·· 80
　　知识巩固 ·· 84
　　技能提升 ·· 86

项目三　会计信息化处理 ··· 89
　　任务一　期初建账 ··· 90
　　任务二　业财税账务处理 ··· 101
　　任务三　财务报表编制与审核 ··· 178
　　知识巩固 ·· 184
　　技能提升 ·· 189

项目四　纳税申报 ··· 191
　　任务一　增值税纳税申报 ··· 193
　　任务二　消费税纳税申报 ··· 207
　　任务三　企业所得税纳税申报 ··· 221

任务四　个人所得税纳税申报 ··· 236
任务五　其他主要税种纳税申报 ··· 251
任务六　社会保险费用申报 ··· 259
知识巩固 ·· 265
技能提升 ·· 269

参考文献 ·· 272

企业基本信息

一、企业概况

潍坊市森然实木地板制造有限公司(以下简称潍坊森然公司)成立于2022年4月5日，是一家以生产和销售实木地板为主的制造企业。其每道工序都有严格的质量控制和生产管理措施，质量已通过ISO9001质量体系认证。潍坊森然公司的产品为柞木实木地板、柚木实木地板和橡木实木地板。

1. 工商税务信息

企业名称：潍坊市森然实木地板制造有限公司　电话：0536-5228886
统一社会信用代码：913707028244715551
企业类型：有限公司(自然人投资)
法人代表：刘永昌　身份证号码：370725197912190528
经营范围：制造、销售实木地板
会计核算方式：按照企业会计准则独立核算
经营期限：长期
投资人：刘永昌
注册资金：人民币壹仟贰佰万元
注册地址：山东省潍坊市潍城区工业园路78号　邮编：260010
开户银行：中国建设银行潍坊工业园支行
账号：37070282447155513123
纳税人类型：一般纳税人
主管税务局：国家税务局潍坊市潍城区第一分局

2. 公司主要机构设置和人员配置

潍坊森然公司主要设行政部、生产部、运营部三大部门。其主要机构设置和人员配置如表1所示。

表1　潍坊森然公司主要机构设置和管理人员配置表

序号	部门名称		职务	职员姓名
1	行政部	总经办	总经理	刘永昌
2		财务部	主管	高峰
3			出纳	秦燕
4			会计	谢敏

(续表)

序号	部门名称		职务	职员姓名
5	行政部	财务部	办税员	肖文倩
6		人事部	主管	孔文星
7	生产部	加工车间	主任	王良辰
8		喷漆车间	主任	刘强
9		包装车间	主任	黄晓辉
10	运营部	采购部	经理	李志
11		营销部	经理	童建祥
12		仓储部	经理	汪天明

二、公司会计制度设置情况

公司执行新企业会计准则,会计核算健全。

(1) 记账本位币:人民币(核算中金额计算保留至分位)。

(2) 记账文字:中文。

(3) 会计核算采用科目汇总表核算形式。

(4) 假定应收款项不存在重大融资成分,公司均按照整个存续期的预期信用损失计提坏账准备,坏账损失采用备抵法。

(5) 存货(原材料、库存商品)按照实际成本进行日常核算,存货出库(原材料、库存商品)采用先进先出法,周转材料采用一次摊销法。

(6) 固定资产折旧采用年限平均法。折旧年限分别为房屋建筑物为50年,机器设备为10年,车辆为8年,办公设备为3年,办公家具为5年。

(7) 无形资产摊销采用直线法,摊销年限为10年。

(8) 公司按有关规定根据职工应付工资的一定比例计算缴纳社会保险费和住房公积金,分别由企业和个人负担。由企业和个人负担的社会保险费、住房公积金分别通过"应付职工薪酬""其他应付款"科目进行总账和明细账核算。五险一金计提比例如表2所示。

表2 五险一金计提比例表

项目	企业负担	个人负担	小计
基本养老保险	16.00%	8.00%	24.00%
医疗保险(含生育保险)	9.00%	2.00%	11.00%
失业保险	0.50%	0.50%	1.00%
工伤保险	0.20%	—	0.20%
住房公积金	12.00%	12.00%	24.00%
合计	37.70%	22.50%	60.20%

(9) 工会经费和职工教育经费分别按应付工资总额的2%、8%比例计提,职工福利费

不预提,按实际发生金额列支。

(10) 公司每年按当年税后净利润的 10% 比例计提法定盈余公积,不计提任意盈余公积,计提法定盈余公积后的利润,不分配股利。

三、公司适用税收政策情况

(1) 增值税政策:公司为增值税一般纳税人,销售产品适用增值税税率为 13%,纳税期限为 1 个月。

(2) 消费税政策:实木地板消费税税率为 5%,纳税期限为 1 个月。

(3) 所得税政策:公司企业所得税税率为 25%,根据当季实际利润预缴,年末汇算清缴。公司代扣代缴个人所得税。

(4) 其他税政策:公司适用的城市维护建设税税率为 7%,教育费附加征收率为 3%,地方教育附加率为 2%,房产税从价计征税率为 1.2%,城镇土地使用税年税额为 5 元/平方米,印花税税率详见具体业务。

不考虑其他税收。

四、会计核算资料

(1) 2022 年 12 月 1 日公司总账、明细账期初余额资料,如表 3 所示。

表 3 总账、明细账期初余额明细表 单位:元

项目	总账科目	二级明细科目	三级明细科目	借方余额	贷方余额	备注
资产	库存现金			35 000.00		
	银行存款	中国建设银行		7 279 091.00		
	其他货币资金	存出投资款		620 000.00		
	应收账款			6 191 873.00		辅助核算
	坏账准备				226 288.00	辅助核算
	原材料	柚木		2 520 000.00		4 200 吨
		橡木		2 400 000.00		4 000 吨
		柞木		0.00		
		水性漆		85 000.00		10 吨
	周转材料	包装物	纸质包装箱	100 000.00		10 万个
	库存商品	实木地板	柞木实木地板	14 575.00		100 箱
			柚木实木地板	15 048.00		50 箱
			橡木实木地板	820 120.00		2 800 箱
	固定资产	房屋、建筑物	办公楼	1 800 000.00		
			厂房	2 400 000.00		
			仓库	2 100 000.00		

(续表)

项目	总账科目	二级明细科目	三级明细科目	借方余额	贷方余额	备注
资产	固定资产	生产设备	锯机	180 000.00		
			素板加工生产线	320 000.00		
			喷漆设备	220 000.00		
			包装设备	30 000.00		
		运输设备	轿车	300 000.00		
			叉车	240 000.00		
		办公设备	笔记本电脑	144 000.00		
		办公家具	办公桌	24 000.00		
			办公椅	12 000.00		
	累计折旧				198 150.00	
	无形资产	专利技术	锁扣专利技术	1 200 000.00		
			木材刷漆专利技术	300 000.00		
	累计摊销				100 000.00	
负债	应付账款				41 000.00	辅助核算
	应付利息	长期借款利息			8 000.00	
	应付职工薪酬	工资			105 120.25	
		职工福利费				
		非货币性福利				
		社会保险费	养老保险费		21 720.00	
			医疗保险费		12 217.50	
			工伤保险费		271.50	
			失业保险费		678.75	
		住房公积金			16 290.00	
		职工教育经费				
		工会经费				
	应交税费	应交增值税	进项税额			
			进项税额转出			
			减免税款			
			销项税额			
		未交增值税			158 872.00	
		预交增值税				

(续表)

项目	总账科目	二级明细科目	三级明细科目	借方余额	贷方余额	备注
负债	应交税费	应交消费税			130 922.00	
		应交企业所得税				
		应交个人所得税			86.00	
		应交城市维护建设税			20 285.58	
		应交教育费附加			8 693.82	
		应交地方教育附加			5 795.88	
		应交印花税				
		应交环境保护税				
	其他应付款	工会经费				
		社会保险费			14 253.75	
		住房公积金			16 290.00	
		其他				
	长期借款	本金			10 000 000.00	
所有者权益	实收资本	刘永昌			12 000 000.00	
	盈余公积	法定盈余公积				
	利润分配	未分配利润				
	本年利润				6 365 771.97	

(2) 2022年12月1日公司供应商往来期初余额明细表，如表4所示。

表 4　供应商往来期初余额明细表

会计科目：应付账款　　　　　　2022年12月1日　　　　　　　　　　单位：元

编号	供应商名称	方向	期初余额	备注
1	潍坊供电公司	贷	21 000.00	
2	潍坊潍城水务集团有限公司	贷	20 000.00	
	合计	贷	41 000.00	

(3) 2022 年 12 月 1 日客户往来期初余额明细表，如表 5 所示。

表 5　客户往来期初余额明细表

会计科目：应收账款　　　　　　　2022 年 12 月 1 日　　　　　　　　　　　单位：元

编号	客户名称	方向	期初余额	备注
1	上海家悦地板批发公司	借	50 850.00	
2	青岛美馨商贸公司	借	5 012 000.00	
3	淄博博达装饰材料有限公司	借	1 129 023.00	
	合计	借	6 191 873.00	

(4) 2022 年 12 月 1 日公司固定资产明细表，如表 6 所示。

表 6　固定资产明细表

2022 年 12 月 1 日　　　　　　　　　　　　　　　　　　　　　　单位：元

编号	固定资产名称	使用部门	账面原值	使用年限（年）	残值率	已使用月份	已提折旧	账面余额
1	办公楼	行政部、运营部	1 800 000.00	50	0.05	8	22 800.00	1 777 200.00
2	厂房	生产部	2 400 000.00	50	0.05	8	30 400.00	2 369 600.00
3	仓库	仓储部	2 100 000.00	50	0.05	8	26 600.00	2 073 400.00
4	锯机	生产车间	180 000.00	10	0.04	8	11 520.00	168 480.00
5	素板加工生产线	生产车间	320 000.00	10	0.04	8	20 480.00	299 520.00
6	喷漆设备	喷漆车间	220 000.00	10	0.04	8	14 080.00	205 920.00
7	包装设备	包装车间	30 000.00	10	0.04	8	1 920.00	28 080.00
8	轿车	总经办	300 000.00	8	0.05	8	23 750.00	276 250.00
9	叉车	仓储部	240 000.00	8	0.05	8	19 000.00	221 000.00
10	笔记本电脑	行政部、运营部	144 000.00	3	0	6	24 000.00	120 000.00
11	办公桌椅	行政部、运营部	36 000.00	5	0	6	3 600.00	32 400.00
	合计		7 770 000.00	—	—	—	198 150.00	7 571 850.00

（5）2022年12月1日公司无形资产明细表，如表7所示。

表7 无形资产明细表

2022年12月1日　　　　　　　　　　　　　　　　　　　　　　　单位：元

编号	无形资产名称	账面原值	使用年限（年）	残值率	已使用月份	已提折旧	账面余额
1	锁扣专利技术	1 200 000.00	10	0	8	80 000.00	1 120 000.00
2	木材刷漆专利技术	300 000.00	10	0	8	20 000.00	280 000.00
	合计	1 500 000.00	—	—	—	100 000.00	1 400 000.00

项目一 企业设立

学习目标

素养目标：

1. 通过企业设立工作流程，培养学生严谨细致、规范操作的职业习惯。
2. 通过学习《中华人民共和国企业法人登记管理条例实施细则》《中华人民共和国公司法》《税务登记管理办法》《印章治安管理办法（草案）》等关于企业设立相关规定，培养学生遵纪守法意识。
3. 通过项目驱动小组分工，培养学生自主探究、团队协作及创新意识。

知识目标：

1. 了解"多证合一，一照一码"登记制度。
2. 熟悉企业工商营业执照的信息及使用。
3. 熟悉企业刻制印章的业务流程和规定。
4. 熟悉印章使用和保管的相关规定。
5. 熟悉金税盘发行的业务流程。
6. 掌握企业工商登记流程和规定。
7. 掌握设立税务登记流程和规定。

能力目标：

1. 能够熟练完成新设名称申报。
2. 能够熟练完成内资公司设立。
3. 能够熟练完成银行开户。
4. 能够熟练完成企业税务登记。
5. 能够熟练完成企业印章刻制。
6. 能够熟练完成金税盘发行。

项目概览

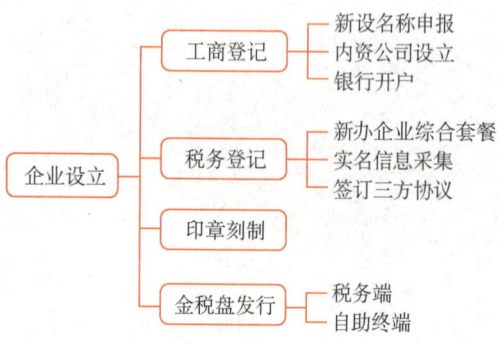

思政园地

大学生创业税收优惠政策知多少

2023年1月31日,习近平总书记在主持中共中央政治局第二次集体学习时强调,"为各类经营主体投资创业营造良好环境,激发各类经营主体活力"。"大众创业、万众创新"给高校毕业生提供更多的自主创业机会,而与之相对应的各项税收优惠政策则给了他们拼搏的信心。以下汇总了高校毕业生创业的最新税收优惠政策。

一、普惠性政策

1. 增值税起征点政策

自2023年1月1日至2023年12月31日,对月销售额10万元以下(含本数,以1个季度为1个纳税期的,季度销售额未超过30万元,下同)的增值税小规模纳税人,免征增值税。

2. 小型微利企业减征所得税政策

自2023年1月1日至2024年12月31日,对小型微利企业年应纳税所得额不超过100万元的部分,减按25%计入应纳税所得额,按20%的税率缴纳企业所得税。

自2022年1月1日至2024年12月31日,对小型微利企业年应纳税所得额超过100万元但不超过300万元的部分,减按25%计入应纳税所得额,按20%的税率缴纳企业所得税。

3. 个体工商户减半征收个人所得税政策

对个体工商户经营所得年应纳税所得额不超过100万元的部分,在现行优惠政策基础上,再减半征收个人所得税。个体工商户不区分征收方式,均可享受。

4. 山东省小规模纳税人减半征收六税二费

自2022年1月1日至2024年12月31日,山东省对增值税小规模纳税人、小型微利企业和个体工商户减按50%征收资源税、城市维护建设税、房产税、城镇土地使用税、印花税(不含证券交易印花税)、耕地占用税和教育费附加、地方教育附加。

二、促进创业就业政策

1. 高校毕业生从事个体经营的税费扣减政策

自2019年1月1日至2025年12月31日,高校毕业生从事个体经营的,自办理个体工商户登记当月起,在3年(36个月)内按每户每年14 400元为限额,依次扣减其当年实际应缴纳的增值税、城市维护建设税、教育费附加、地方教育附加和个人所得税。

2. 企业吸纳高校毕业生就业的税费扣减政策

自2019年1月1日至2025年12月31日,企业招用在人力资源社会保障部门公共就业服务机构登记失业半年以上且持《就业创业证》(注明"企业吸纳税收政策")的毕业年度内高校毕业生,与其签订1年以上期限劳动合同并依法缴纳社会保险费的,自签订劳动合同并缴纳社会保险当月起,在3年内按实际招用人数予以定额依次扣减增值税、城市维护建设税、教育费附加、地方教育附加和企业所得税,定额标准为每人每年7 800元。

任务一　工商登记

任务情境

潍坊森然公司安排办税员肖文倩完成公司设立工商登记工作。新公司设立工商登记信息,请扫描二维码自行下载。

1-1　新设立潍坊森然公司登记信息

任务要求

借助 Aisino 财税教学系统,帮助肖文倩完成2022年4月5日潍坊森然公司设立工商登记工作。

任务准备

一、知识准备

1. 企业分类

按照投资来源不同和组织形式不同,企业分类如图1-1所示。

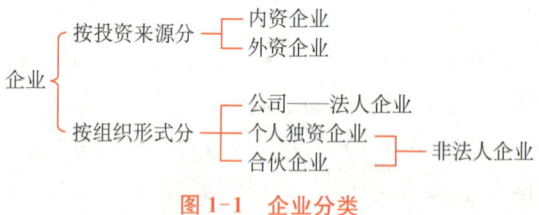

图1-1　企业分类

法人是指具有民事权利能力和民事行为能力,依法独立享有民事权利和承担民事义务的组织,其投资人以投资额为限承担有限责任。

2. 公司类型

公司一般是指在我国境内依法成立,以取得利润并分配给股东等出资人为目的的营利法人,包括有限责任公司和股份有限公司。

3. 公司设立条件

有限责任公司设立条件如下:

(1) 股东符合法定人数。

(2) 有符合公司章程规定的全体股东认缴的出资额。

(3) 股东共同制定公司章程。

(4) 有公司名称,建立符合有限责任公司要求的组织机构。

(5) 有公司住所。

股份有限公司设立条件如下：

(1) 发起人符合法定人数。

(2) 有符合公司章程规定的全体发起人认购的股本总额或者募集的实收股本总额。

(3) 股份发行、筹办事项符合法律规定。

(4) 发起人制订公司章程,采用募集方式设立的经创立大会通过。

(5) 有公司名称,建立符合股份有限公司要求的组织机构。

(6) 有公司住所。

4. 公司登记管辖

设立公司时应当依法向公司登记机关即市场监督管理机关申请设立登记。

5. 公司登记事项

公司的一般登记事项包括：名称；主体类型；经营范围；住所；注册资本；法定代表人；有限责任公司股东、股份有限公司发起人的姓名或者名称；法律、行政法规规定的其他事项。

6. 公司备案事项

公司的下列事项应当向登记机关办理备案：章程；经营期限；有限责任公司股东或者股份有限公司发起人认缴的出资数额；公司董事、监事、高级管理人员；公司登记联络员；公司受益所有人相关信息；法律、行政法规规定的其他事项。

7. 银行结算账户

银行结算账户是指银行为存款人开立的办理资金收付结算的活期存款账户。企业在经营活动中,应开立单位银行结算账户。单位银行结算账户按用途分为基本存款账户、一般存款账户、专用存款账户、临时存款账户。基本存款账户是存款人因办理日常转账结算和现金收付需要开立的银行结算账户,是存款人的主办账户,一个单位只能开立一个基本存款账户。

二、操作准备

(1) 企业设立登记相关资料。

(2) 登录 Aisino 财税教学系统。打开谷歌浏览器,输入教学网址,在登录页面选择"学生端",输入用户名和密码。

Aisino 财税教学系统登录页面如图 1-2 所示。

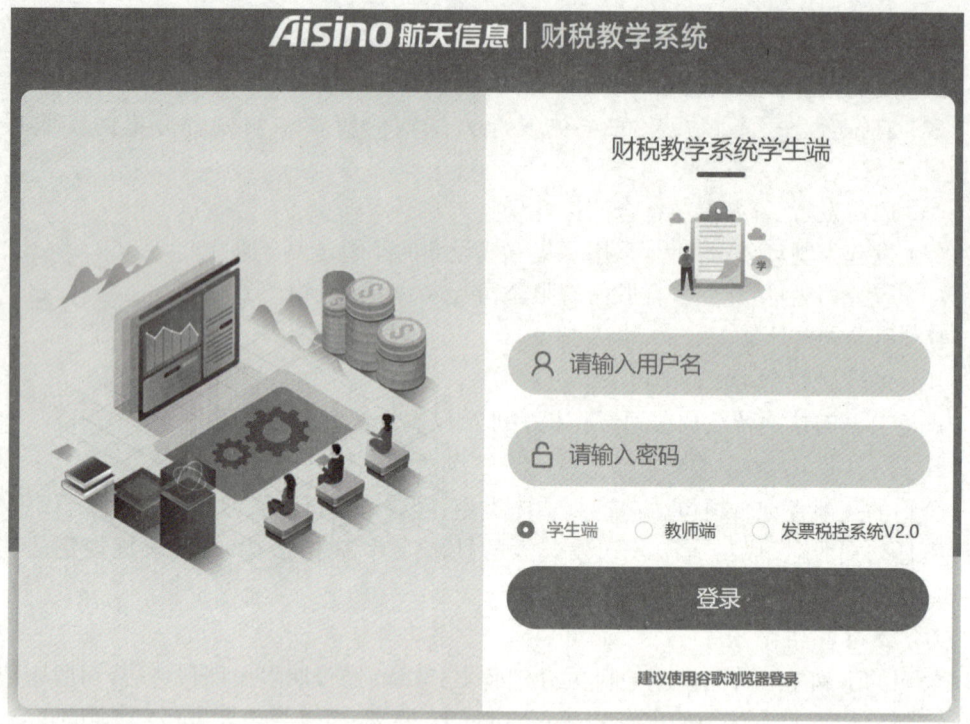

图 1-2　Aisino 财税教学系统登录页面

 任务实施

一、业务流程

企业设立登记的业务流程如图 1-3 所示。

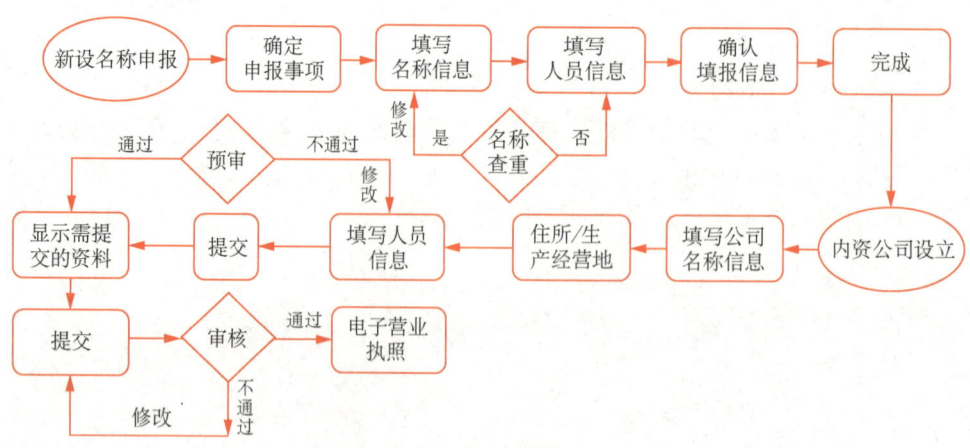

图 1-3　企业设立登记的业务流程

二、业务操作

（一）新设名称申报

第一步：点击"电子政务"模块，选择"市场监督局"，输入账号登录，在左侧菜单栏选择"新设名称申报"，右侧操作区出现名称自主申报步骤。

第二步：根据新设立潍坊森然公司登记信息中提供的相关信息进行各项内容填写，每填写完一项内容后，单击"下一步"按钮。

操作录屏1：新设名称申报

1. 确定申报事项

我要开办的（新设）是：选择"企业"。

请选择具体企业类型：选择"公司"。

是否为分支机构：选择"否"。

其住所（经营场所）在：依次选择"山东省—潍坊市—潍城区"。

注册资本（万元）：填写"1 200"。

 提示

注册资本单位是万元。

2. 填写名称信息

行政区划：选择"潍坊市"。

字号：填写"森然实木地板"。

行业：选择"制造"。

组织形式：选择"有限公司"。

教学用编号：用于区分企业名称，防止出现重名，可以填写学生的学号。

 **提示**

在实训平台中无法对同行业两家或两家以上相同名字的企业进行设立登记，所以用"教学用编号"加以区别。例如：潍坊市森然实木地板制造有限公司，在实操时，不同学生或小组应作"潍坊市森然实木地板制造有限公司01""潍坊市森然实木地板制造有限公司02"，以此类推。

是否为集团子公司：选择"否"。

请选择其中一个作为您的企业名称：选择"潍坊市森然实木地板制造有限公司"。

提示

名称信息填写完毕后，单击"名称查重/下一步"按钮，查看名称查重信息，若无重复名称，单击"继续申报"按钮。

3. 填写人员信息

在投资人栏单击右侧"增加"按钮,在弹出的"新增投资人"界面中输入如下信息:

姓名或名称:填写"刘永昌"。

投资人类型:选择"境内中国公民"。

国别(地区):选择"中国"。

证件类型:选择"身份证"。

证件号码:填写"370725197912190528"。

出资比例(%):填写"100"。

填写并检查信息准确无误后,单击"保存"按钮。

指定代表或共同委托代理人处填写高峰相关信息,检查无误后单击"下一步"按钮。

4. 确认填报信息

仔细核对界面信息,确认无误后单击"提交"按钮。

> 提示
>
> 若发现填写的信息有误,可单击"上一步"按钮,直至跳转到相应信息填写页面进行修改。

5. 完成

完成新设名称申报,系统将自动生成市场主体自主申报名称信用承诺书和市场主体自主申报名称预留告知书,具体内容扫描二维码查看。

1-2 市场主体自主申报名称信用承诺书

1-3 市场主体自主申报名称预留告知书

>  提示
>
> (1)在内资企业设立环节,需要上传市场主体自主申报名称信用承诺书。
> (2)市场主体自主申报名称预留告知书右上角记录自主申报预选号信息。
> (3)如果不能及时设立企业,应保存好申报预选号。

(二)内资公司设立

第一步:进入内资公司设立登记界面,进入方式包括如下两种方式:

第一种方式:在新设名称申报完成界面中,单击"现在申请设立登记"按钮,进入内资公司设立登记界面。

操作录屏2:内资公司设立

>  提示
>
> 此种方式适用于新设名称申报完成后,直接进行内资公司设立步骤的情形。

第二种方式:单击左侧菜单栏"内资公司设立"按钮,右侧操作区出现内资公司设立步骤。

提示

此种方式适用于新设名称申报完成后,没有直接进行内资公司设立步骤的情形,并且需要用到下载的市场主体自主申报名称预留告知书中的自主申报预选号。

第二步:根据新设立潍坊森然公司登记信息中提供的相关信息进行各项内容的填写,每填写完一项内容后,单击"下一步"按钮。

1. 填写名称信息

请输入自主申报预选号:如果用上述第一种方式登录公司设立登记界面,申报预选号已自动带出;如果用第二种方式登录,则需输入市场主体自主申报名称预留告知书中的申报预选号,系统将自动关联出其他相关信息,确认无误后,单击"下一步"按钮。

2. 住所/生产经营地

企业地址:选择并输入"山东省潍坊市潍城区工业园路78号"。

房屋性质:选择"商业及其他非住宅"。

房屋权属:选择"自有产权"。

生产经营地:选择并输入"山东省潍坊市潍城区工业园路78号"。

营业期限:选择"长期"。

经营范围:填写"制造、销售实木地板(国家限定企业经营或禁止进出口的商品及技术除外)"。

提示

经营范围可选择也可手动输入。

填写完成住所/生产经营地内容,并检查无误后,单击"下一步"按钮。

3. 确认股东信息

股东刘永昌:单击"编辑"按钮。

是否国有企业:选择"否"。

股东分批出资信息:单击右侧"新增出资批次"按钮。

出资期限:选择"2024-04-04"。

提示

潍坊森然公司在2022年4月5日成立,出资期限为2年,即在2024年出资。

出资额(万元):填写"1 200"。

出资方式:选择"货币",检查无误后,单击"保存"按钮。

利润分配规则:选择"按认缴出资比例"。

股东会表决方式:选择"按认缴出资比例",填写完毕后,单击"下一步"按钮。

4. 董监事信息填写

1) 填写执行董事信息

请选择设立董事会或是只设立一名执行董事:选择"公司不设立董事会,只设执行董事一名"。

执行董事姓名:填写"桑虹"。

执行董事证件类型:选择"身份证"。

执行董事证件号码:填写"370721197205137521"。

执行董事国别(地区):选择"中国"。

执行董事产生方式:选择"选举"。

2) 填写经理信息

是否设置公司经理职务:选择"是"。

经理姓名:填写"刘永昌"。

证件类型:选择"身份证"。

证件号码:填写"370725197912190528"。

国别(地区):选择"中国"。

产生方式:默认为"聘用",且不可修改。

3) 填写法定代表人信息

何职务出任法定代表人:选择"经理"。

提示

潍坊森然公司刘永昌是法定代表人兼任公司经理。

法定代表人移动电话:填写"13305365926"。

法定代表人固定电话:填写"0536-5228886"。

法定代表人住所:填写"潍坊市高新区香居花苑1单元201室"。

4) 填写监事信息

公司是否成立监事会:选择"否"。

添加监事信息:填写"王良辰"的相关信息后,单击"保存"按钮。

全部信息填写完成后,单击"下一步"按钮。

5. 人员信息填写

委托代理人信息和财务负责人信息:填写"高峰"的相关信息。

工商联络员信息:填写"肖文倩"的相关信息。

从业人数:填写"25"。

邮政编码:填写"261000"。

联系电话:填写"15653616260"。

提示

联系电话填写高峰移动电话。

申领执照:勾选"申领纸质证照"。
副本:填写"1"个,检查无误后,单击"提交审核"按钮。

 提示
副本个数可以根据企业需要填写。

6. 完成

系统提示"您的信息已提交审核,请等待审核通过后上传资料,完成公司设立",然后系统自动返回首页。

 提示
如果在教师端设置自动审核,此时在首页业务列表中,该项业务的办理状态为"预审通过",如若未设置自动审核,需要教师到教师端查看、审核。

(三)上传企业设立资料

预审通过后,单击操作栏中的"上传资料"按钮。在上传资料列表中,单击"点击上传"按钮,按要求上传完毕资料文件后,单击"提交"按钮。

资料提交后,即进入审核阶段。当办理状态显示为"申请成功、材料已生成",可以在"操作"中查看和下载"准予设立/开业登记通知书"和营业执照,即完成内资公司设立。

 提示
若未通过审核,在办理状态中显示为"登记驳回通知书",查看驳回原因,按要求修改后重新提交审核。

(四)开立银行基本账户

第一步:点击"银行"模块,选择"企业开户"下拉菜单"企业银行开户列表",输入账号登录。

第二步:单击"新增"按钮,填写开户基本信息,检查无误后,单击"下一步"按钮。

其中:

存款人名称:选择"潍坊市森然实木地板制造有限公司"。
证件类型:选择"营业执照"。
证件号码:输入公司统一社会信用代码"913707028244715551"。
组织机构代码:输入公司统一社会信用代码的第9位到第17位"824471555"。
法定代表人有效期至:属于长期,输入"9999-12-31"。
行业分类:选择"制造业"。
地区代码:输入公司统一社会信用代码的第3位到第8位"370702"。

1-4 公司设立上传资料

1-5 准予公司设立登记通知书

操作录屏3:上传企业设立资料

1-6 开设银行账户上传资料

操作录屏4:开立银行基本账户

证明文件编号:输入公司统一社会信用代码"913707028244715551"。
账户性质:选择"基本"。
其他栏目信息根据新设立潍坊森然公司登记信息内容填写。
第三步:企业上传相关开户资料,单击"提交"按钮。
第四步:银行审核企业资料,并确认通过后,企业将获得所开设的基本结算账户的账号。

> **提示**
> 开户完成后,账户余额为0,需要教师到教师端修改学生银行账户的余额,以便日后进行税款缴纳工作。

三、业务要领

目前,我国全面推行"多证合一、一照一码"的商事登记模式,由工商行政管理部门核发记载有统一社会信用代码的营业执照。纳税人在初次办理涉税事宜时,无须办理开业税务登记,不再领取税务登记证。在领取营业执照后,应对"多证合一"登记信息进行确认、补充或更正。

1. 营业执照

营业执照是工商行政机关发给各类市场主体从事某项生产经营活动的重要凭证,是市场主体登记工作的直接体现。营业执照分正本和副本,两者具有相同的法律效力。正本应当置于公司住所或营业场所的醒目位置,营业执照不得伪造、涂改、出租、出借、转让。

新版营业执照印制国徽、边框、标题(营业执照)、国家企业信用信息公示系统网址、登记机关公章、年月日、国家市场监督管理总局监制等内容,打印统一社会信用代码及号码、记载事项名称及内容、二维码等内容,其中副本照面加打年报提示语。

市场主体登记完成即自动生成电子营业执照,可以通过手机、电脑等领取、下载和使用,并通过扫描二维码出示。电子营业执照与纸质营业执照具有同等法律效力,是市场主体取得主体资格的合法凭证。

2. 统一社会信用代码

统一社会信用代码是一组长度为18位的用于法人和其他组织身份识别的代码,是法人和其他组织的"数字身份证"。其编码规则是:统一社会信用代码用18位的阿拉伯数字或大写英文字母表示,第1位是登记管理部门代码、第2位是机构类别代码("1"表示企业,"2"表示个体工商户,"3"表示农民专业合作社)、第3位到第8位是登记管理机关行政区划码、第9位到第17位是主体标识码(组织机构代码)、第18位是校验码。

潍坊森然公司的统一社会信用代码是913707028244715551,第1位"9"表示工商行政管理部门,第2位"1"表示企业,第3位到第8位"370702"表示山东省潍坊市潍城区,第9位到第17位"824471555"是组织机构代码,第18位"1"是校验码。

3. 名称

公司名称由"行政区划""字号""行业""组织形式"四部分依次组成,法律、行政法规另有规定的除外,登记公司名称时应当严格遵守《企业名称登记管理制度》和《企业名称登记管理实施办法》的相关规定。

"行政区划":公司名称应当冠以公司所在地省(包括自治区、直辖市)或者市(包括州)或者县(包括市辖区)行政区划名称。

"字号":公司可以选择字号。字号应当由两个以上的字组成。公司有正当理由可以使用本地或者异地地名作字号,但不得使用县以上行政区划名称作字号。私营公司可以使用投资人姓名作字号。

"行业":公司应当根据其主营业务,依照国家行业分类标准划分的类别,在公司名称中标明所属行业或者经营特点。

"组织形式":公司应当根据其组织结构或者责任形式,在公司名称中标明组织形式。所标明的组织形式必须明确易懂。《公司法》规定,设立有限责任公司的,必须在公司名称中标明有限责任公司或者有限公司字样;设立股份有限公司的,必须在公司名称中标明股份有限公司或者股份公司字样。

4. 注册资本

注册资本为在公司登记机关登记的全体股东认缴的出资额,应当以人民币表示。

5. 类型

公司类型包括有限责任公司和股份有限公司。

6. 成立时间

营业执照签发日期为公司成立时间。

提示

在 Aisino 财税教学系统中操作时,系统默认的是每月 5 日。

7. 法定代表人

法定代表人是指依法律或者法人章程规定代表法人行使职权的负责人,依照公司章程的规定,由董事长、执行董事或者经理担任,并依法登记。

8. 营业期限

营业期限为经批准的公司章程、合同中确定的经营期限,自登记机关核准之日起计算,根据执照的性质可以分长期和短期两种形式。

9. 经营范围

公司的经营范围由公司章程规定,并依法登记。公司应当在登记机关核准的经营范围内从事经营活动。

10. 住所

住所就是公司主要办事机构所在地或经营地。经公司登记机关登记的住所只能有一个。

四、业务解析

以潍坊森然公司营业执照为例,如图 1-4 所示。

拓展训练

"1+X"证书闯关

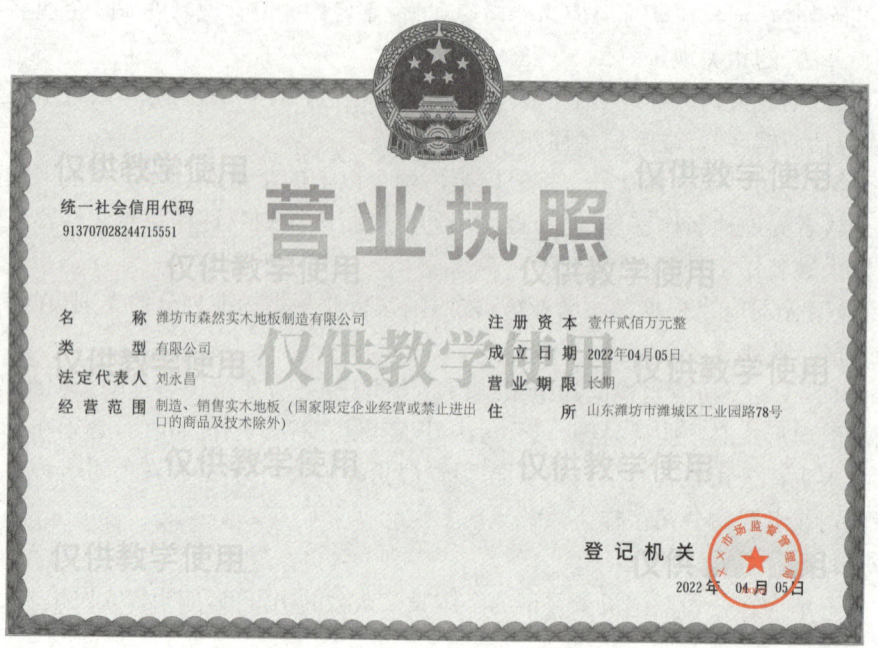

图1-4 潍坊森然公司营业执照

任务总结

表1-1 任务总结单

项目		总结与反思	研学改进
素质提升	提升		
	不足		
知识掌握	掌握		
	不足		
能力达成	达成		
	不足		

任务评价

表 1-2　任务评价表

评价指标	评价标准	分值	自评	互评	教师	所占比例
岗位技能	（1）熟练、规范操作新设名称申报流程	30				70%
	（2）熟练、规范操作内资公司设立流程	40				
	（3）独立完成"1＋X"证书闯关	30				
过程性考核	（1）出勤与纪律	25				30%
	（2）工作态度	25				
	（3）自我学习与管理能力	25				
	（4）团队合作与创新能力	25				
	综合得分					

任务二　税务登记

任务情境

潍坊森然公司已经完成公司设立工商登记工作，现办税员肖文倩需要在国家税务局电子税务局中完成该公司设立税务登记工作。新公司设立税务登记信息，请扫描二维码自行下载。

2-1　潍坊森然公司税务登记采集信息

任务要求

借助 Aisino 财税教学系统，帮助肖文倩完成潍坊森然公司设立税务登记工作。

任务准备

一、知识准备

（一）办理税务登记的范围

办理税务登记的范围：企业、企业在外地设立的分支机构和从事生产、经营的场所，个体工商户和从事生产、经营的事业单位需向生产、经营所在地税务机关申报办理税务登记。

(二)税务登记的类型

税务登记的类型:开业登记,变更登记,停业、复业登记,注销登记,外出经营报验登记,纳税人税种登记,扣缴税款登记等。

(三)办理设立税务登记的时限要求

企业在领取"一照一码"营业执照后 15 日内,将其财务、会计制度或处理方法报送主管税务机关备案,向税务机关报告企业全部存款账号,完成信息确认。在完成信息确认后,营业执照即可代替税务登记证使用。

二、操作准备

(1)企业设立税务登记相关资料。
(2)企业已经完成银行开户,并且银行账户余额充足。

任务实施

一、业务流程

企业设立税务登记的业务流程如图 1-5 所示。

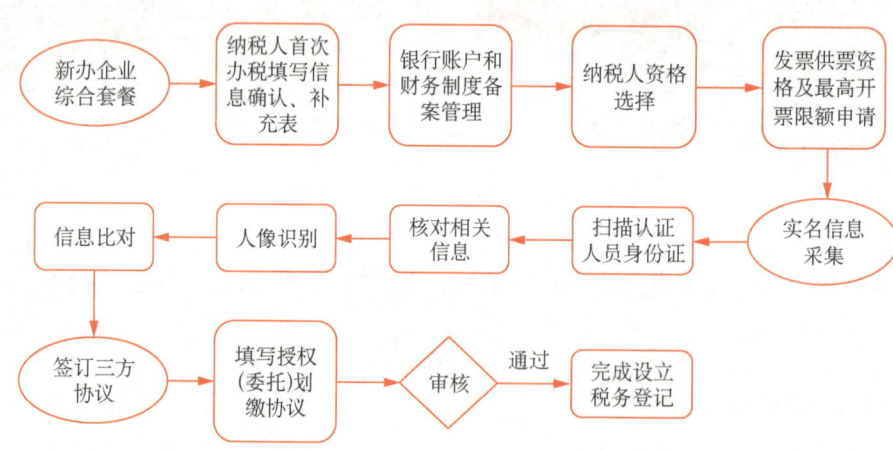

图 1-5　企业设立税务登记的业务流程

二、业务操作

(一)新办企业综合套餐

第一步:点击"工业园区"模块,选择"财务部",单击左侧菜单栏"国家税务总局电子税务局",输入"潍坊市森然实木地板制造有限公司"的统一社会信用代码,密码"123456"后,单击"登录"按钮,进入电子税务局。

第二步:在左侧套餐业务中点击"新办企业综合申请套餐",单击"立即办理"按钮,进入新办企业综合套餐申请流程。

1. 单位纳税人税务登记

仔细核对由市场监督管理部门共享的企业登记信息，并补充填写其他必填信息。填写完成后单击"保存"按钮，再单击"下一步"按钮。

2. 相关人员信息

仔细核对由市场监督管理部门共享的法定代表人信息、财务负责人信息，并补充填写办税人信息。填写完成后单击"保存"按钮，再单击"下一步"按钮。

3. 注册资本投资总额信息

国有控股类型：选择"其他"。

自然人投资比例(%)：输入"100"。

注册资本：输入"12 000 000"。

投资总额：输入"12 000 000"，仔细核对投资方信息后，单击"下一步"按钮。

4. 总分机构信息

本业务的总分机构类型：非总分机构，直接单击"下一步"按钮。

5. 银行账户和财务制度备案

根据"潍坊市森然实木地板制造有限公司"税务登记采集信息文件内容，填写银行账户和财务制度备案。填写完成后单击"保存"按钮，再单击"下一步"按钮。

> **提示**
>
> "纳税人存款账户账号报告表"中的"账号"指的是企业开设基本账户的银行账号。

6. 增值税纳税人类型确认

选择"一般纳税人"，单击"下一步"按钮。

7. 发票供票资格及最高开票限额申请

根据"潍坊市森然实木地板制造有限公司"税务登记采集信息文件内容，选择票证核定内容；购票人员填写"肖文倩"的相关信息。填写完成后单击"保存"按钮，再点击"下一步"按钮。

8. 税控盘咨询

单击"在线申请税控开票设备"，申请税控开票设备(金税盘)。在弹出的对话框中单击"在线购买"按钮，依据提示购买支付即可。

> **提示**
>
> (1) 在实际工作中，企业也可选择线下到税务机关申请购买税控设备。
> (2) 办理结束后，教师需要在教师端"教学设置"中完成实操所在班级学生的"税(费)种认定"工作。
> (3) 当完成所有学生税(费)种认定后，教师可以在"教学设置"中点击"进入下月"，便于学生进行纳税申报工作。

（二）实名信息采集

第一步：利用实名信息采集自助终端，在首页单击"企业实名制采集"按钮。

第二步：根据系统提示信息，将需要实名认证的办事人员身份证放在终端身份证感应区，系统自动读取身份证信息。

第三步：在"确认办理业务企业"界面中，选择办理实名采集的企业名称，单击"确认"按钮。

第四步：在出现采集人员信息界面中，核对需要实名认证的办税人员信息，确认无误后单击"采集"按钮。

第五步：系统通过摄像头进行人像识别，将采集到的人像信息与身份证信息比对，比对一致后，完成人员信息采集，此时"当前状态"变更为"已采集"。

（三）签订三方协议

操作录屏6：签订三方协议

第一步：登录进入"国家税务总局电子税务局"后，选择"我要办税"中的"其他服务事项"，点击"授权（委托）划缴协议"。

第二步：填写新签订授权（委托）划缴协议。

是否一并适用于税、社保费的委托银行扣款协议：选择"是"。

账户性质：选择"基本存款账户"。

行政区划：填写"370702"。

银行行别：选择"中国建设银行"。

开户银行：选择"中国建设银行实训支行"。

账户名称：自动关联"潍坊市森然实木地板制造有限公司"。

账号：填写该公司银行账号"37070282447155513123"。

币种：选择"人民币元"。

一般退税账户标识：选择"是"。

出口退税账户标识：选择"是"。

开户日期和报告日期：选择"2022-04-05"。

第三步：填写完成并检查无误后，单击"保存"按钮。

第四步：单击"提交"按钮，在弹出的"银税协议确认书"中勾选"我已知晓确认上述事项"后，单击"确认"按钮。

三、业务要领

（一）新办企业综合套餐

新办纳税人享受"套餐式"服务，依托网上办税服务平台，实现一次性办结多个涉税事项，大幅缩减了纳税人的业务办理时间。新办企业综合套餐业务一般包括以下涉税事项：网上办税服务厅开户、登记信息确认、财务会计制度及核算软件备案、纳税人存款账户账号报告、增值税一般纳税人登记、发票票种核定、增值税专用发票最高开票限额审批、金税设备申领、实名信息采集等。

在完成新办企业综合套餐业务后，进入"互动中心"系统，点击"我的消息"，查看"提示提醒"，即可查看"新办企业综合套餐申请"办理结果。

(二) 实名信息采集

办税人员可以到办税大厅人工窗口办理实名信息采集，也可以到自助办税终端完成实名信息采集。实名信息采集每人只能采集一次信息，无法重复采集。

纳税人在税务信息系统中的法定代表人、财务负责人、办税人员或票种核定申请中的购票员等，其人员信息（包括姓名、身份证件类型、身份证件号码）要与实名采集信息，即与国家人口库信息一致。

实名信息采集的内容包括：身份信息、电话号码、人像信息等。

(三) 签订三方协议

提交签订三方协议申请后，需等待税务机关审核。纳税人可以在"授权（委托）划缴协议"办理业务，查看该业务的表单状态。若"表单状态"显示"已通过"，则授权（委托）划缴协议生效，委托银行扣款功能启用。

>  提示
>
> 系统已设置自动审核，提交申请后，务必查看表单状态是否通过。如果不通过，需要重新签订三方协议。

2-2 税务事项通知书

2-3 授权（委托）划缴协议回执

拓展训练

四、业务解析

（1）潍坊森然公司的新办企业综合套餐业务申请已经受理成功，收到税务事项受理通知书，请扫描二维码查看。

（2）潍坊森然公司的授权（委托）划缴协议验证成功，请下载授权（委托）划缴协议回执并盖上签章至对应银行进行验证，请扫描二维码查看。

任务总结

表 1-3 任务总结单

项目		总结与反思	研学改进
素质提升	提升		
	不足		
知识掌握	掌握		
	不足		
能力达成	达成		
	不足		

任务评价

表1-4 任务评价表

评价指标	评价标准	分值	自评	互评	教师	所占比例
岗位技能	（1）熟练、规范操作新办企业综合套餐	40				70%
	（2）熟练、规范操作实名信息采集	30				
	（3）熟练、规范操作签订三方协议	30				
过程性考核	（1）出勤与纪律	25				30%
	（2）工作态度	25				
	（3）自我学习与管理能力	25				
	（4）团队合作与创新能力	25				
综合得分						

任务三　印章刻制

任务情境

潍坊森然公司已经完成公司设立工商登记操作流程，现办税员肖文倩需要完成企业印章刻制工作。

任务要求

借助Aisino财税教学系统，帮助肖文倩完成潍坊森然公司印章刻制工作。

任务准备

一、知识准备

企业印章是指企业刻制的以文字、图记表明主体同一性的公章、专用章，它是企业从事民事活动、行政活动的符号和标记。

常见企业印章主要包括公司公章、合同专用章、财务专用章、法定代表人章和发票专用章。

公司公章是代表公司对外的正式信函、文件、报告使用的签章，盖公章的文件具有法律效力。

合同专用章是当事人签订书面合同时，加盖合同专用章，没有合同专用章的可以加盖企业公章,但是需要加盖公章的不能用合同章代替。

财务专用章是公司资金收付章,适用于企业财务管理和资金结算,主要与法定代表人章一起作为银行预留印鉴。

法定代表人章是公司法定代表人的个人私章,一般保管在企业财务手中。法定代表人章一般不单独使用,与公司公章一起表示法人认可,与合同章一起用于合同签章,与财务章一起用于银行预留印鉴。

发票专用章在企业开具发票时使用,不能使用财务章代替,也不能和财务章同时使用。

二、操作准备

企业已经完成申领营业执照,取得电子营业执照。

任务实施

一、业务流程

企业刻制印章的业务流程如图 1-6 所示。

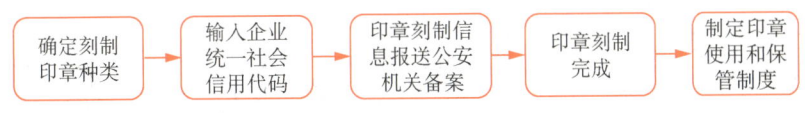

图 1-6　企业刻制印章的业务流程

二、业务操作

印章刻制实行备案管理,印章刻制备案纳入"多证合一、一照一码"登记制度。企业可以在办理税务登记时,通过网上平台刻制印章,也可以到指定刻章企业自行刻章。本任务借助 Aisino 财税教学系统,采用网上申请刻制印章方法。

点击"电子政务",单击左侧菜单栏"刻章办事处",用账号登录后,在"单位名称"处单击"放大镜",在弹出页面选择要刻章的企业,企业基本信息会自动关联到"单位名称""统一社会信用代码""法定代表人姓名"处,检查信息无误后,单击"生成"按钮,企业的常用印章即刻生成。

操作录屏7:
刻制印章

三、业务要领

企业印章的使用从法律上代表企业意志,需要妥善保管,严格按照规定程序使用。

1. 企业印章使用的注意事项

(1)建立并使用统一的印章使用审批制度和使用登记表。一般来说,经企业领导批准后,印章使用者应填写统一的用印登记表,企业文书人员对用印文件要认真审查,审核与申请用印内容、用印次数是否一致,然后才能在相关文件上用印。需要注意的是,使用印章时,要确保由印章保管人员亲自用印,不能让他人代为用印,同时不能让印章离开印章保管人员的视线。一般情况下,未经企业主要领导亲自批准,不允许使用者将印章携带外出,即使需要外出携带,最好指定可信任的人随往,确保印章安全。

(2) 严格控制或禁止在空白文件上盖印章。印章使用过程中,印章管理者一定要确保使用者不能在空白文件,如空白纸张、空白单据、空白介绍信等上面加盖公司印章,如遇特殊情况,必须经过公司核心管理者的同意。如果加盖印章的空白文件无用后,持有者也要将该空白文件退回印章管理部门(如行政部、办公室),请其妥善处理,从而确保用章安全。

2．企业印章保管的注意事项

(1) 企业印章的保管,应实行印章专人保管、负责人印章与财务专用章分管的制度,并严格执行保管人交接制度。公司公章一般由董事长或总经理保管;合同专用章可以由公司法务人员、合作律师或行政部门保管;财务专用章一般由企业的财务人员管理,可以是财务主管或出纳保管;法定代表人章一般是法定代表人自己保管,也可以交由公司财务部门出纳人员管理;发票专用章一般由财务部门的发票管理员保管。

(2) 企业印章如遇被盗、被抢或遗失等情形,必须在第一时间向公安机关报案,并取得报案证明,同时在当地或项目所在地报纸上刊登遗失声明。之后,再进行印章补刻。

四、业务解析

潍坊森然公司刻制的印章如图1-7所示。

    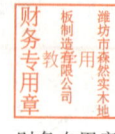

公章　　　　合同专用章　　　法定代表人章　　　发票专用章　　　财务专用章

图1-7　潍坊森然公司印章

表1-5　任务总结单

项目		总结与反思	研学改进
素质提升	提升		
	不足		
知识掌握	掌握		
	不足		
能力达成	达成		
	不足		

任务评价

表 1-6 任务评价表

评价指标	评价标准	分值	自评	互评	教师	所占比例
岗位技能	（1）熟练、规范办理刻制印章业务	40				70%
	（2）能够建立印章使用和保管制度	30				
	（3）能够做好印章使用和保管工作	30				
过程性考核	（1）出勤与纪律	25				30%
	（2）工作态度	25				
	（3）自我学习与管理能力	25				
	（4）团队合作与创新能力	25				
综合得分						

任务四　金税盘发行

任务情境

潍坊森然公司已经完成公司设立税务登记操作流程，现办税员肖文倩领购金税盘后，前往税控专用设备（金税盘）发行的人工窗口，办理金税盘发行工作。

任务要求

（1）借助 Aisino 财税教学系统，模拟税务机关工作人员完成金税盘发行工作。

（2）利用发行自助终端，帮助肖文倩完成金税盘自助发行工作。

任务准备

一、知识准备

（一）金税工程发展历程

从 1994 年起，基于行政信息化建设的基本要求，我国开始实施金税等信息化重大工程。金税工程的推行有利于推进征管改革，有助于提高工作效率，有利于加强对增值税的管控，有利于严密税收监控、堵塞税款流失漏洞，有效地打击和遏制通过伪造、倒卖、盗窃、虚开增值税专用发票等手段偷、逃、骗国家税款等犯罪，促进经济健康发展。我国"金税工程"的发展历程如图 1-8 所示。

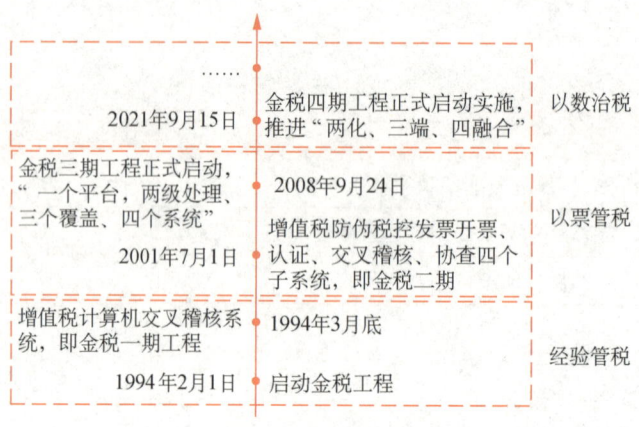

图 1-8 我国"金税工程"发展历程

"金税工程"四期,围绕构建智慧税务这一目标,着力推进"两化、三端、四融合"。"两化"是指构建智慧税务,有赖于推进数字化升级和智能化改造;"三端"是指智慧税务建成后,将形成以纳税人端、税务人端和决策人端为主体的智能应用平台体系。"金税四期"将基于全局视角建成覆盖税收征管全部环节、全部流程、全部主体的一体化应用平台。"四融合"是指智慧税务建成后,将实现从"算量、算法、算力"到"技术功能、制度效能、组织机能",从"税务、财务、业务"到"治税、治队、治理"的一体化深度融合。

(二)增值税防伪税控系统

1. 税局管理端

税局管理端使用的是增值税发票管理系统(V2.0),主要功能包括对纳税人进行税控设备发行,增值税发票领购、开具、抄报税、查询等内容的闭环管理。

2. 企业用户端

企业用户端使用的是增值税发票税控开票软件,通过该系统企业可以开具增值税专用发票、增值税普通发票、增值税电子普通发票和机动车销售统一发票。而金税盘是增值税发票税控开票软件使用的企业专用设备,可为税控系统提供数据加密、发票申领、发票管理、抄报税数据监控等功能,实现增值税发票防伪和税控双重功能。

纳税人在领购金税盘后,应到主管税务机关进行金税盘的发行,主管税务机关依据综合征管软件同步的税务登记信息、资格认定信息、税种税目认定信息、票种核定信息、离线开票时限、离线开票总金额等信息对金税盘进行发行。

二、操作准备

(1)企业已经完成企业设立税务登记,模拟领购金税盘。
(2)企业办税人员已经完成实名信息采集。

任务实施

一、业务流程

金税盘发行有两种方法,一是纳税人到办税大厅人工窗口,由税务机关工作人员发行;二是纳税人通过办税大厅的发行自助终端自助办理金税盘发行。税务端发行金税盘业务流程如图1-9所示,发行自助终端发行金税盘业务流程如图1-10所示。

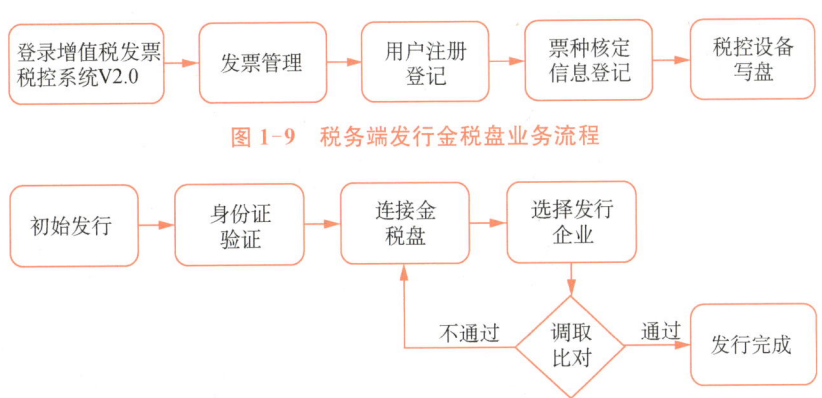

图 1-9 税务端发行金税盘业务流程

图 1-10 发行自助终端发行金税盘业务流程

二、业务操作

(一)税务端发行金税盘

第一步:填写用户注册信息。登录"增值税发票税控系统2.0",单击左侧菜单栏"发行管理",在子菜单中选择"用户注册登记"。在右侧信息填写中选择需要注册登记的纳税人识别号"913707028244715551",单击"下一步"按钮,根据潍坊森然公司税务登记采集信息的内容,填写用户相关信息。填写完成企业信息后,单击"下一步"按钮,完成用户注册,如图1-11所示。

操作录屏8:
税务端发行金税盘

图 1-11 填写用户相关信息

第二步：票种核定信息登记。在"发行管理"子菜单中单击"票种核定信息登记"，在右侧信息填写中选择需要注册登记的纳税人识别号"913707028244715551"，单击"下一步"按钮，根据潍坊森然公司税务登记采集信息的内容，勾选该纳税人需要的"发票类型、开票限额、领购限量"，单击"提交"按钮，完成票种核定登记，如图1-12所示。

信息填写

企业名称：潍坊市森然实木地板制造有限公司		税号：913707028244715551	
发票类型	开票限额		领购限量
☑ 增值税专用发票	百万元版		15
☑ 增值税普通发票	百万元版		15
☐ 增值税电子普通发票	请选择		请输入
☐ 机动车统一销售发票	请选择		请输入
☐ 增值税专用发票（成品油）	请选择		请输入
☐ 增值税普通发票（成品油）	请选择		请输入

提交　取消

图1-12　票种核定信息登记

第三步：税控设备写盘。在"发行管理"中单击"税控设备管理"，在子菜单中单击"税控设备写盘"，在右侧信息填写中选择需要注册登记的纳税人识别号"913707028244715551"，单击"下一步"按钮，在打开的"税控设备写盘"界面中单击"写盘"按钮，完成税控设备发行，如图1-13所示。

纳税人票种核定信息

发票类型	每月购票数量	每次购票数量	单张最高开票限额	离线开票累计额	离线开票时限	每月上传截止日期	启用时间
增值税普通发票	15	15	999999.99	9999999.99	360	次月1号	2022-04-05
增值税专用发票	15	15	999999.99	9999999.99	360	次月1号	2022-04-05

纳税人税控设备信息

税控设备编号	税控设备类型	开票机号	已有发票类型
666230220262	-	0	增值税专用发票，增值税普通发票，

税控设备写盘　返回

图1-13　税控设备写盘

（二）自助发行金税盘

第一步：在税务局自助办税大厅找到发行自助终端，在屏幕界面中单击"初始发行"。

第二步：将已经完成实名信息采集的身份证放入感应区，进行身份证验证。

第三步：将金税盘连接到发行自助终端的 USB 接口处，待连接完成后，单击"确定"按钮。

第四步：在"请输入纳税人识别号"编辑框中，填写"潍坊市森然实木地板制造有限公司"的统一社会信用代码"913707028244715551"，然后单击"确定"按钮。

第五步：系统提示本次发行企业名称和税号，确认无误后单击"确定"按钮，完成发行。

三、业务要领

纳税人办理金税盘发行业务，需要携带实名认证的办税人员身份证、金税盘、营业执照副本原件及复印件、公章等资料。

"1+X"证书闯关

任务总结

表 1-7　任务总结单

项目	总结与反思		研学改进
素质提升	提升		
	不足		
知识掌握	掌握		
	不足		
能力达成	达成		
	不足		

任务评价

表1-8 任务评价表

评价指标	评价标准	分值	自评	互评	教师	所占比例
岗位技能	(1) 掌握金税盘发行工作流程	30				70%
	(2) 能够模拟税务局工作人员发行金税盘	30				
	(3) 能够独立使用发行自助终端发行金税盘	40				
过程性考核	(1) 出勤与纪律	25				30%
	(2) 工作态度	25				
	(3) 自我学习与管理能力	25				
	(4) 团队合作与创新能力	25				
综合得分						

知识巩固

一、单选题(每题只有一个正确答案,请将正确答案填在括号内)

1. 依照《中华人民共和国公司法》,以下不属于有限责任公司法定设立条件的是(　　)。
   A. 股东符合法定人数
   B. 股东出资达到法定资本最低限额
   C. 有公司名称
   D. 有固定生产经营场所和必要的生产经营条件

2. 设立股份有限公司,在中国境内有住所的发起人应占发起人总数的(　　)。
   A. 四分之一　　B. 三分之一　　C. 三分之二　　D. 半数

3. 企业名称中的字号应当由(　　)个以上的字组成。
   A. 2　　B. 3　　C. 4　　D. 5

4. 统一社会信用代码共为(　　)位。
   A. 9　　B. 15　　C. 17　　D. 18

5. 统一社会信用代码第1位为(　　)。
   A. 登记管理部门代码　　B. 机构类别代码
   C. 登记管理机关行政区划码　　D. 校验码

6. 下列人员中,属于办税人员的是(　　)。
   A. 车间主任　　B. 销售总监　　C. 财务总监　　D. 采购主管

7. 企业由于经营不善导致破产,工作人员在市场监督管理局申请办理企业注销登记前,应先办理的事项是(　　)。
   A. 交还营业执照　　B. 银行账户销户　　C. 注销税务登记　　D. 注销社保登记

8. 下列关于工作人员在电子税务局中执行变更办税人员操作的描述中,正确的是( )。

　　A. 填写新的办税人员家庭住址

　　B. 上传的证明材料必须是身份证信息

　　C. 办理完办税人员变更登记后,再进行实名认证信息采集

　　D. 办理完税务登记变更后查看市场监督管理部门登记信息是否同步更新

9. 下列选项中,不属于统一社会信用代码主要特征的是( )。

　　A. 唯一性　　　　B. 兼容性　　　　C. 稳定性　　　　D. 易更改

10. 下列各项业务中,不能在电子税务局"新办企业综合申请套餐"功能中办理的是( )。

　　A. 发票供票资格申请　　　　　　　B. 申领增值税发票

　　C. 申领金税盘　　　　　　　　　　D. 发票最高开票限额申请

11. 税务登记不包括( )。

　　A. 注销登记　　　B. 变更登记　　　C. 停业登记　　　D. 减免税登记

12. 下列人员中,不属于电子营业执照默认领照人的是( )。

　　A. 执行事务合伙人　　　　　　　　B. 个人独资企业投资人

　　C. 法定代表人　　　　　　　　　　D. 委托代理人

二、多选题(每题有两个或两个以上正确答案,请将正确答案填在括号内)

1. 公司是指依照公司法在中国境内设立的( )。

　　A. 无限责任公司　B. 股份无限公司　C. 有限责任公司　D. 股份有限公司

2. 公司营业执照应当载明公司的( )、经营范围、法定代表人姓名等事项。

　　A. 名称　　　　　B. 住所　　　　　C. 注册资本　　　D. 商品名称

3. 下列各项中,属于任何公司在设立时都必须具备的基本条件的有( )。

　　A. 必须有发起人　　　　　　　　　B. 必须有资本

　　C. 必须制定公司章程　　　　　　　D. 必须在登记前报经审批

4. 经国家工商行政管理总局核准,( )的公司名称可以不冠以公司所在地行政区划名称。

　　A. 全国性公司　　　　　　　　　　B. 闻名企业

　　C. 外商投资企业　　　　　　　　　D. 历史悠久、字号驰名的企业

5. 下列有关基本存款账户的表述中,符合我国有关规定的有( )。

　　A. 一个单位只能有一个基本存款账户

　　B. 工资、奖金只能通过基本存款账户办理

　　C. 开立基本存款账户必须取得中国人民银行核发的开户许可证

　　D. 基本建设资金必须存入基本存款账户

6. 纳税人办理的下列事项中,必须提供税务登记证件("一照一码"登记之后为"一照一码"营业执照)的有( )。

　　A. 开立银行账户　B. 申领发票　　　C. 纳税申报　　　D. 缴纳税款

7. 纳税人应办理变更税务登记的情形有( )。

　　A. 纳税人改变名称

B. 纳税人改变隶属关系
C. 纳税人改变经营地址而改变原主管税务机关
D. 纳税人银行账号改变

8. 税务登记的内容包括(　　)。
A. 开业登记(设立登记)　　　　　　B. 变更登记
C. 注销登记　　　　　　　　　　　D. 停业复业登记

9. "多证合一"中的"多证"包含(　　)。
A. 工商营业执照　　　　　　　　　B. 组织机构代码证
C. 税务登记证　　　　　　　　　　D. 社会保险登记证和统计登记证

10. 下列关于自主申报企业名称的说法中,正确的有(　　)。
A. 企业名称自主申报通过后,在保留期内不得调整登记机关、投资人、注册资本等事项
B. 企业名称自主申报通过后,即可以将该企业名称用于从事经营活动
C. 自主申报的企业名称经登记机关注册登记,办理营业执照后正式生效
D. 企业名称自主申报通过后,该企业名称在规定的范围内享有专用权

11. 企业在市场监督管理部门办理设立登记后,还需要向税务部门补充登记的信息有(　　)。
A. 银行存款账户信息　　　　　　　B. 财务会计制度备案
C. 企业经营期限　　　　　　　　　D. 增值税纳税人类型确认

12. 下列各项中,属于纳税人可以在电子税务局"新办企业综合申请套餐"中办理的有(　　)。
A. 发票最高开票限额申请　　　　　B. 发票供票资格申请
C. 金税设备申领　　　　　　　　　D. 发票申领

13. 《中华人民共和国公司法》规定有限责任公司设立的条件有(　　)。
A. 有公司住所　　B. 有办税人员　　C. 有出纳人员　　D. 有公司名称

14. 下列人员中,可以担任公司法定代表人的有(　　)。
A. 董事长　　　　B. 执行董事　　　C. 经理　　　　　D. 财务负责人

三、判断题(正确的在括号内打"√",错误的打"×")

1. 依法设立的有限责任公司必须在公司名称中标明有限责任公司字样。(　　)
2. 公司法定代表人依照公司章程的规定,由董事长、执行董事或者经理担任,并依法登记。(　　)
3. 有限责任公司章程应当载明股东的出资方式、出资额和出资时间。(　　)
4. 有限责任公司的注册资本为在公司登记机关登记的全体股东实缴的出资额。(　　)
5. 企业只准使用一个名称,在登记主管机关管辖区内不得与已登记注册的同行企业名称相同或者近似。(　　)
6. 企业可以选择字号,并且字号应当由两个以上的字组成。(　　)
7. 私营企业不可以使用投资人姓名作字号。(　　)
8. 在基本存款账户、一般存款账户、临时存款账户和专用存款账户中,只有基本存款账户才能办理现金支付。(　　)

9. 一个企业可以办理多个营业执照。（ ）

10. 公司变更登记事项涉及营业执照载明事项的，公司登记机关应当为其换发营业执照。（ ）

11. 办税人员只能使用实名认证自助终端机办理实名采集工作。（ ）

12. 设立内资企业需要先进行企业名称自主申报，申报成功后再进行申请企业设立登记工作。（ ）

 技能提升

实务操作题

北京市速达货物运输有限公司拟投资成立一家汽车装饰公司，并请公司员工代为办理企业设立的工商登记事项。请根据题目中给出的公司资料信息（表1-9至表1-15），登录市场监督管理部门进行新设名称申报和内资企业设立工作。

表1-9　申报事项信息

经营场所所在地	北京市朝阳区
注册资本	500万元

表1-10　企业名称信息

行政区划	北京
字号	美物
行业类型（经营特点）	汽车装饰
组织形式	有限公司

表1-11　人员信息

投资人信息	北京市速达货物运输有限公司	投资人类别：有限公司/其他 证件类型：营业执照 证件号码：911101021234567890 出资比例：80%
	李欢	投资人类别：境内中国公民 证件类型：身份证 证件号码：110103197505073333 出资比例：20%
指定代表或共同委托代理人信息		姓名：韩力 身份证号码：110602199910108621 手机号码：18900123456 座机号码：010-33558670 邮箱：hanli@139.com

表 1-12 住所/生产经营地

住所	北京市朝阳区江门路 90 号 房屋性质:商业及其他非住宅 房屋权属:租赁使用权
经营场所	北京市朝阳区江门路 90 号
经营期限	长期
经营范围	汽车清洗、内饰清洗、快速换油等

表 1-13 企业股东信息

投资人出资信息	北京市速达货物运输有限公司	法人投资人:北京市速达货物运输有限公司 是否国有企业:否 出资金额:400 万元 出资方式:货币形式 出资期限:2021 年 9 月 1 日
	李欢	自然人投资人:李欢 是否国有企业:否 出资金额:100 万元 出资方式:货币形式 出资期限:2021 年 9 月 1 日
利润分配规则		按认缴出资比例
股东会表决方式		按认缴出资比例

表 1-14 企业董、监、高信息资料

董事会及董事信息	董事会:不成立 执行董事姓名:王志元 执行董事证件类型:身份证 执行董事证件号码:110102198308091100 执行董事国别(地区):中国 执行董事产生方式:选举
公司经理信息	是否设置公司经理职务:是 经理姓名:李欢 证件类型:110103197505073333 国别(地区):中国 产生方式:聘用
法定代表人信息	何职务出任法定代表人:经理 法定代表人移动电话:18831245560 法定代表人固定电话:010-66588933 法定代表人电子邮箱:lihuan@139.com 法定代表人住所:门头沟区悦都城 15 号楼 法定代表人国别(地区):中国 法定代表人产生方式:聘用

(续表)

| 监事会及监事信息 | 是否成立监事会:不成立
姓名:李江(职工监事)
身份证号码:110108199606177242
产生方式:选举 |

表 1-15 企业其他信息

工商联络员信息	姓名:韩力 身份证号码:110602199910108621 手机号码:18900123456 座机号码:010-33558670 邮箱:hanli@139.com
财务负责人	姓名:刘然 身份证号码:110107198908094302 手机号码:18901588230 座机号码:010-88887777
从业人数	80 人
邮政编码	10020
联系电话	18900123456(该号码为韩力手机号码)
申领执照	申请纸质营业执照,其中副本 1 份

要求:

(1) 请根据表 1-9 至表 1-11 所给出的信息,完成企业名称自主申报操作。

(2) 请根据执行"企业名称自主申报"操作后,系统生成的自主申报预选号进入内资企业设立操作界面。

(3) 请根据表 1-12 至表 1-15 所给出的信息,完成内资企业设立操作。

项目二 增值税发票申领与开具

学习目标

素养目标：

1. 通过学习增值税发票申领、开具和抄税工作流程，培养学生爱岗敬业、诚实守信、规范操作的会计职业素养。

2. 通过学习《中华人民共和国增值税暂行条例》《中华人民共和国增值税暂行条例实施细则》《中华人民共和国税收征收管理法》《中华人民共和国税收征收管理法实施细则》《中华人民共和国发票管理办法》《中华人民共和国发票管理办法实施细则》《增值税专用发票使用规定》等关于增值税发票相关规定，体会知法、懂法、守法、用法的重要性，强化法治意识。

3. 通过任务驱动小组分工，培养学生自主探究、团队协作及创新意识。

知识目标：

1. 熟悉增值税发票日常使用、保管规定。
2. 掌握增值税纳税人分类标准。
3. 掌握增值税发票的种类。
4. 掌握开具增值税发票的基本要求。

能力目标：

1. 能够熟练完成领购增值税发票。
2. 能够熟练完成初次登录增值税发票税控开票软件的基本操作。
3. 能够正确、规范开具各类增值税发票。
4. 能够熟练完成抄税工作。

项目概览

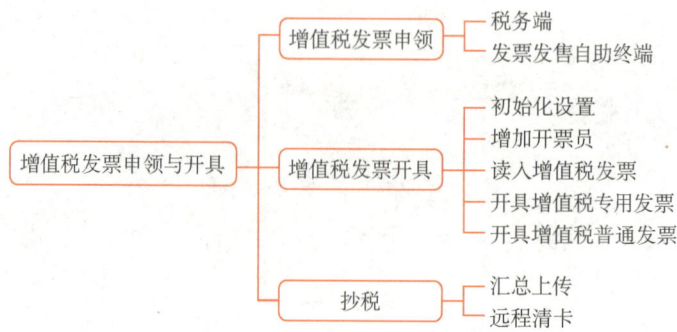

数字中国建设之数字化电子发票

习近平总书记在中国共产党第二十次全国代表大会报告中指出:"加快建设制造强国、质量强国、航天强国、交通强国、网络强国、数字中国。"随着互联网技术的不断进步,数字经济的日新月异,中国税收征管正从"经验管税"和"以票控税",向着"以数治税"分类精准监管发展。特别是区块链技术、元宇宙等新业态的蓬勃发展,全面数字化的电子发票(以下简称数电票)的时代已经到来。

数电票是指依托可信身份体系和电子发票服务平台,以去介质、去版式、标签化、要素化、授信制、赋码制为基本特征,覆盖全领域、全环节、全要素的全新发票,与纸质发票具有同等法律效力。

数电票号码为20位,其中:第1至第2位代表公历年度后两位,第3至第4位代表行政区划代码,第5位代表数电票开具渠道等信息,第6至第20位代表顺序编码。

数电票与传统纸电发票的区别如表2-1所示。

表2-1 数电票与传统纸电发票的区别

区别	数电票	传统纸电发票
发票管理	(1) 无需使用税控专用设备 (2) 无需办理发票票种核定 (3) 无需领用发票 (4) 开业即可开票,系统自动赋予开具额度,并根据纳税人行为动态调整	(1) 通过增值税发票管理系统开具 (2) 开业后需先申领专用税控设备并进行票种核定 (3) 纳税人需要依申请对发票增版增量
发票交付	(1) 发票数据文件自动发送至开票方和受票方的税务数字账户,交付入账 (2) 发票数据自动归集	(1) 通过发票版式文件进行交付(邮件、短信等) (2) 受票方人工下载进行归集、整理、入账等操作
发票生态	(1) 依托大数据管理体系,从"控票"向"控事"转变 (2) 数电票的开具、交付、查验等应用实现深度融合 (3) 纳税人可享受"一站式"服务	(1) 通过专用税控设备实现"控票" (2) 发票平台功能较为单一,且发票开具、交付、查验等平台互相独立

数电票让企业开票更便捷,交付更快速,同时赋能服务监管,推动解决防范发票虚开虚抵和虚开骗税的难点。企业应抓住数电票的契机推进财税管理数字化、智能化转型,实现更合规、更高效、更赋能的业财税融合,将财务在服务业务、管理决策等方面的价值推向又一个战略高地。

任务一　增值税发票申领

任务情境

潍坊森然公司已经完成公司设立税务登记操作流程,现办税员肖文倩在税局人工窗口完成金税盘发行,需要税局工作人员一并完成增值税发票首次申领工作。发票明细如表2-2所示。

表2-2　发票明细

公司名称	发票类型	数量(份数)	开票限额(元)
潍坊森然公司	增值税专用发票	15	999 999.99
	增值税普通发票	15	999 999.99

任务要求

借助Aisino财税教学系统,模拟税务机关工作人员完成增值税发票购票写盘工作。

任务准备

一、知识准备

(一)增值税纳税人认定

增值税纳税人是指负有缴纳增值税义务的单位和个人,根据企业经营规模的大小,以及会计核算是否健全,划分为增值税小规模纳税人和增值税一般纳税人。

增值税小规模纳税人标准为年应征增值税销售额500万元及以下。小规模纳税人会计核算健全,能够提供准确税务资料的,可以向税务机关申请登记为一般纳税人,不再作为小规模纳税人。小规模纳税人(其他个人除外)发生增值税应税行为,需要开具增值税专用发票的,可以自愿使用增值税发票管理系统自行开具。

增值税一般纳税人是指年应税销售额超过小规模纳税人标准,并且会计核算健全、能够提供准确税务资料的企业和企业性单位。

纳税人登记为一般纳税人后,不得转为小规模纳税人,国家税务总局另有规定的除外。

(二)发票

发票,是指在购销商品、提供或者接受服务以及从事其他经营活动中,开具、收取的收付款凭证。它是确定经济收支行为发生的法定凭证,是会计核算的原始依据,也是税务稽

1-1　税收名词对对碰:"发票"和"税票"

查的重要依据。

1. 发票管理机关

国家税务总局统一负责全国发票管理工作。省、自治区、直辖市税务机关依据各自的职责，共同做好本行政区域内的发票管理工作。财政、审计、市场监督管理、公安等有关部门在各自职责范围内，配合税务机关做好发票管理工作。

在全国范围内统一式样的发票，由国家税务总局确定。增值税专用发票由国家税务总局确定的企业印制；其他发票，按照国家税务总局的规定，由省、自治区、直辖市税务机关确定的企业印制。禁止私自印制、伪造、变造发票。

2. 发票的种类

发票的种类主要包括增值税专用发票、增值税普通发票和特定范围继续使用的其他发票。

1) 增值税专用发票

增值税专用发票是增值税一般纳税人销售货物或者提供应税劳务开具的发票，是购买方支付增值税税额并可按照增值税有关规定据以抵扣增值税进项税额的凭证。其包括增值税专用发票（折叠票）、增值税电子专用发票和机动车销售统一发票。

增值税专用发票由基本联次或者基本联次附加其他联次构成，基本联次为三联：第一联记账联，是销售方核算销售收入和增值税销项税额的记账凭证；第二联抵扣联，是购货方扣税凭证和留存备查凭证；第三联发票联，是购买方核算采购成本和增值税进项税额的记账凭证。其他联次用途，由一般纳税人自行确定。

2) 增值税普通发票

增值税普通发票是增值税纳税人在销售货物、提供应税劳务或服务时，通过增值税发票税控开票软件开具的除增值税专用发票以外的发票。其包括增值税普通发票（折叠票）、增值税电子普通发票和增值税普通发票（卷票）。

增值税普通发票（折叠票）由基本联次或者基本联次附加其他联次构成，基本联次为两联：第一联为记账联，是销售方发票联，是销售方的记账凭证；第二联为发票联，是购货方的记账凭证。

增值税电子普通发票的法律效力、基本用途和基本使用规定等与税务机关监制的增值税普通发票相同。如果开票方和受票方需要纸质发票的，可以自行打印增值税电子普通发票的版式文件。

增值税普通发票（卷票）为定长发票，发票宽度有 76 mm、57 mm 两种，长度固定为 177.8 mm。发票基本联次为一联，即"发票联"。

3) 其他发票

其他发票包括农产品收购发票、农产品销售发票、门票、过路（过桥）费发票、定额发票、客运发票和二手车销售统一发票等。

二、操作准备

（1）办税员、法定代表人已完成实名信息采集。

（2）企业已经完成金税盘发行工作。

 任务实施

一、业务流程

新办纳税人首次申领发票,纳税人可以到办税大厅人工窗口,由税务机关工作人员发售发票,也可以通过办税大厅的发票发售自助终端自助完成。税务端首次申领发票流程如图 2-1 所示,发票发售自助终端首次申领发票流程如图 2-2 所示。

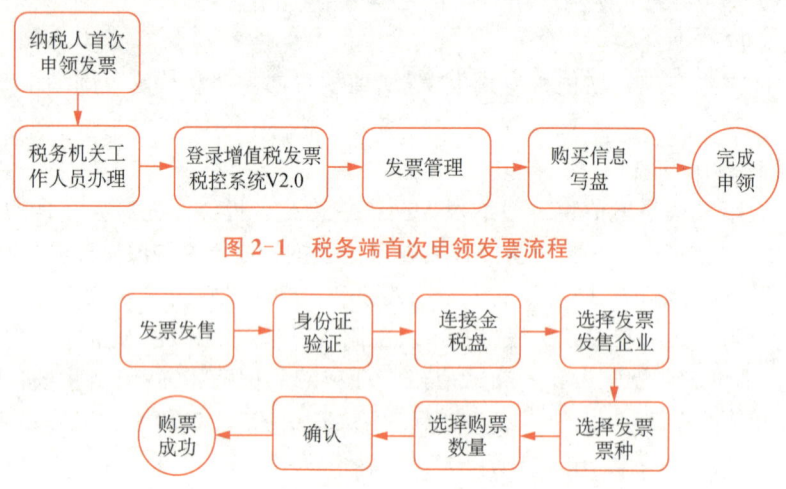

图 2-1 税务端首次申领发票流程

图 2-2 发票发售自助终端首次申领发票流程

二、业务操作

(一)税务端首次申领发票

第一步:登录"增值税发票税控系统 2.0",单击左侧菜单栏"发票管理",在子菜单中选择"购票信息写盘"。

第二步:在"纳税人识别号"编辑框中输入潍坊森然公司的统一社会信用代码,并单击"查询"按钮。

第三步:根据"表 2-2 发票明细"的领购信息,选择潍坊森然公司本次需申领发票的种类、输入领购份数,如图 2-3 所示。

操作录屏 9:税务端首次申领发票

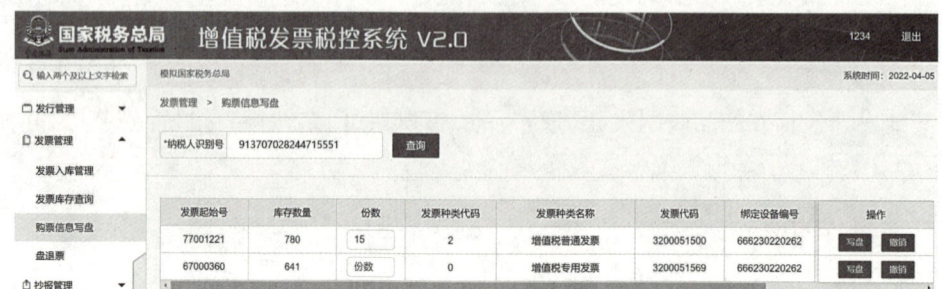

图 2-3 购票信息写盘

> **提示**
> 企业每次向税务机关领购发票的数量只能是5的倍数。

第四步:填写完毕后,单击"写盘"按钮,提示"写盘成功",即完成发票发售。

(二)发票发售自助终端首次申领发票

第一步:在税务局自助办税大厅找到发票发售自助终端,在屏幕界面中单击"发票发售"按钮。

第二步:将已经完成实名信息采集的身份证放入感应区,进行身份证验证。

第三步:将金税盘连接到发行自助终端的USB接口处,待连接完成后,单击"确定"按钮。

第四步:在"请输入纳税人识别号"编辑框中,填写潍坊森然公司的统一社会信用代码"913707028244715551",然后单击"确定"。

第五步:单击"潍坊市森然实木地板制造有限公司"名称行。

第六步:在领用发票种类选择界面中,单击"增值税专用发票"。

第七步:在"当前企业可领的发票份数"编辑框中填写"15",并单击"确认"。

第八步:领票成功后,从自助终端取走相应份数的纸质增值税专用发票。

> **提示**
> 发票发售自助终端一次只能申领一种发票,领取增值税普通发票需要再申请。

三、业务要领

同时满足下列条件的新办纳税人首次申领增值税发票,主管税务机关应当自受理申请之日起2个工作日内办结,有条件的主管税务机关当日办结。

(1)纳税人的办税人员、法定代表人已经进行实名信息采集和验证(需要采集、验证法定代表人实名信息的纳税人范围由各省税务机关确定)。

(2)纳税人有开具增值税发票需求,主动申领发票。

(3)纳税人按照规定办理税控设备发行等事项。

首次申领增值税发票的新办纳税人办理发票票种核定,增值税专用发票最高开票限额不超过10万元,每月最高领用数量不超过25份;增值税普通发票最高开票限额不超过10万元,每月最高领用数量不超过50份。各省税务机关可以在此范围内结合纳税人税收风险程度,自行确定新办纳税人首次申领增值税发票票种核定标准。

一般纳税人如有下列情形之一者,不得领购使用增值税专用发票。

(1)会计核算不健全,不能向税务机关准确提供增值税销项税额、进项税额、应纳税额数据及其他有关增值税税务资料的。

(2)有《中华人民共和国税收征收管理法》规定的税收违法行为,拒不接受税务机关处理的。

(3)有下列行为之一,经税务机关责令限期改正而仍未改正的:①虚开增值税专用发票;②私自印制专用发票;③向税务机关以外的单位和个人买取专用发票;④借用他人专用发票;⑤未按规定开具专用发票;⑥未按规定保管专用发票和专用设备;⑦未按规定申请办理防伪税控系统变更发行;⑧未按规定接受税务机关检查。

表 2-3　任务总结单

项目		总结与反思	研学改进
素质提升	提升		
	不足		
知识掌握	掌握		
	不足		
能力达成	达成		
	不足		

表 2-4　任务评价表

评价指标	评价标准	分值	自评	互评	教师	所占比例
岗位技能	(1)掌握申领增值税发票工作流程	30				70%
	(2)能够模拟税务局工作人员完成发票发售	30				
	(3)能够独立使用发票发售自助终端申领发票	40				
过程性考核	(1)出勤与纪律	25				30%
	(2)工作态度	25				
	(3)自我学习与管理能力	25				
	(4)团队合作与创新能力	25				
综合得分						

任务二　增值税发票开具

潍坊森然公司办税员肖文倩已经完成增值税发票首次申领工作,现需开具如下增值税发票:

(1) 2022年12月15日,将500箱柚木实木地板销售给北京宏飞贸易有限公司,开具增值税专用发票,注明不含税金额为190 000元。

(2) 2022年12月16日,与山东顶尚装饰有限公司签订销售合同,销售柞木实木地板1 000箱,每箱不含税售价220元。经友好协商给予5%的折扣,销售额与折扣额在同一张发票的"金额栏"中分别注明。

(3) 2022年12月21日,销售给烟台红星家居有限公司(小规模纳税人)柞木实木地板20箱,开具增值税普通发票,取得收入4 972元。

(4) 2022年12月23日,北京博启商贸有限公司反馈11月购买的900箱柞木实木地板存在质量问题,经协商后决定做退货处理,给予全额退款,退款金额价税合计为223 740元。该业务增值税发票购买方尚未进行进项税额勾选确认,并将发票全联次寄还销售方。

(5) 2022年12月30日,向济宁虎元商贸有限公司销售橡木实木地板4 000箱,合同约定不含税售价合计为2 000 000元,开具增值税专用发票。

需要资料如表2-5、表2-6、表2-7、表2-8、表2-9所示。

表2-5　潍坊森然公司初始化信息

序号	项目说明	具体设置信息
1	系统初始化	主管姓名:高峰 密码:123456
2	基本参数设置	营业地址:山东省潍坊市潍城区工业园路78号 电话:0536-5228886 开户行及账号:中国建设银行潍坊工业园支行　37070203372666689599
3	上传参数设置	安全接入服务器地址:http://127.0.0.1.cn:8001

表2-6　潍坊森然公司开票员信息

开票员姓名	肖文倩	秦燕
登录密码	123456	123456
角色权限	开票员	开票员

表 2-7　潍坊森然公司发票信息

公司名称	发票类型	数量（份数）	开票限额（元）
潍坊森然公司	增值税专用发票	15	999 999.99
	增值税普通发票	15	999 999.99

表 2-8　潍坊森然公司常用客户开票信息

编码	名称	税号	地址电话	银行账号
001	上海家悦地板批发公司	91310118435628521A	上海市青浦区弄北路309号 021-66241756	工行夏阳支行 32526474647200008
002	北京博启商贸有限公司	911101214563AKL456	北京市朝阳区新昌路21号 010-89464577	建行朝阳分行 11077383746475629
003	北京宏飞贸易有限公司	91110108QU11DIM232	北京市海淀区昌松路62号 010-58935269	中国银行海淀区支行 89766455364659868
004	山东顶尚装饰有限公司	91370783482100WD6A	寿光市人民路127号 0536-33781266	建行人民路支行 11067364742838291
005	济南馨美装饰材料有限公司	9137010523FY14418K	济南市解放南路36号 0531-58772626	交通银行解放路支行 8600004535621346
006	青岛吉美装商贸有限公司	91370203PWT337255Q	青岛市中兴路73号 0532-26771788	农业银行市北分行 6899937457700226
007	济宁虎元商贸有限公司	91370881TY447UWE43	济宁市长江路472号 0537-8266355	中国银行长江路支行 8944372934858601
008	烟台红星家居有限公司	913706722256OBH72W	烟台市福山路62号 0535-6288189	建行经济开发区分行 1176346585825867

表 2-9　潍坊森然公司商品名称信息

编码	商品名称	税收分类编码	规格型号	计量单位	单价（元）	税率	含税价标志
001	柞木实木地板	货物-木制品、家具类产品-木材及木、竹、藤、棕、草制品-建筑用木料及加工木材组合-木制地板-实木地板（10501050401）	—	箱	220	13%	否
002	橡木实木地板	货物-木制品、家具类产品-木材及木、竹、藤、棕、草制品-建筑用木料及加工木材组合-木制地板-实木地板（10501050401）	—	箱	500	13%	否
003	柚木实木地板	货物-木制品、家具类产品-木材及木、竹、藤、棕、草制品-建筑用木料及加工木材组合-木制地板-实木地板（10501050401）	—	箱	380	13%	否

 **任务要求**

借助 Aisino 财税教学系统,帮助肖文倩完成以下工作任务:
(1)初次登录增值税发票税控开票软件,根据表 2-5 提供的信息,完成开票软件初始化设置。
(2)根据表 2-6 提供的信息,增加开票员肖文倩、秦燕。
(3)根据表 2-7 提供的信息,将申领发票信息读入发票软件。
(4)根据表 2-8 提供的信息,录入客户开票信息。
(5)根据表 2-9 提供的信息,录入商品信息。
(6)根据以上资料,向购买方开具增值税发票。

 **任务准备**

一、知识准备

(一)增值税发票使用基本规定

纳税人在日常经营活动中,应当遵守《中华人民共和国发票管理办法》及实施细则规定。销售商品、提供服务以及从事其他经营活动的单位和个人,对外发生经营业务收取款项,收款方应当向付款方开具发票;特殊情况下,由付款方向收款方开具发票。所有单位和从事生产、经营活动的个人在购买商品、接受服务以及从事其他经营活动所支付的款项应当向收款方取得发票,取得发票时不得要求变更品名和金额。

>  **提示**
>
> 不符合规定的发票,不得作为财务报销凭证,任何单位和个人有权拒收。

开具发票应当按照规定的时限、顺序、栏目,全部联次一次性如实开具,并加盖发票专用章。任何单位和个人不得有下列虚开发票行为:
(1)为他人、为自己开具与实际经营业务情况不符的发票。
(2)让他人为自己开具与实际经营业务情况不符的发票。
(3)介绍他人开具与实际经营业务情况不符的发票。

安装税控装置的单位和个人,应当按照规定使用税控装置开具发票,并按期向主管税务机关报送开具发票的数据。

开具发票后,如发生销货退回需开红字发票的,必须收回原发票并注明"作废"字样或取得对方有效证明;发生销售折让的,在收回原发票并注明"作废"字样后,重新开具销售发票。

任何单位和个人应当按照发票管理规定使用发票,不得有下列行为:
(1)转借、转让、介绍他人转让发票、发票监制章和发票防伪专用品。
(2)知道或者应当知道是私自印制、伪造、变造、非法取得或者废止的发票而受让、开具、存放、携带、邮寄、运输。

(3) 拆本使用发票。

(4) 扩大发票使用范围。

(5) 以其他凭证代替发票使用。

> **提示**
> 纳税人取得增值税发票可以通过全国增值税发票查验平台查询发票真伪。

开具发票的单位和个人应当建立发票使用登记制度,设置发票登记簿,并定期向主管税务机关报告发票使用情况。

开具发票的单位和个人应当在办理变更或者注销税务登记的同时,办理发票和发票领购簿的变更、缴销手续。

开具发票的单位和个人应当按照税务机关的规定存放和保管发票,不得擅自损毁。已经开具的发票存根联和发票登记簿,应当保存 5 年。保存期满,报经税务机关查验后销毁。

单位和个人在开具发票时,必须做到按号码顺序填开,填写项目齐全,内容真实,字迹清楚,全部联次一次复写、打印,内容完全一致,并在发票联和抵扣联加盖单位财务印章或者发票专用章。发票应按下列要求开具:

(1) 项目齐全,与实际交易相符。

(2) 字迹清楚,不得压线、错格。

(3) 发票联和抵扣联加盖财务专用章或者发票专用章。

(4) 按照增值税纳税义务的发生时间开具。

对不符合上述要求的发票,购买方有权拒收。

开具发票应当使用中文。民族自治地方可以同时使用当地通用的一种民族文字。外商投资企业和外商企业可以同时使用一种外国文字。

专用发票实行最高开票限额管理。最高开票限额,是指单份专用发票开具的销售额合计数不得达到的上限额度。

最高开票限额由一般纳税人申请,税务机关依法审批。最高开票限额为十万元及以下的,由区县级税务机关审批;最高开票限额为一百万元的,由地市级税务机关审批;最高开票限额为一千万元及以上的,由省级税务机关审批。防伪税控系统的具体发行工作由区县级税务机关负责。

(二) 折扣销售

折扣销售,又称商业折扣,是指销货方在销售货物、提供应税劳务,销售服务、无形资产或者不动产时,因购买方购货数量较大等原因,给予购货方的价格优惠。

纳税人采取折扣方式销售货物,如果销售额和折扣额在同一张发票上分别注明,可以按折扣后的销售额征收增值税。销售额和折扣额在同一张发票上分别注明,是指销售额和折扣额在同一张发票的"金额"栏分别注明,可按折扣后的销售额征收增值税。未在同一张发票"金额"栏注明折扣额,而仅在发票的"备注"栏注明折扣额的,折扣额不得从销售额中减除。

二、操作准备

企业已经完成金税盘发行,申领了增值税发票。

一、业务流程

初次登录增值税发票税控开票系统,开具增值税发票的操作流程如图 2-4 所示。

图 2-4 初次开具发票流程

二、业务操作

(一)开票软件初始化设置

第一步:管理员设置。登录教学系统学生端,选择"工业园区-财务部",单击"增值税发票税控开票系统",输入企业税号"913707028244715551",点击"启动开票软件"登录后,进入"系统设置"模块,单击"初始化",进入管理员设置界面,"主管姓名"填写"高峰";"设置密码和确认密码"输入"123456",如图 2-5 所示。设置完成后单击"下一步"按钮。

操作录屏10:开票软件初始化设置

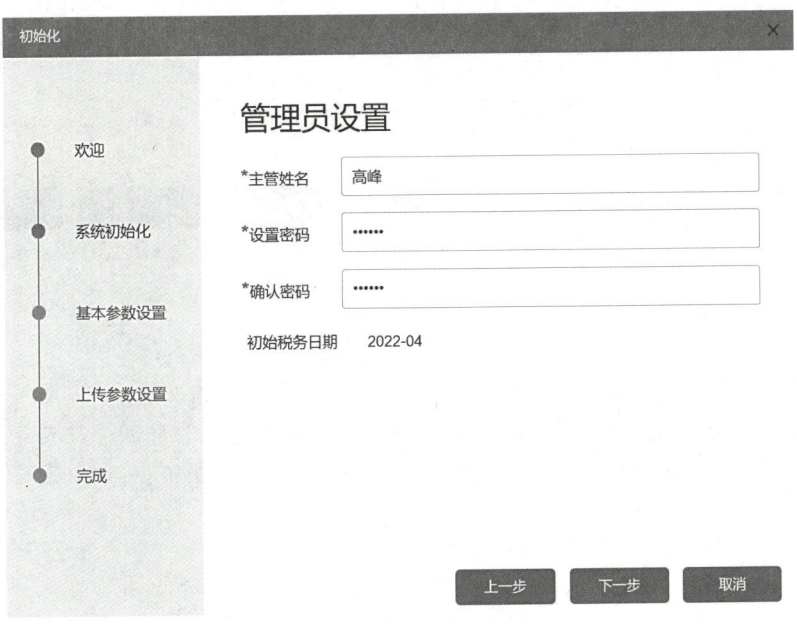

图 2-5 管理员设置

第二步：基本参数设置。进入"基本参数设置"界面后，"营业地址"输入"山东省潍坊市潍城区工业园路 78 号"；"电话号码"输入"0536-5228886"；"开户行"输入"中国建设银行潍坊工业园支行"；"账号"输入"37070282447155513123"，如图 2-6 所示。检查无误后，单击"下一步"按钮。

> **提示**
> 本界面填写信息为未来开具增值税发票"销售方"栏目信息，必须准确无误，以免开票时调用销售方信息有误。

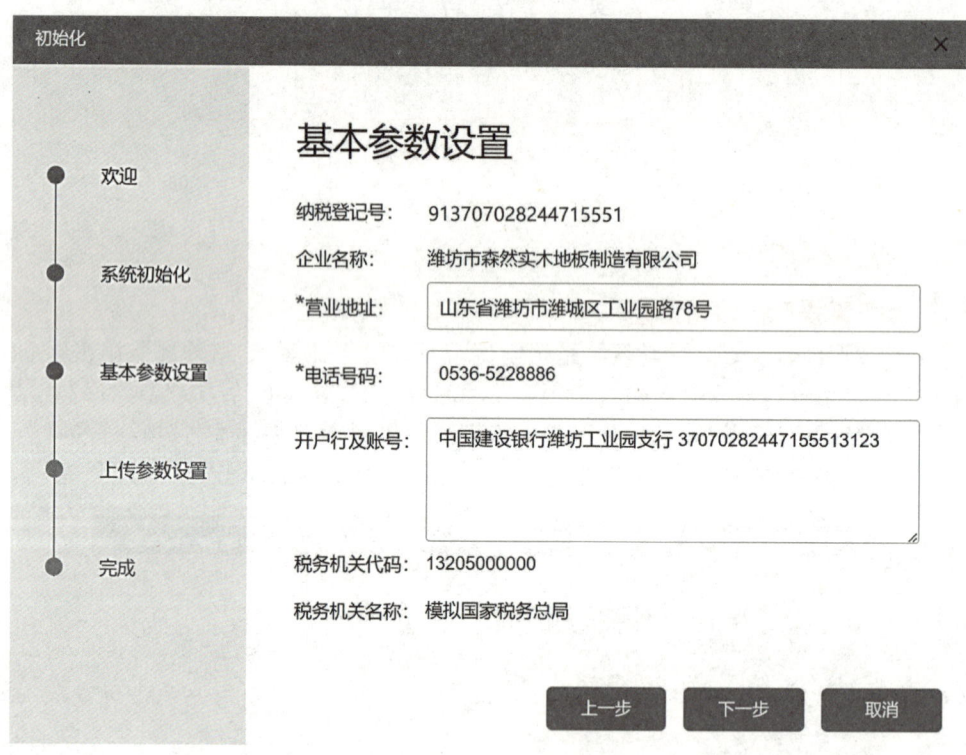

图 2-6 基本参数设置

第三步：上传参数设置。进入"上传参数设置"界面后，检查"安全接入服务器地址"是否已经由系统自动写入，单击"测试"按钮，系统提示"连接成功"，如图 2-7 所示。单击"下一步"按钮，进入"完成"界面，单击"确认"按钮，完成开票软件初始化设置。

项目二 增值税发票申领与开具

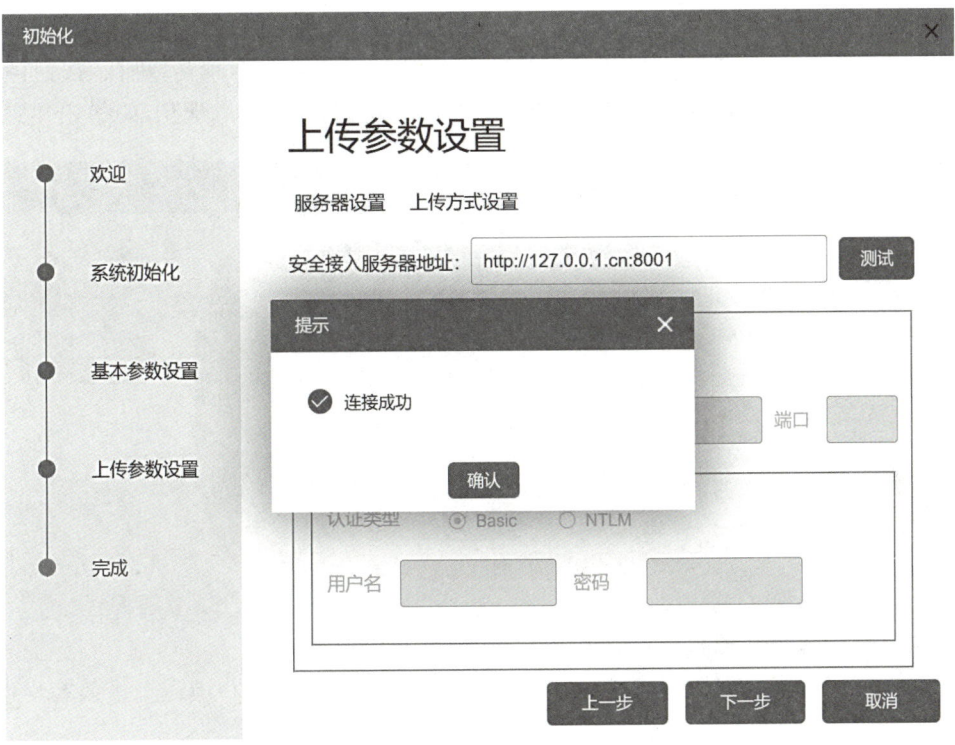

图 2-7 上传参数设置

> 提示
> (1)开票软件初始化操作一般仅在首次登录开票软件时设置。
> (2)初始化设置仅管理员有权执行。

(二)增加开票员

登录开票软件后,在"系统设置"模块单击"用户权限设置",在子菜单中选择"用户管理",用户管理界面中单击"增加"按钮,"用户名称"填写"肖文倩","密码"输入"123456","角色列表"勾选"开票员",单击"确定"按钮,完成增加开票员。

同样的操作增加开票员"秦燕",如图 2-8 所示。

操作录屏11:增加开票员

用户名称	拥有角色	是否管理员	创建日期	创建人	备注
高峰	管理员	是	2022-04-05	admin	
秦燕	开票员	否	2023-05-24	管理员	
肖文倩	开票员	否	2023-05-24	管理员	

图 2-8 增加开票员

(三)读入增值税发票

登录开票软件后,在"票源管理"模块单击导航图"发票读入",单击"确认"按钮,系统提示"从金税设备读入新购入发票完毕",单击"确认"按钮,发票读入成功,如图2-9所示。

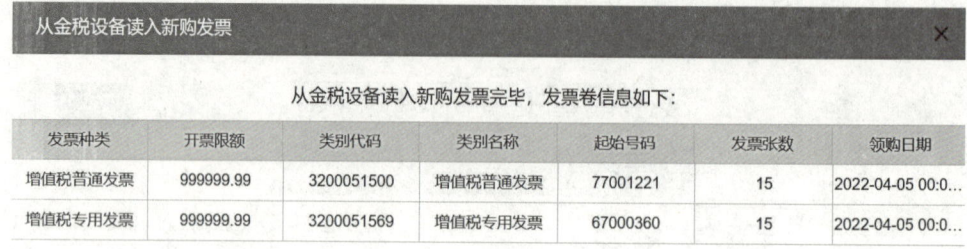

发票种类	开票限额	类别代码	类别名称	起始号码	发票张数	领购日期
增值税普通发票	999999.99	3200051500	增值税普通发票	77001221	15	2022-04-05 00:0...
增值税专用发票	999999.99	3200051569	增值税专用发票	67000360	15	2022-04-05 00:0...

图2-9 读入新购发票

(四)录入客户开票信息

第一步:登录开票软件后,在"系统设置"模块单击导航图"客户编码",进入客户编码操作界面。

第二步:点击工具栏中的"增加",打开客户编码增加界面,根据本业务提供的客户信息,进行编辑操作。

第三步:录入完毕并检查无误后,单击"保存"按钮。

同样操作完成全部客户信息录入。以编辑上海家悦地板批发公司为例,如图2-10所示。

操作录屏12:录入客户开票信息

客户编码增加	
*客户名称 上海家悦地板批发公司	所属分类
客户税号 91310118435628521A	简码
邮件地址	
地址电话 上海市青浦区弄北路309号 021-66241756	
银行账号 32526474647200008	
备注	

保存 取消

图2-10 编辑客户编码

> **提示**
>
> 开具增值税发票时,操作人员可以在"购买方"信息中直接调用客户编码中的信息,因此编辑客户信息必须准确无误。

(五) 录入商品信息

第一步:登录开票软件后,在"系统设置"模块单击导航图"商品编码",进入商品编码操作界面。

第二步:点击工具栏中的"增加",打开商品编码增加界面,根据本业务提供的商品信息,进行编辑操作。

第三步:录入完毕并检查无误后,单击"保存"按钮。

同样操作完成全部商品信息录入。以编辑柞木实木地板为例,如图 2-11 所示。

操作录屏 13:录入商品信息

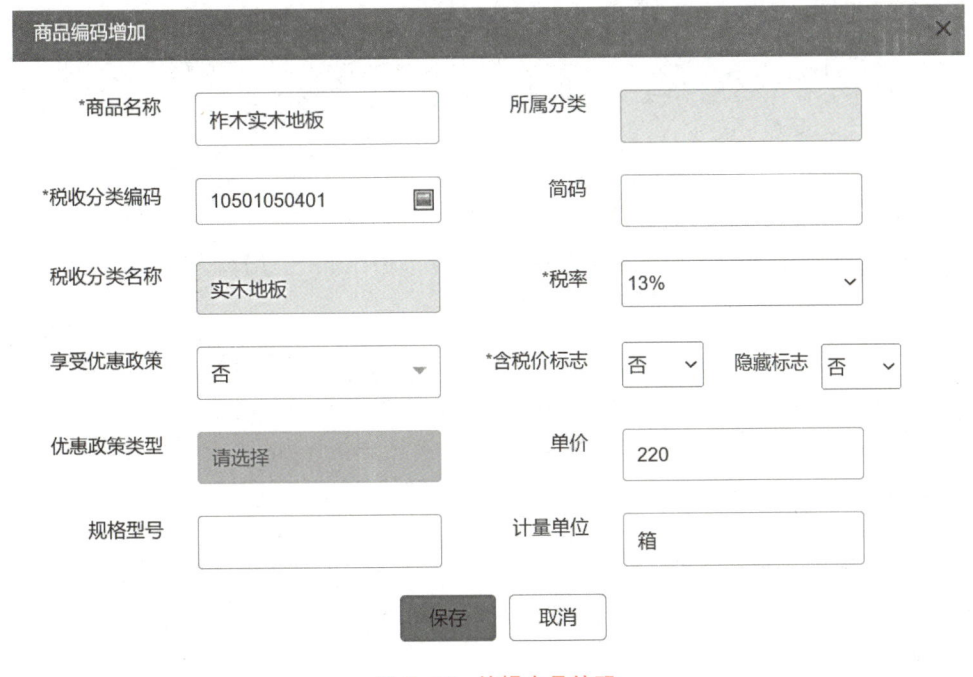

图 2-11 编辑商品编码

> **提示**
>
> 开具增值税发票时,操作人员可以在"货物或应税劳务、服务名称"中直接调用商品编码中的信息,因此编辑商品信息必须准确无误。

(六) 开具增值税发票

1. 开具增值税专用发票

第一步:登录开票软件后,在"发票管理"模块单击导航图"发票填开",选择"增值税专

操作录屏 14:开具增值税专用发票

用发票"填开。

第二步:系统弹出发票号码确认窗口,认真核对"发票种类""发票代码""发票号码"无误后,单击"确认"按钮。

第三步:在发票填开界面中,用户可以直接在"购买方"的编辑栏中录入客户信息。若已将客户信息录入客户编码库中,可以单击"名称"编辑栏右侧按钮,打开客户编码库,选择购买方信息。业务(1)中购买方"北京宏飞贸易有限公司"信息可通过客户编码库选择。

第四步:在"货物或应税劳务、服务名称"编辑栏中录入商品信息。若已将商品信息录入商品编码库中,可以单击编辑栏右侧按钮,打开商品编码库,选择商品信息。业务(1)商品"柚木实木地板"信息可以通过商品编码库选择。根据业务(1)信息,填写规格型号、单位、数量、单价、金额等信息。

> **提示**
>
> (1) 单价×数量=金额,故单价、数量、金额三栏只需要填写其中任意两栏即可。
>
> (2) 输入单价、金额时,应当注意发票票面的"含税、不含税"状态,如与客户协议价格为不含税价,则通过工具栏"价格"按钮,将票面切换为"不含税"状态。反之,票面状态应切换为"含税"状态。

第五步:第一行商品信息输入完毕后,可通过单击工具栏"增行"新增商品行。业务(1)只销售一种商品无需增加商品行。

> **提示**
>
> 单张票面最多可输入8行商品,如销售货物超过8种,请直接开具附清单的增值税发票。

第六步:检查票面信息无误后,单击工具栏"打印",完成增值税专用发票开具。

> **提示**
>
> 单击"打印"按钮后,如果不需要打印纸质发票,单击"不打印"即可,但是该张发票已经被保存,且不能再进行修改。

2. 开具折扣发票

操作录屏15:开具折扣发票

第一步:进入"增值税专用发票填开"界面,在"购买方"处选择"山东顶尚装饰有限公司"客户编码库信息,在"货物或应税劳务、服务名称"处选择"柞木实木地板"商品编码库信息。

第二步:填完商品信息后,选中本商品行,单击工具栏"折扣"。

第三步:在"添加折扣行"窗口中,输入折扣率"5",折扣金额自动算出来。

第四步:确认折扣无误后,单击"确认",返回"增值税发票填开"界面。

第五步:检查发票信息无误后,单击"打印"。

3. 开具增值税普通发票

第一步:登录开票软件后,在"发票管理"模块单击导航图"发票填开",选择"增值税普通发票"填开。

第二步:系统弹出发票号码确认窗口,认真核对"发票种类""发票代码""发票号码"无误后,单击"确认"按钮。

第三步:在发票填开界面中,用户可以直接在"购买方"的编辑栏中录入客户信息。若已将客户信息录入客户编码库中,可以单击"名称"编辑栏右侧按钮,打开客户编码库,选择购买方信息。业务(3)中购买方"烟台红星家居有限公司"信息可通过客户编码库选择。

第四步:在"货物或应税劳务、服务名称"编辑栏中录入商品信息。若已将商品信息录入商品编码库中,可以单击编辑栏右侧按钮,打开商品编码库,选择商品信息。业务(3)商品"柞木实木地板"信息可以通过商品编码库选择。根据业务(3)信息,填写规格型号、单位、数量、单价、金额等信息。

第五步:第一行商品信息输入完毕后,可通过单击工具栏"增行"新增商品行。业务(3)只销售一种商品无需增加商品行。

操作录屏16:开具增值税普通发票

> **提示**
> 单张票面最多可输入 8 行商品,如销售货物超过 8 种,请直接开具附清单的增值税发票。

第六步:检查票面信息无误后,单击工具栏"打印",完成增值税普通发票开具。

> **提示**
> 单击"打印"按钮后,如果不需要打印纸质发票,单击"不打印"即可,但是该张发票已经被保存,且不能再进行修改。

4. 销售退回业务开票

1) 填开红字增值税专用发票信息表

第一步:登录开票软件后,在"发票管理"模块单击"红字发票信息表",选择"红字增值税专用发票信息表填开",也可通过单击"发票管理"模块导航图中"信息表",选择"红字增值税专用发票信息表填开"。

操作录屏17:填开红字增值税专用发票信息表

> **提示**
> 业务(4)中购买方尚未认证发票,且已将全部联次寄回,应由销售方填开红字增值税专用发票信息表。

第二步:在"红字增值税专用发票信息表选择"界面中,选择"二、销售方申请"。在"对应蓝字增值税专用发票信息"中,选择拟填开红字发票所对应蓝字发票的"发票代码""发票号码",并选择原蓝字发票开票时间。检查无误后,单击"下一步"按钮。

第三步:系统调用原发票信息,并生成红字增值税专用发票信息表。

提示

业务(4)是货物全部退回,无需修改表内信息。

第四步:检查无误后,单击工具栏"打印",保存信息表。

第五步:单击"发票管理"模块导航图中"信息表",选择"红字增值税专用发票信息表维护"。

第六步:在弹出界面中,选中生成的红字增值税专用发票信息表,单击工具栏"上传"。

提示

上传后,税务机关审核红字增值税专用发票信息表。

第七步:查看审核状态。审核成功后,出现"信息表编号","信息表状态"自动更新为"审核通过"。

2) 开具红字增值税专用发票

操作录屏18:开具红字增值税专用发票

第一步:在"发票管理"模块中单击导航图"发票填开",选择"增值税专用发票填开"。

第二步:系统弹出发票号码确认窗口,认真核对"发票种类""发票代码""发票号码"无误后,单击"确认"按钮。

第三步:在增值税专用发票填开界面,单击工具栏"红字",在下拉菜单中选择"网络下载红字发票信息表",单击"下载"。

第四步:在弹出界面中,输入信息表编号,单击"确认"。

第五步:选中下载的红字增值税专用发票信息表信息,单击"选择",系统自动生成红字增值税专用发票。

第六步:检查无误后,单击工具栏"打印"。

5. 开具超过最高开票限额的增值税发票

开具超过最高开票限额的增值税发票,需要拆分为多张发票开具。具体操作步骤与一般开具增值税发票步骤相同。

提示

业务(5)中,潍坊森然公司最高开票限额为百万元版,所以单张发票可开具的最高不含税金额为 999 999 元,但销售橡木实木地板不含税金额为 2 000 000 元,超过了单张发票的最高开票限额,故需要拆分为多张发票进行开具。

三、业务要领

（一）开票软件初始化设置

企业在初次登录开票软件进行初始化设置时，该模块的主要功能是初始化开票软件管理员名称、修改管理员密码、添加企业基本信息以及设置服务器地址。

基本参数设置中的营业地址、电话、开户行及账号为未来开具增值税发票时的销售方信息，因此填写时应注意信息准确无误；上传参数设置中的服务器地址为发票实时上传的服务器地址，纳税人通过该地址开具的发票会及时上传至税务机关发票电子底账库中。

（二）增加开票员

只有管理员才具有添加其他用户的操作权限，且添加的用户角色只能是开票员。添加其他用户后，在填写发票票面上的收款人、复核人时，可以直接通过下拉方式选择。

（三）读入增值税发票

只有执行发票读入操作，将金税盘中申领的发票信息读取到开票软件中才能开票。

执行发票读入操作时，需认真核对所读入的增值税专用发票和增值税普通发票代码、起始号码、终止号码与领取的纸质发票是否一致。

（四）录入客户开票信息

客户名称（*）：客户单位名称，由用户直接输入。

客户税号：客户的社会统一信用代码。

简码：根据需要填写。

邮件地址：由用户直接输入客户的邮箱地址。

地址电话：由用户直接输入客户的地址和电话。

银行账号：由用户直接输入客户的银行账号。

备注：由用户直接输入相关备注信息。

提示

（1）"*"项目为必填项目。

（2）填开发票时，"购买方"信息可以直接从客户编码库中选择。

（3）在发票填开时直接录入的购买方信息，也会自动保存到客户编码库中。

（五）录入商品信息

商品名称（*）：由用户直接输入商品品名。

税收分类编码（*）：从税收分类编码库中进行逐级选择，或者输入关键词检索。

税收分类名称：根据税收分类编码的选择，自动填写。

简码：根据需要填写。

税率（*）：根据商品税率选择。

享受优惠政策：若此类商品享受优惠政策，则选择"是"，否则选择"否"。

含税价标志（*）：指定"单价"是含税或不含税。

单价、规格型号和计量单位：分别由用户直接输入。

提示

(1)"＊"项目为必填项目。
(2)填开发票时,"商品信息"可以直接从商品编码库中选择。
(3)在发票填开时直接录入的商品信息,也会自动保存到商品编码库中。

(六)开具增值税发票

1. 发票票面信息填写

1)购买方和销售方信息栏

增值税发票购买方和销售方信息栏都包括名称、纳税人识别号、地址电话、开户行及账号4项内容。具体要求:名称为公司营业执照上的企业全称;纳税人识别号为营业执照上的统一社会信用代码;地址为营业执照上的注册地址;电话为在税务机关登记的电话号码;开户行及账号为开户许可证或者税务局备案的开户银行和银行账号。

 提示

(1)纳税人在向企业开具增值税专用发票时,购买方信息必须全部正确填写。
(2)纳税人在向企业开具增值税普通发票时,应在购买方信息栏目填写购买方的名称、统一社会信用代码,可以不填写地址电话、开户行及账号两项内容。
(3)纳税人在向个人开具增值税普通发票时,应在购买方信息栏目的名称处填写姓名或个人,可以不填写统一社会信用代码、地址电话、开户行及账号等内容。

2)货物或应税劳务、服务名称

货物或应税劳务、服务名称应和实际交易一致,并准确选择税收分类编码。

 提示

销售不动产,不论是由纳税人自行开具发票,还是由税务机关代开发票,均应在发票"货物或应税劳务、服务名称"栏填写不动产名称及房屋产权证书号码(无房屋产权证书的可不填写),"单位"栏填写面积单位,"备注栏"注明不动产的详细地址。

3)规格型号、单位、数量和单价栏

货物等实物规格型号、单位、数量和单价栏必须填写,并与实际业务相符合。

 提示

如果交易是服务或者劳务,可以不填写。

4)税率栏

纳税人应当按照纳税人身份及开展的业务正确选择税率或征收率,但税率栏有时还会出现特殊情况,如表2-10所示。

表 2-10 税率栏特殊情况一览表

税率的特殊标识	含 义
税率栏为 0% 或免税	表示纳税人发生应税行为适用零税率或者免征增值税政策
税率栏显示 ***	表示纳税人有免征增值税、差额征税或个人出租住房,减征增值税等情况
税率栏显示 *	表示属于电信公司提供电信服务,根据税务总局规定,开具发票时可以选择上级节点编码开票,由于基础电信服务与增值电信服务适用税率不同,导致发票系统只能打印"＊"
税率栏显示不征税	表示未发生销售行为的不征税项目的特定情形,目前一共十二类,包括:预付卡销售和充值、销售自行开发的房地产项目预收款、已申报缴纳营业税未开票补开票、代收印花税、代收车船使用税、融资性售后回租业务中承租方出售资产、资产重组涉及的房屋等不动产、资产重组涉及的土地使用权、代理进口免税货物货款、有奖发票奖金、不征税自来水、建筑服务预收款、代收民航发展基金

5）备注栏

发票中的备注栏可以对某一交易事项进行补充说明。国家税务总局对某些交易规定无论自行开具还是由税务机关代开,都必须在备注栏中注明信息。发票备注栏填开要求如表 2-11 所示。

表 2-11 发票备注栏填开要求

开票业务类型	备注栏信息	注意事项
建筑服务业务	建筑服务发生地县(市、区)名称及项目名称	
货物运输服务业务	起运地、到达地、车种车号以及运输货物信息等内容	如内容较多可另附清单
销售不动产	不动产的详细地址	发票"货物或应税劳务、服务名称"栏填写不动产名称及房屋产权证书号码(无房屋产权证书的可不填写),"单位"栏填写面积单位
出租不动产	不动产的详细地址	
预付卡业务	收到预付卡结算款	该业务不得开具增值税专用发票
差额开票	备注栏自动打印"差额征税"字样	差额发票开具不应与其他应税行为混开
保险机构代收车船税业务	保险单号、税款所属期(详细至月)、代收车船税金额、滞纳金金额、金额合计等	增值税发票可作为纳税人缴纳车船税及滞纳金的会计核算原始凭证
土地增值税发票扣除业务	建筑服务发生地县(市、区)名称及项目名称	否则不得计入土地增值税扣除项目金额
互联网物流平台企业代开货物运输发票	会员的纳税人名称和统一社会信用代码	

(续表)

开票业务类型	备注栏信息	注意事项
生产企业代办退税的出口货物	代办退税专用	增值税发票作为综服企业代办退税的凭证

2. 销售退回业务开票

当开具的增值税发票(增值税专用发票和增值税普通发票)有误或者因商品质量问题退货,并且开具的蓝字增值税发票已抄税或者已经跨月时,不能对该蓝字发票进行作废,只能开具红字发票冲销。纳税人在开具红字发票前,需要收回购买方的蓝字发票,并填写《红字增值税专用发票信息表》。

《红字增值税专用发票信息表》可以由购买方申请也可以由销售方申请。增值税专用发票跨月,发生如下两种情形:①销售方已开具增值税专用发票但未交付购买方,且购买方尚未认证发票;②销售方开具的增值税专用发票已交付购买方,购买方尚未认证发票且已退回全部联次,由销售方填写《红字增值税专用发票信息表》。增值税专用发票发生如下两种情形:①购买方收到专用发票且已选择认证;②购买方收到专用发票未选择认证,但发票联或抵扣联无法退回的,由购买方填写《红字增值税专用发票信息表》。

销售方根据审核通过的《红字增值税专用发票信息表》,开具相应的负数增值税专用发票。

四、业务解析

业务(1)开具增值税专用发票如图 2-12 所示。

增值税专用发票

发票代码:3200051569　　发票号码:67000346　　开票日期:2022年12月05日

购买方:
- 名称:北京宏飞贸易有限公司
- 纳税人识别号:91110108QU11DIM232
- 地址、电话:北京市海淀区昌松路62号 010-58935629
- 开户行及账号:中国银行海淀区支行 89766455364659868

密码区:
0264785/45+>**+-702*>7-72<
-<>3*3364+021+3-*-7<<817>4
2367*><8*5<++<52>4404</-7+
15-41301*65/3*1+1>+/84----5

货物或应税劳务、服务名称	规格型号	单位	数量	单价(不含税)	金额(不含税)	税率	税额
*木制品*柚木实木地板		箱	500.0	380.0	190000.0	13%	24700.0
合　计					¥190000.00		¥24700.00
价税合计(大写)	贰拾壹万肆仟柒佰元整					(小写)¥214700.00	

销售方:
- 名称:潍坊市森然实木地板制造有限公司
- 纳税人识别号:913707028244715551
- 地址、电话:山东省潍坊市潍城区工业园路78号 0536-5228886
- 开户行及账号:中国建设银行潍坊工业园支行 37070282447155513123

备注:

收款人:秦燕　　复核:高峰　　开票人:肖文倩　　销售方:(章)

图 2-12　开具增值税专用发票

业务(2)开具折扣增值税专用发票如图 2-13 所示。

增值税专用发票

发票代码:3200051569　　发票号码:67000347　　开票日期:2022年12月05日

购买方	名称：山东顶尚装饰有限公司 纳税人识别号：91370783482100WD6A 地址、电话：寿光市人民路127号 0536-33781266 开户行及账号：建行人民路支行 11067364742838291

密码区：6-1<-0-33*8533<00++<81564/
6>1/+5-5-6*53527<48-230+>+
++8+17322406+24+51412/1+6
7>63>40<2/047*-34>-40>0801

货物或应税劳务、服务名称	规格型号	单位	数量	单价(不含税)	金额(不含税)	税率	税额
*木制品*柞木实木地板		箱	1000.0	220.0	220000.0	13%	28600.0
*木制品*柞木实木地板					-11000.0	13%	-1430.0
合　　计					¥209000.00		¥27170.00
价税合计（大写）	贰拾叁万陆仟壹佰柒拾元整				（小写）¥236170.00		

销售方	名称：潍坊市森然实木地板制造有限公司 纳税人识别号：913707028247715551 地址、电话：山东省潍坊市潍城区工业园路78号 0536-5228886 开户行及账号：中国建设银行潍坊工业园支行 37070282447155513123	备注

收款人：　　　复核：　　　开票人：肖文倩　　　销售方：（章）

图 2-13　开具折扣增值税专用发票

业务(3)开具增值税普通发票如图 2-14 所示。

增值税普通发票

校验码：66624 19643 94645 92183　　发票代码：3200051500　　发票号码：77001206　　开票日期：2022年12月05日

购买方	名称：烟台红星家居有限公司 纳税人识别号：913706722256OBH72W 地址、电话：烟台市福山路62号 0535-6288189 开户行及账号：建行经济开发区分行 1176346585825867

密码区：-88<5<237*53-<+68+/<<624<7
/35+*+745307277/127+764640
6+128055<-65508+<042385</
88<58/831-+/<375/413*4112*

货物或应税劳务、服务名称	规格型号	单位	数量	单价(不含税)	金额(不含税)	税率	税额
*木制品*柞木实木地板		箱	20.0	220.0	4400.0	13%	572.0
合　　计					¥4400.00		¥572.00
价税合计（大写）	肆仟玖佰柒拾贰元整				（小写）¥4972.00		

销售方	名称：潍坊市森然实木地板制造有限公司 纳税人识别号：913707028247715551 地址、电话：山东省潍坊市潍城区工业园路78号 0536-5228886 开户行及账号：中国建设银行潍坊工业园支行 37070282447155513123	备注

收款人：秦燕　　　复核：高峰　　　开票人：肖文倩　　　销售方：（章）

图 2-14　开具增值税普通发票

业务（4）开具红字增值税专用发票如图2-15所示。

图2-15 开具红字增值税专用发票

业务（5）超过单张发票的最高开票限额，故需要至少拆分为三张发票进行开具。此处省略该增值税专用发票的开具。

> **说明**
>
> Aisino教学系统中增值税发票税控开票系统默认当前系统时间是2022年12月5日，所以开票时间都是2022年12月5日。

拓展训练

拓展技能——数电票操作

借助Aisino数字化电子发票教学系统，可以完成以下数电票操作任务：

一、添加开票员

业务1：财务负责人董庆进入青岛国风汽车制造有限公司（纳税人识别号：91370211123456789A）电子税务局添加开票员，开票员信息如表2-12所示。

表2-12 开票员信息表

项目	内容
姓名	亓凤霞

(续表)

项目	内容
证件类型	身份证
证件号码	370201199208165791
身份类型	开票员
人员权限	我要办税,开票业务,蓝字发票开具,红字发票开具,开票信息维护,税务数字账户,发票查询统计,授信额度调整申请,红字信息确认单
有效期止	长期

业务操作

第一步:登录电子税务局,在国家税务总局省电子税务局登录页面,点击右上角"登录"按钮,在弹出页面中选择"企业业务",输入纳税人识别号和密码进行验证,"请选择身份"选择"财务负责人","请选择人员"选择"董庆",单击"登录"按钮。企业登录电子税务局如图 2-16 所示。

图 2-16 企业登录电子税务局界面

第二步:进入企业电子税务局,在"我的信息"模块中选择"用户管理"。在用户管理界面中,点击左侧菜单栏"人员权限管理",在人员权限管理下拉菜单中选择"添加办税人员"。添加办税员如图 2-17 所示。

第三步:在右侧添加办税人员操作界面中,根据业务资料内容填写,检查无误后,单击"确定"按钮。

其中:"姓名"填写"亓凤霞";"证件类型"选择"居民身份证";"证件号码"填写"370201199208165791";"身份类型"选择"开票员";"人员权限":点击"请点击设置人员权

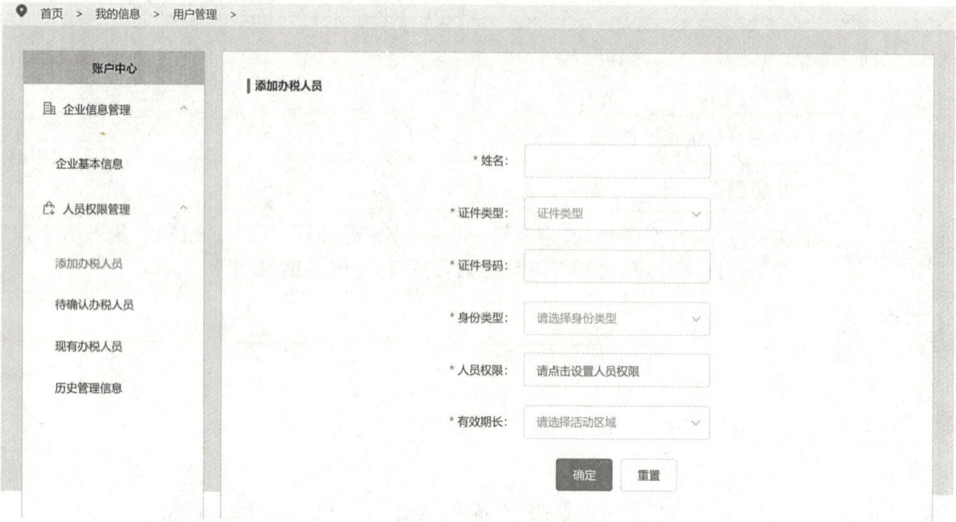

图 2-17　添加办税人员

限",选择"我的信息""我要办税",并点击"确定"按钮;"有效期长"选择"长期"。

第四步:重新登录电子税务局,在登录页面中点击右上角"登录"按钮,在弹出页面中选择"自然人业务",在证件号码登录界面中,"证件类型"选择"居民身份证",输入身份证号码"370201199208165791",输入密码"123456",拖动滑块进行验证,单击"登录"按钮。自然人登录电子税务局如图 2-18 所示。

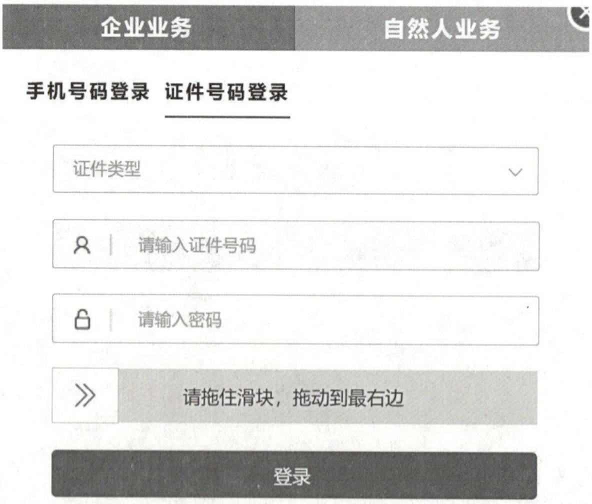

图 2-18　自然人登录电子税务局页面

第五步:进入自然人电子税务局,在"我的信息"模块中选择"用户管理"。在用户管理界面中,点击左侧菜单栏"企业授权管理",在企业授权管理下拉菜单中选择"待确认授权"。

第六步：在右侧待确认授权操作界面中，单击管理栏目中的"确认"按钮，完成确认授权，完成确认授权如图 2-19 所示。

图 2-19　自然人确认授权完成页面

二、录入客户信息

业务 2：添加开票员后，亓凤霞登录青岛国风汽车制造有限公司电子税务局，录入客户信息。客户信息如表 2-13 所示。

表 2-13　客户信息表

编码	名称	税号	地址电话	银行账号
001	青州广贸汽车科技有限公司	91370781MA1F13GH58	青州市工业园人民路 31 号 0536-83557799	工行青州工业园支行 9247346555675285
002	北京市富途汽车销售有限责任公司	91110108KJ1127923M	北京市海淀区香榭路 75 号 010-67536999	农行北京海淀分行 6789863345678456

 **业务要领**

"开票业务"是全国统一的电子发票服务平台中，执行开具全面数字化的电子发票的功能模块。它可以执行开票信息维护、正数发票开具、负数发票开具等操作，并可以为纳税人提供查看、下载、交付等服务。

 **业务操作**

第一步:登录电子税务局后,在"我要办税"模块中点击"开票业务"。我要办税界面如图 2-20 所示。

图 2-20 我要办税界面

第二步:点击"开票信息维护",在开票信息维护界面中点击"客户信息维护",开票信息维护如图 2-21 所示。

图 2-21 开票信息维护界面

第三步:单击"添加"按钮,逐一进行客户信息维护。根据业务资料内容填写,检查无误后,单击"保存"按钮。客户信息维护如图 2-22 所示。

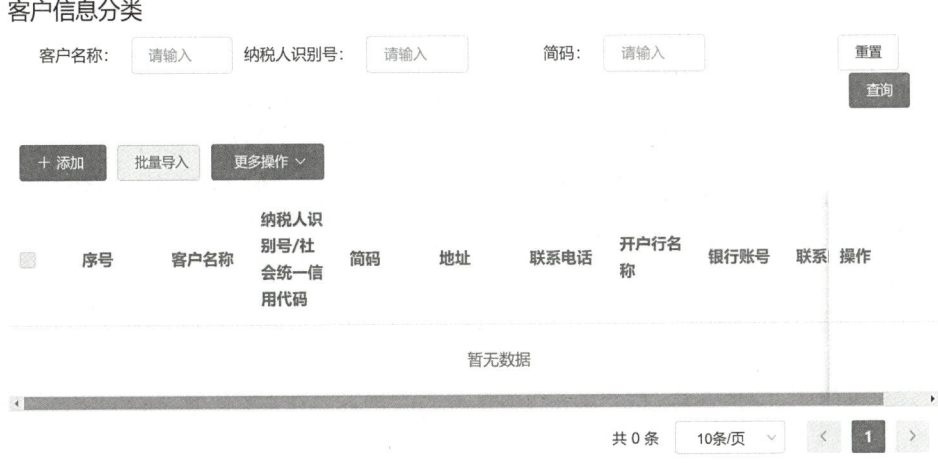

图 2-22　客户信息维护界面

三、录入商品信息

业务 3：亓凤霞登录青岛国风汽车制造有限公司电子税务局，录入项目信息。项目信息如表 2-14 所示。

表 2-14　项目信息表

编码	商品名称	税收分类编码	规格型号	计量单位	单价（元）	征收率	含税价标志
001	小汽车	货物-机械、设备类产品-交通运输设备-汽车-乘用车(10903050102)	小型车	辆	60 000	13%	
002	小汽车	货物-机械、设备类产品-交通运输设备-汽车-乘用车(10903050104)	7人座	辆	250 000	13%	
003	运输服务费	销售服务-交通运输服务-陆路运输服务-陆路货物运输服务-铁路货物运输服务-国内铁路货物运输服务(30101020101)	—	—	—	3%	是
004	运输服务费	销售服务-交通运输服务-陆路运输服务-陆路货物运输服务-道路货物运输服务-国内道路货物运输服务(30201020201)	—	—	—	3%	是
005	咨询服务费	销售服务-现代服务-鉴证咨询服务-咨询服务-其他咨询服务(3040102)	—	—	—	6%	否

业务操作

第一步：登录电子税务局后，在"我要办税"模块中点击"开票业务"。

第二步：点击"开票信息维护"，在开票信息维护界面中点击"项目信息维护"。

第三步：单击"添加"按钮，逐一进行项目信息维护。根据业务资料内容填写，检查无误后，单击"保存"按钮。项目信息维护如图 2-23 所示。

图 2-23　项目信息维护界面

四、开具数电发票

（一）开具电子增值税专用发票

业务 4：2023 年 10 月，青岛国风汽车制造有限公司销售给北京市富途汽车销售有限责任公司汽车一批，货物已发出。商品信息如表 2-15 所示。

表 2-15　商品信息表

商品名称	型号	销售数量（辆）	单价（元，含税价）
小汽车	小型车	10	60 000
小汽车	7 人座	10	150 000

业务操作

第一步：登录电子税务局后，在"我要办税"模块中点击"开票业务"。

第二步：点击"蓝字发票开具"，进入蓝字发票开具界面，如图 2-24 所示。

第三步：单击"立即开票"按钮，在弹出立即开票对话框中，选择"电子发票"，"发票票种"选择"增值税专用发票"，单击"确定"按钮。

第四步：在蓝字发票开具界面，购买方信息可以通过之前客户信息维护中"北京宏图汽车销售有限责任公司"调用选择。

第五步：开票信息中"项目名称"可以通过之前商品信息维护中"小汽车"调用选择，"单价是否含税"选择"含税"，根据业务资料内容完整地填写规格型号、单位、数量、单价或

项目二 增值税发票申领与开具 71

图 2-24 蓝字发票开具界面

金额等信息。

第六步：第一行商品开票信息输入完毕后，可通过点击"添加"按钮新增商品行。依照上一步操作，增加第二条商品行信息。

第七步：检查票面信息无误后，单击"发票开具"按钮，完成数电票（增值税专用发票）开具。数电票（增值税专用发票）如图 2-25 所示。

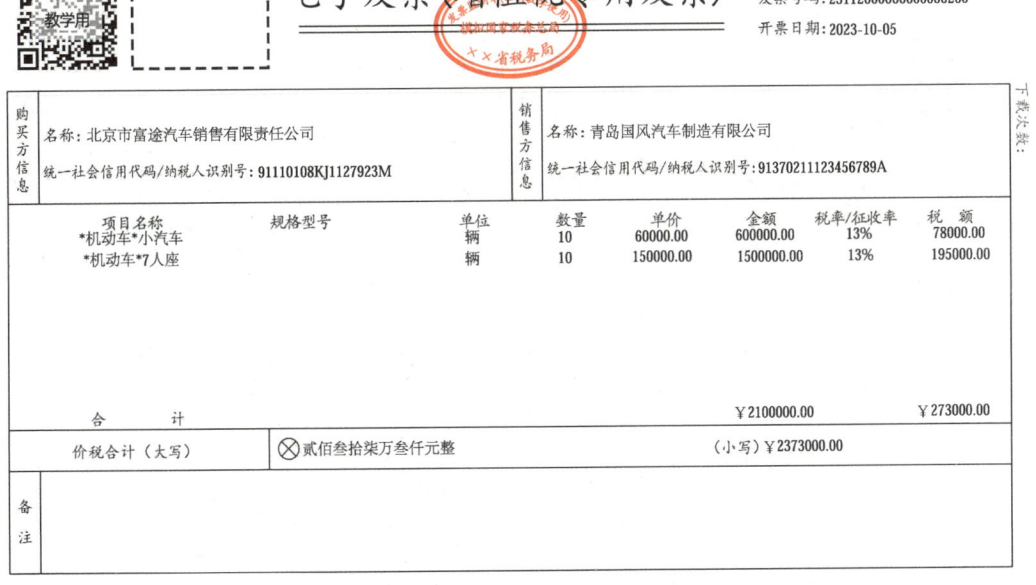

图 2-25 数电票（增值税专用发票）

(二)开具货物运输服务数电发票

业务5:2023年10月,青岛国风汽车制造有限公司为北京市富途汽车销售有限责任公司运送了汽车一批,收取不含税运费15 000元。其相关信息如下:

车种:半挂车

车号:鲁B23345、鲁B45876

货物内容:君虎牌商务车(小型车、SUV车)

起运地:青岛市江宁区车辆技术工业园72号

到达地:北京昌平区解放东路46号

业务操作

第一步:登录电子税务局后,在"我要办税"模块中点击"开票业务"。

第二步:点击"蓝字发票开具",进入蓝字发票开具界面。

第三步:单击"立即开票"按钮,在弹出立即开票对话框中,选择"电子发票","发票票种"选择"增值税专用发票","特定业务"选择"货物运输服务",单击"确定"按钮。

第四步:在蓝字发票开具界面,购买方信息可以通过之前客户信息维护中"北京宏图汽车销售有限责任公司"调用选择。

第五步:开票信息中"项目名称"可以通过之前商品信息维护中"运输服务费"调用选择,"单价"输入"15 000"。

第六步:在"特定信息—货物运输服务发票"栏目中,点击"增行","运输工具种类"选择"公路运输",运输工具牌号、起运地、到达地和货物运输名称等信息根据资料内容填写。

第七步:检查票面信息无误后,单击"发票开具"按钮,完成货物运输服务电子发票开具。货物运输服务数电票(增值税专用发票)如图2-26所示。

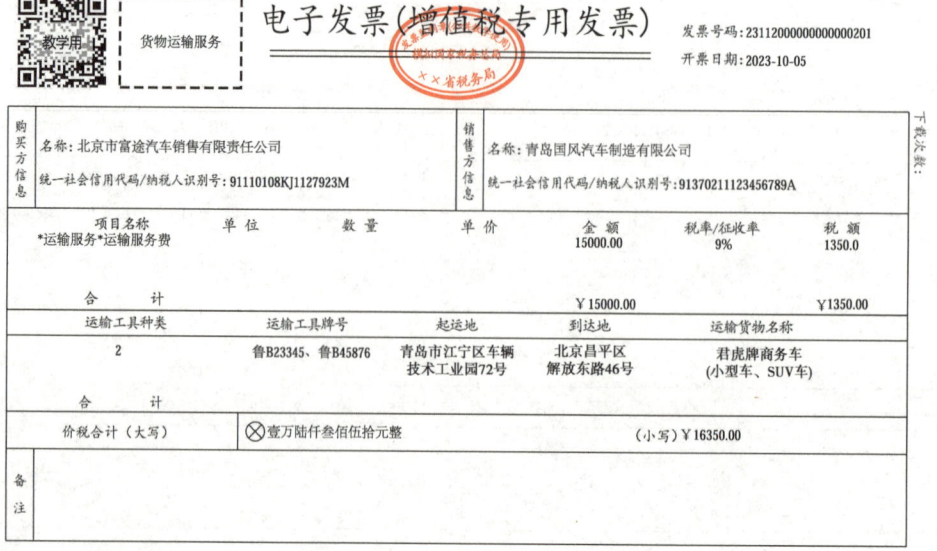

图2-26 货物运输服务数电发票

（三）开具现代服务数电发票

业务6：2023年10月，青岛国风汽车制造有限公司为北京市富途汽车销售有限责任公司提供技术服务咨询，收取含税咨询费50 000元，咨询服务已完成，款项已收取。

业务操作

第一步：登录电子税务局后，在"我要办税"模块中点击"开票业务"。

第二步：点击"蓝字发票开具"，进入蓝字发票开具界面。

第三步：单击"立即开票"按钮，在弹出立即开票对话框中，选择"电子发票"，"发票票种"选择"增值税专用发票"，单击"确定"按钮。

第四步：在蓝字发票开具界面，购买方信息可以通过之前客户信息维护中"北京宏图汽车销售有限责任公司"调用选择。

第五步：开票信息中"项目名称"可以通过之前商品信息维护中"咨询服务费"调用选择，"单价是否含税"选择"含税"按钮，"金额"输入"50 000"。

第六步：检查票面信息无误后，单击"发票开具"按钮，完成咨询服务电子发票开具。现代服务数电票（增值税专用发票）如图2-27所示。

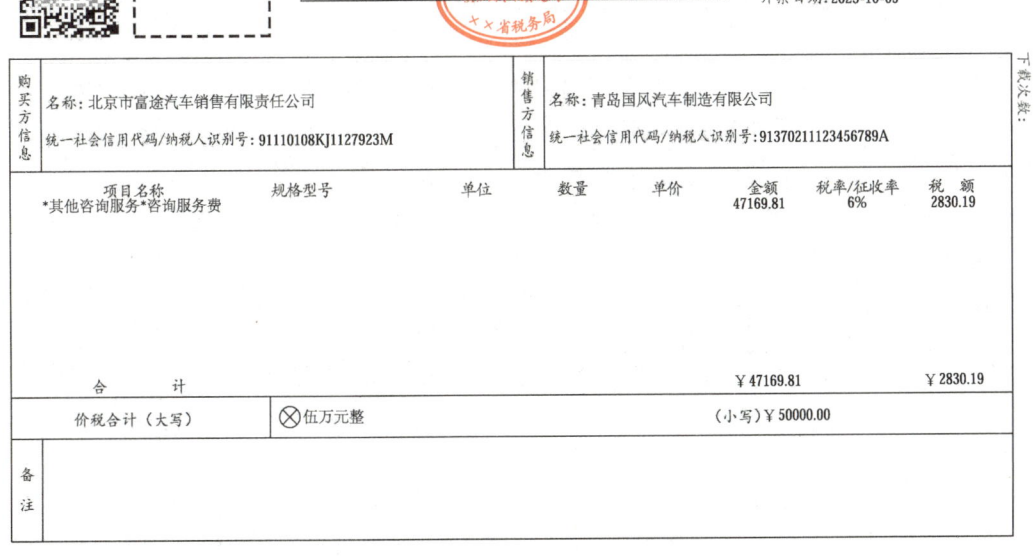

图2-27　现代服务数电票（增值税专用发票）

（四）开具折扣电子发票

业务7：2023年10月，青岛国风汽车制造有限公司销售10辆7人座小汽车给小规模纳税人潍坊广威汽车有限责任公司，含税价款总额为1 356 000元，并给予该销售总金额5%的折扣。货物已经如期从仓库发出。潍坊广威汽车有限责任公司开票信息如表2-16

所示。

表 2-16 潍坊广威汽车有限责任公司开票信息表

企业名称	潍坊广威汽车有限责任公司
企业税号	9137070287UTB4678P
地址电话	潍坊市金江区黄海北路 105 号 0536-56711888
开户行及账号	中国银行金江分行 62510000389852341

业务操作

第一步：登录电子税务局后，在"我要办税"模块中点击"开票业务"。

第二步：点击"蓝字发票开具"，进入蓝字发票开具界面。

第三步：单击"立即开票"按钮，在弹出立即开票对话框中，选择"电子发票"，"发票票种"选择"普通发票"，单击"确定"按钮。

第四步：在蓝字发票开具界面，购买方信息通过直接录入南京德龙汽车有限责任公司的企业名称和纳税人识别号。

第五步：开票信息中"项目名称"可以通过之前商品信息维护中"小汽车"调用选择，"单价是否含税"选择"含税"按钮，根据业务资料内容完整地填写规格型号、单位、数量、单价或金额等信息。

第六步：单击"添加折扣"按钮，在弹出页面中，"折扣方式"选择"按比例折扣"，"折扣录入方式"选择"逐条折扣录入"，"折扣比例"输入"5"，单击"确定"按钮。添加折扣如图 2-28 所示。

图 2-28 添加折扣界面

第七步：检查票面信息无误后，单击"发票开具"按钮，完成折扣电子发票开具。折扣电子发票如图 2-29 所示。

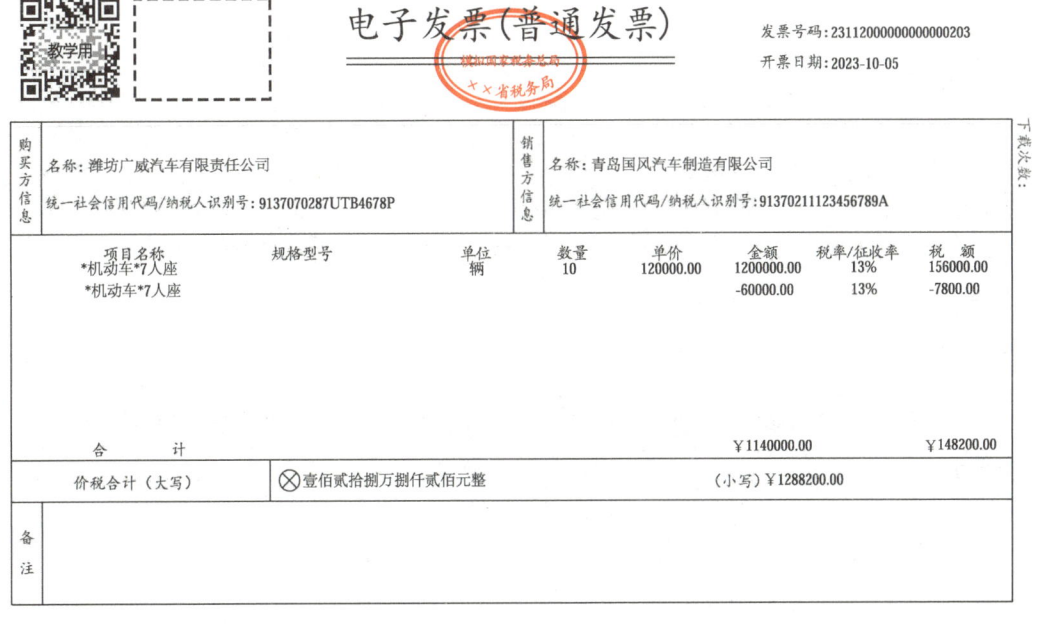

图 2-29　折扣电子发票

（五）发票查验

业务 8：10 月末，北京市富途汽车销售有限责任公司进行发票选择确认前，执行发票查验操作。

"税务数字账户"基于全国统一的电子发票服务平台建立，是税务应用和纳税人交互活动的重要接口。其可以为纳税人提供发票勾选确认、发票查询统计、红字发票申请确认、发票查验、授信额度调整、发票入账标识等服务。

第一步：登录电子税务局后，在"我要办税"模块中点击"税务数字账户"。
第二步：在业务办理模块中，点击"发票查验"。
第三步：在发票查验界面中，选择"手工查验"，"数电票号码"输入"23112000000000000200"，"开票日期"选择"2023-10-05"，单击"查验"按钮。
第四步：在打印查验结果模块，查验发票风险等级、是否红冲、查验结果等信息。

（六）发票信息有误，重开发票

业务 9：10 月末，北京市富途汽车销售有限责任公司进行发票选择确认时，发现取得青岛国风汽车制造有限公司开具的咨询费发票税收分类编码错误,正确的编码应该是:现代服务-信息技术服务-电路设计及测试服务-相关电路技术支持服务(304020203),故联系青岛国风汽车制造有限公司换开发票。

提示

　　购买方在发票勾选确认之前发现票面信息有误,由于数电发票没有发票作废操作,只能红冲这张不正确发票,并且这张发票购买方尚未执行勾选确认操作,因此由销售方开具红字发票信息确认单,且无需购买方确认可直接开具红字发票。

　　第一步:由青岛国风汽车制造有限公司登录电子税务局后,在"我要办税"模块中点击"开票业务"。

　　第二步:点击"红字发票开具",进入红字发票开具界面。

　　第三步:单击"红字发票确认信息录入"按钮,在红字发票确认信息录入界面中,"购销方"选择"我是销售方","对方纳税人识别号"输入"91110108KJ1127923M","数电票号码"输入"23112000000000000202",单击"查询"按钮。

　　第四步:在信息确认界面中,"开具红字发票原因"选择"开票有误",检查发票信息无误后,单击"提交"按钮。

　　第五步:在提交成功界面中,点击"去开红字发票"。检查销售方信息、购买方信息和对应蓝字发票信息无误后,单击"开具发票"按钮,红字发票开具成功如图 2-30 所示。

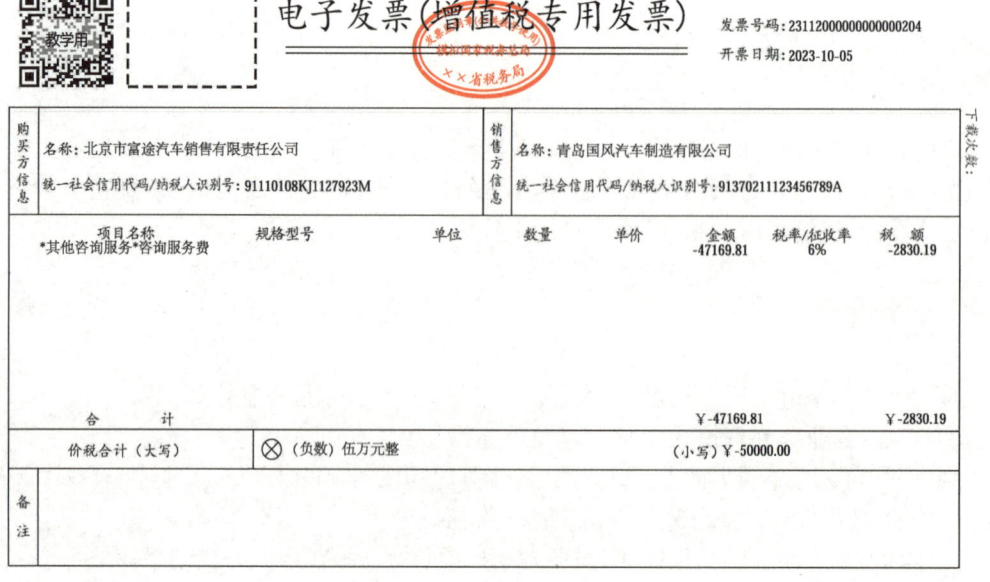

图 2-30　红字发票

第六步：点击"开票业务"中"项目信息维护"，找到咨询服务费项目点击"修改"，选择正确的税收分类编码。

第七步：重新开具一张正确的蓝字增值税专用发票。

（七）发票入账操作

业务10：10月末，北京市富途汽车销售有限责任公司执行发票入账操作。

 业务操作

第一步：登录电子税务局后，在"我要办税"模块中点击"税务数字账户"。

第二步：在业务办理模块中，点击"发票入账标识"。

第三步：在发票入账标识界面中，查看所有发票入账状态，选中需要入账的发票，"入账状态"选择"已入账（企业所得税税前扣除）"，"入账时间"选择"2023-10-05"，点击"提交入账"。

（八）发票选择确认

业务11：10月末，北京市富途汽车销售有限责任公司进行发票选择确认。

 业务操作

第一步：登录电子税务局后，在"我要办税"模块中点击"税务数字账户"。

第二步：在业务办理模块中，点击"发票勾选确认"。

第三步：在发票勾选确认界面中，点击"抵扣类勾选"。勾选需要抵扣的发票，点击"提交勾选"。

第四步：点击"统计确认"，在统计确认界面中点击"申请统计"，查看抵扣勾选信息无误后，点击"统计确认"。

（九）销售退回业务开票

业务12：11月，青岛国风汽车制造有限公司未能按时将承运的车辆运达北京市富途汽车销售有限责任公司指定地点，北京市富途汽车销售有限责任公司按合同约定取消该交易。

 提示

购买方已完成发票勾选确认，按照规定由购买方开具红字发票信息确认单；销售方需要确认此张红字发票信息确认单，然后开具红字发票。

 业务操作

第一步：由北京市富途汽车销售有限责任公司登录电子税务局后，在"我要办税"模块中点击"开票业务"。

第二步：点击"红字发票开具"，进入红字发票开具界面。

第三步：单击"红字发票确认信息录入"按钮，在红字发票确认信息录入界面中，"购销方"选择"我是购买方"，"对方纳税人识别号"输入"91370211123456789A"，"数电票号码"输入"23112000000000000201"，单击"查询"按钮。

第四步：在信息确认界面中，"开具红字发票原因"选择"销货退回"，检查发票信息无误后，单击"提交"按钮。

第五步：在提交成功界面中，提示"购方提交，请等待销售方确认"。

第六步：由青岛国风汽车制造有限公司登录电子税务局后，在"我要办税"模块中点击"数字税务账户"。

第七步：点击"红字信息确认单"，在红字发票开具界面中，点击"红字发票确认信息处理"。

第八步：找到状态显示为"购买方录入待销售方确认"的发票信息，点击"查看"。查看信息无误后，单击"确认"按钮。

第九步：返回"红字发票开具"界面，点击"红字发票开具"，找到需要开票的信息，单击"去开票"按钮。

第十步：在信息确认界面中，检查销售方信息、购买方信息和对应蓝字发票信息无误后，点击"开具发票"，货物运输服务红字发票开具成功如图2-31所示。

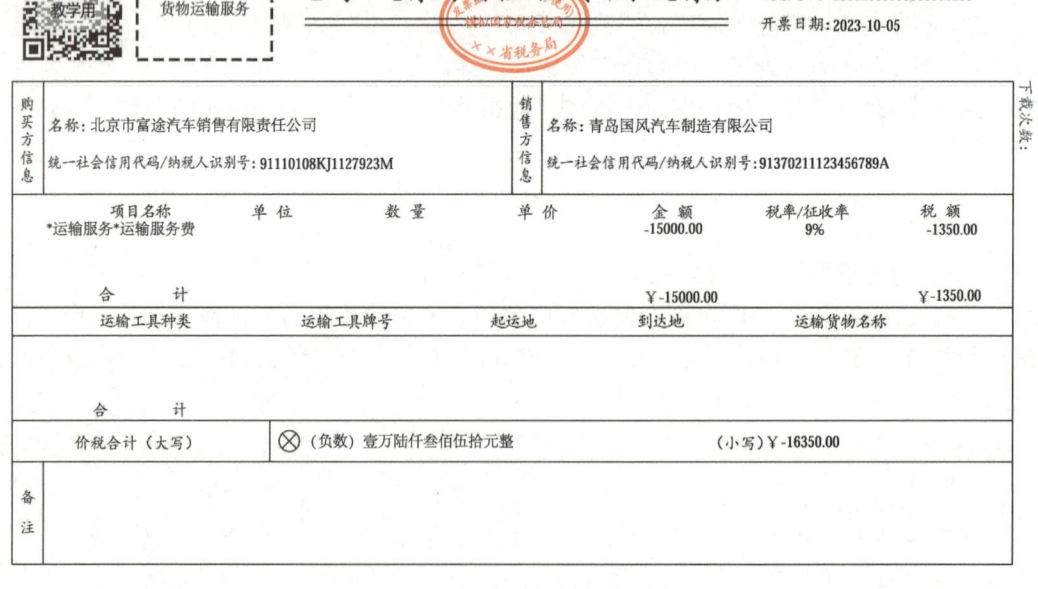

图2-31　货物运输服务红字发票

（十）调整授信额度申请

业务13：青岛国风汽车制造有限公司当月开票的授信额度已达上限，无法继续开具增值税发票，故向税务机关申请调整授信额度2 000 000元。

 **业务操作**

第一步:登录电子税务局后,在"我要办税"模块中点击"税务数字账户"。

第二步:在业务办理模块中,点击"授信额度调整申请"。

第三步:单击"新增申请"按钮,在申请额度调整信息中,"申请调整额度类型"选择"长期","有限期起"输入"2023-10-05","有限期止"默认"2099-12-31","申请调整额度"输入"2 000 000","申请理由"输入"因业务发展较好,业务量激增,因此申请调整授信总额度"。

第四步:上传附件资料,单击"申请"按钮,等待税务人员"人工审核"。

拓展训练

"1+X"证书闯关

 **任务总结**

表2-17 任务总结单

项目		总结与反思	研学改进
素质提升	提升		
	不足		
知识掌握	掌握		
	不足		
能力达成	达成		
	不足		

任务评价

表 2-18　任务评价表

评价指标	评价标准	分值	自评	互评	教师	所占比例
岗位技能	(1) 能够熟练完成初次登录开票系统初始化设置	10				70%
	(2) 能够熟练完成增加开票员操作	10				
	(3) 能够熟练执行读入发票操作	10				
	(4) 能够熟练开具增值税专用发票和普通发票	40				
	(5) 能够熟练开具红字增值税专用发票	30				
过程性考核	(1) 出勤与纪律	25				30%
	(2) 工作态度	25				
	(3) 自我学习与管理能力	25				
	(4) 团队合作与创新能力	25				
综合得分						

任务三　抄　税

任务情境

2023 年 1 月 1 日,潍坊森然公司办税员肖文倩想开具一张增值税专用发票,开票软件提示"已到抄税期,请及时抄报税",无法开具发票。

任务要求

借助 Aisino 财税教学系统,帮助肖文倩完成抄税工作。

任务准备

一、知识准备

抄税是国家通过金税工程来控制增值税专用发票的过程之一,属于企业抄报税流程的内容。企业通过将税控设备连接电脑,然后将上月开出的发票开具信息同步至税务系统,即完成抄税的工作。

纳税人抄税分为征期抄税和非征期抄税两种形式。征期抄税是指企业在征期内将开票软件中上月开出的发票信息抄送税务机关,为税务机关提供报税的电子数据。非征期抄税是指企业在完整征期抄税后,再次在开票软件中执行上报汇总操作。

增值税发票税控开票软件在每月 1 日至 15 日进入抄税期(遇到法定节假日将顺延),用户应在 15 日内完成汇总上传即抄税和远程清卡操作。逾期未执行该操作金税盘将会锁死,即开票软件的发票填开功能将被禁用。

二、操作准备

系统模拟时间进入 2023 年 1 月。

任务实施

一、业务流程

抄税业务流程如图 2-32 所示。

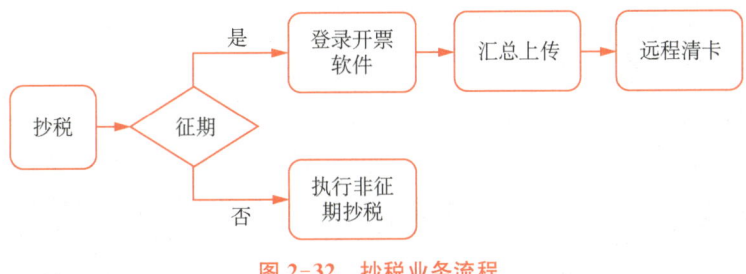

图 2-32 抄税业务流程

二、业务操作

第一步:登录开票软件,在"汇总处理"模块单击导航图"汇总上传",系统将在后台汇总上传开票数据。

第二步:单击"确定"按钮。

第三步:单击"远程清卡",系统自动传输数据,并提示"远程清卡成功"。

第四步:单击"确认",完成本次汇总上传和远程清卡。

操作录屏 19:抄税

 提示

(1)在实际工作中,执行汇总上传操作即抄税后,应进行报税工作,报税完成后再执行远程清卡。

(2)清卡成功后,纳税人可以执行领购发票、开具发票等操作。

三、业务要领

增值税发票税控开票软件的抄报税工作包括汇总上传和远程清卡两个步骤,汇总上传是将上月开票信息抄写至金税盘,远程清卡是利用网络传输,将金税盘中的报税信息传输至税务机关。

执行汇总上传后,纳税人必须在征期内执行远程清卡,逾期不执行远程清卡,金税盘会被锁死。金税盘锁死后,纳税人需携带金税盘到税务机关人工窗口解锁。

纳税人执行非征期抄税,系统无法自动完成远程清卡,抄报税后需到税务机关人工窗口办理清卡操作。

在实际工作中,每月征期开票软件执行自动抄税,操作员只需在月初登录开票软件,系统会自动上报汇总,将开票系统的数据同步到电子税务局。

企业在抄报税之前必须确保所有离线开具的发票已上传,即发票报送状态显示为"已报送",否则系统无法自动完成上报汇总和远程清卡。

执行汇总上报操作后,操作员可以在"金税设备状态查询"中查询"金税盘设备信息"和"增值税专用发票及增值税普通发票"信息。如果汇总上报成功,则在状态查询中显示如下信息:

(1)是否到汇总期:未到抄税期。
(2)是否到锁死期:未到锁死期。
(3)锁死日期:2023年2月16日。
(4)上次汇总日期:2023年1月1日00时00分。
(5)汇总报送起始日期:2023年2月1日。
(6)汇总报送资料:无。

四、业务解析

抄税成功后,操作员查看"金税盘设备信息"和"增值税专用发票及增值税普通发票信息"如图2-33、图2-34所示。

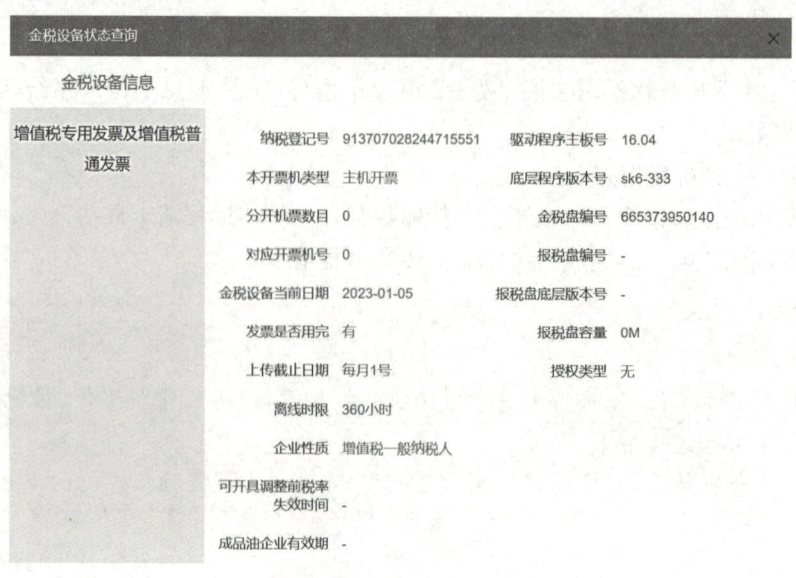

图2-33 金税设备信息

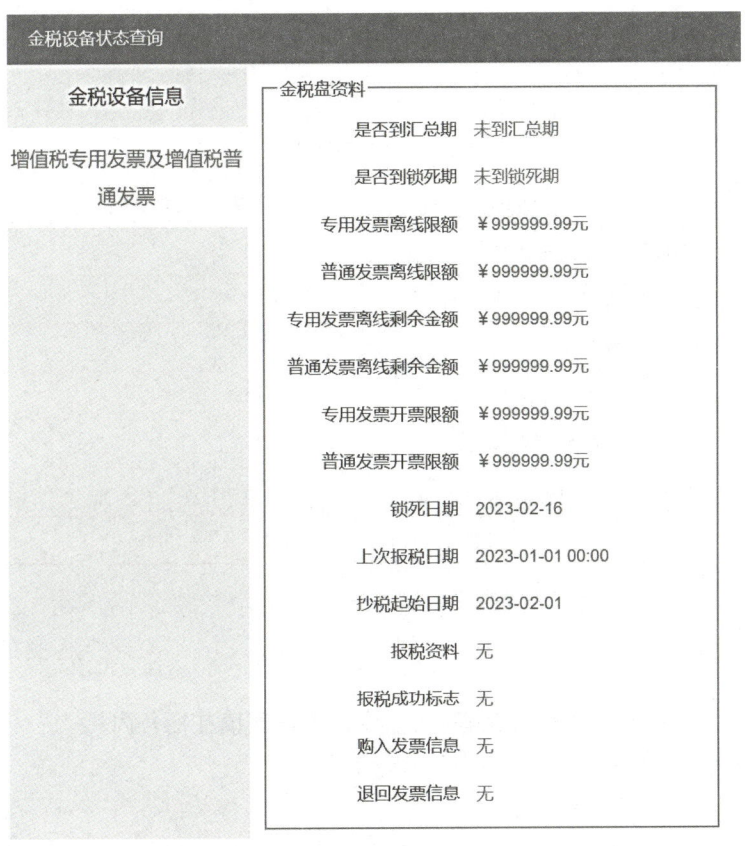

图 2-34　增值税专用发票及增值税普通发票信息

表 2-19　任务总结单

项目		总结与反思	研学改进
素质提升	提升		
	不足		
知识掌握	掌握		
	不足		
能力达成	达成		
	不足		

任务评价

表 2-20 任务评价表

评价指标	评价标准	分值	自评	互评	教师	所占比例
岗位技能	（1）能够熟练抄税工作	50				70%
	（2）能够熟练完成远程清卡	50				
过程性考核	（1）出勤与纪律	25				30%
	（2）工作态度	25				
	（3）自我学习与管理能力	25				
	（4）团队合作与创新能力	25				
	综合得分					

知识巩固

一、单选题（每题只有一个正确答案，请将正确答案填在括号内）

1. 下列不符合纳税人每次申领发票数量的是（　　）。
  A. 5 份　　　　　　B. 8 份　　　　　　C. 10 份　　　　　　D. 15 份

2. 下列交易中，在开具发票时不需要按国家税务总局文件要求在备注栏中注明规定信息的是（　　）。
  A. 预付卡结算　　　　　　　　　　B. 提供建筑服务
  C. 销售不动产　　　　　　　　　　D. 提供税务咨询服务

3. 工作人员要在增值税发票税控开票软件中找到"客户编码"功能，并编辑客户信息，应当选择的模块是（　　）。
  A. 系统设置　　　B. 发票管理　　　C. 用户管理　　　D. 系统维护

4. 税务机关工作人员利用税务端信息系统向纳税人发售发票时，执行的操作包括如下步骤：
  ①登记　　　　　②发票管理　　　　　③购票信息登记　　　　　④查询
  上述操作步骤的正确顺序是（　　）。
  A. ①②③④　　　B. ④③②①　　　C. ②④③①　　　D. ②③④①

5. 下列关于单位和个人使用发票的行为中，不违反《中华人民共和国发票管理办法》相关规定的是（　　）。
  A. 介绍他人转让发票专用章
  B. 拆本使用发票
  C. 邮寄空白发票出境
  D. 领购发票的单位和个人在本省开具发票

6. 下列有关在增值税发票税控开票软件中开具附销货清单的增值税发票的说法中，

错误的是（　　）。
    A. 增值税发票所附的销货清单可以重复打印
    B. 在"增值税发票"填开界面和"销货清单"填开界面均需填写客户信息
    C. 应通过"增值税发票"填开界面中的"清单"按钮开具销货清单
    D. "增值税发票"填开界面显示的金额和税额是由销货清单中商品明细数据的金额和税额累计生成的

7. 下列有关增值税电子普通发票的说法中，错误的是（　　）。
    A. 在增值税发票税控开票软件中不能开具附销货清单的增值税电子普通发票
    B. 若发现增值税电子普通发票开票信息有误，只能对其执行开具红字发票冲销的操作
    C. 打印出来的增值税电子普通发票，必须加盖发票专用章
    D. 税务机关可以为纳税人同时核定开具增值税普通发票和增值税电子普通发票

8. 增值税发票税控开票软件可开具多种类型的发票，下列不属于增值税发票税控开票软件可开具的发票是（　　）。
    A. 增值税专用发票   B. 定额发票
    C. 机动车销售统一发票   D. 增值税普通发票（平推式发票）

二、多选题（每题有两个或两个以上正确答案，请将正确答案填在括号内）

1. 工作人员使用增值税发票税控开票软件开具《红字增值税专用发票信息表》，该信息表中应该为负数的项目有（　　）。
    A. 数量   B. 单价   C. 金额   D. 税率

2. 下列交易中，在开具增值税发票时需要按税务机关要求在备注栏中注明规定信息的有（　　）。
    A. 保险机构代收车船税后开具保险费发票
    B. 互联网物流平台企业代开货物运输发票
    C. 提供仓储服务
    D. 生产企业代办退税的出口货物

3. 增值税发票包括（　　）。
    A. 增值税专用发票   B. 增值税普通发票
    C. 增值税电子普通发票   D. 机动车销售统一发票

4. 在（　　）情况下，增值税普通发票和增值税电子普通发票可以用作进项税额抵扣。
    A. 农产品收购   B. 旅客运输服务
    C. 购入机动车   D. 购入不动产

5. 增值税专用发票的联次包括（　　）。
    A. 发票联   B. 抵扣联   C. 记账联   D. 销售联

6. 增值税专用发票开具的要求有（　　）
    A. 项目齐全，与实际交易相符
    B. 字迹清楚，不得压线、错格
    C. 发票联和抵扣联加盖财务专用章或发票专用章

D. 按照规定的时限开具

7. 下列关于增值税专用发票发售制度的说法中,正确的有(   )。

A. 实行验旧供新制度

B. 实行最高开票限额许可制度

C. 税务机关可以向外地临时到本地经营的增值税一般纳税人出售专用发票

D. 严格专用发票领购登记制度,加强专用发票发售部门和征收部门的衔接

8. 税务部门在核发《专用发票领购簿》时,应严格按照有关规定并根据增值税一般纳税人的(   )确定其购票方式、购票数量和购票种类等内容。

A. 经营规模　　　　　　　　　　B. 业务状况

C. 专用发票用量　　　　　　　　D. 最高开票限额

三、判断题(正确的在括号内打"√",错误的打"×")

1. 初次使用增值税发票税控开票软件时,应当以开票员角色登录,以便对系统进行初始化设置。(   )

2. 纳税人申领发票,可以选择在人工窗口办理,也可以选择使用发票发售自助服务终端机办理。(   )

3. 2023年4月1日,工作人员在增值税发票税控开票软件中执行"上报汇总"和"远程清卡"操作前发现3月30日开具的发票有误,因此对该发票执行作废操作。(   )

4. 工作人员在增值税发票税控开票软件中开具增值税专用发票时,商品行信息既可以通过商品编码库选取,也可以在发票填开界面直接录入。(   )

5. 纳税人初次申领发票前,应该由税务机关核定发票信息,包括核定可以申领的发票类型、发票开票限额,以及发票领购限量等。(   )

6. 工作人员在增值税发票税控开票软件中开具增值税发票时,可自行选择是否为商品、劳务或服务添加对应的税收分类编码。(   )

7. 纳税人使用发票发售自助服务终端机办理申领发票时,可以自行输入申领数量。(   )

8. 某公司采购了一批食品并支付金额2 500元后,可以要求收款方开具商品名称为办公用品、金额为3 000元的增值税专用发票。(   )

9. 纳税人使用增值税发票税控开票软件开具增值税发票后,单击了"打印"按钮,这时如果需要修改该张发票的内容,选择打印对话框中的"取消打印"按钮即可。(   )

10. 首次登录增值税发票税控开票软件时,系统默认的登录角色是管理员。(   )

 **技能提升**

实务操作题

公司日常经营过程中,需要使用增值税发票税控开票软件开具增值税发票,请以北京市速达货物运输有限公司(纳税人识别号:911101021234567890)工作人员的身份,根据题目给出的以下资料在增值税发票税控开票软件完成相关操作。

资料一:公司基本信息如下:

营业地址:北京市西城区南旺川达大厦1层20A室

联系电话:010-66667777
开户银行:中国建设银行实训支行
银行账号:777666333777999

资料二:2022年11月,公司为增值税一般纳税人北京一红科技有限公司运送商品一批,运输协议如图3-35所示。

运输协议

甲方:北京一红科技有限公司
乙方:北京市速达货物运输有限公司
　　本着互惠互利的原则,经甲乙双方友好协商,特达成如下协议:
一、甲方委托乙方为货物特约承运单位。承运<u>木制桌椅</u>货物。
二、承运路线及价格
1. 路线
起运地:<u>北京朝阳区大屯路10号</u>
到达地:<u>北京大兴区黄村青云路9号</u>
2. 运输车辆信息
车种:<u>货车</u>　车牌号:<u>京N677776</u>
3. 价格
运费:<u>不含税价格10 000元</u>,此运费不包括货物,市内保送达仓库。
三、甲方应尽责任与义务(略)
四、乙方应尽责任和义务(略)
五、结算方式(选择一项)
1. 货到即付款(　　)
2. 收到发票后付款(　√　)
3. 乙方凭收货证明,每月10日与甲方对账并付清上月运费(　　)
六、合同其他条款(略)

甲方:北京一红科技有限公司　　　乙方:北京市速达货物运输有限公司
代表人:白柯　　　　　　　　　　代表人:张敬
联系电话:010-62625631　　　　　联系电话:010-66663820

图3-35　运输协议

---

(1) 公司客户信息如下:
客户名称:北京一红科技有限公司
统一社会信用代码:911101031111222233
地址电话:北京市朝阳区向阳路20号　010-80111111
开户行及账号:中国工商银行向阳路支行 666655551111
(2) 公司商品信息如下:
商品名称:运输费
税率:9%
含税价标志:否
税收分类编码:销售服务-交通运输服务-陆路货物运输服务-道路货物运输服务-国内道路货物运输服务(30101020201)

资料三:2022年12月,北京市速达货物运输有限公司收到北京一红科技有限公司商务邮件,如图 3-36 所示。

> 北京市速达货物运输有限公司:
>   贵公司向我司开具的货运发票银行账号有误,我司的正确银行账号为:666655551222。
>   请予更正后重新开具。原发票已寄出,快递单号:333 666 999
> 北京一红科技有限公司
2022 年 12 月

图 3-36 邮件

当月,收到北京一红科技有限公司寄回的原货物运输费发票,该发票还未进行选择认证。

要求:

(1) 执行读入增值税发票操作。

(2) 请根据资料一提供的信息,执行初始化过程中的参数设置操作。

(3) 请根据资料一提供的信息,为北京一红科技有限公司开具增值税专用发票。

(4) 针对资料二所开具的运输费发票,开具《红字增值税专用发票信息表》。

(5) 请根据开具好的《红字增值税专用发票信息表》,开具红字增值税专用发票。

(6) 请根据资料二及资料三提供的信息,为北京一红科技有限公司重新开具增值税专用发票。

项目三 会计信息化处理

学习目标

素养目标：

1. 通过学习会计信息化工作流程，强化责任心，培养学生严谨细致、规范操作的职业习惯。

2. 通过学习《中华人民共和国会计法》《企业会计准则》等关于会计账务处理的相关规定，培养诚信为本、操守为重的会计职业道德，具备较强的社会责任感。

3. 培养爱岗敬业、团队合作和诚实守信的职业素养。

知识目标：

1. 了解建账的基本方法。
2. 了解各类账簿的格式。
3. 了解企业与财税相关的主要经济业务类型。
4. 熟悉企业财税相关的会计科目。
5. 掌握企业各个环节的账务处理。
6. 掌握企业财务报表的格式和编制方法。

能力目标：

1. 能够熟练完成企业建账工作。
2. 能够熟练完成企业主要经济业务账务处理。
3. 能够熟练完成财务报表的编制，正确审核财务报表。

项目概览

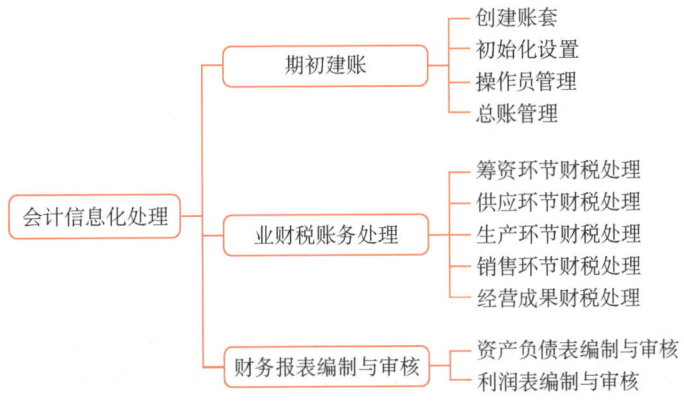

思政园地

一本税收老账

走进"四川省税务局红色税收——川陕苏区税收文物陈列展",你会见到一本20世纪50年代的税收老账。历经漫长岁月,账本封面已斑驳残损,但上面用毛笔书写的"1950~1959年税源资料宣税局"字样依然清晰可辨。

这本老账完整地记录了宣汉县在新中国成立之初的三年经济恢复期和第一个五年计划时期的税收情况。工整的字迹、规范的表格,落到一本在当时还算比较有档次的"硬抄"本上,足见当年书写者对所记录内容的认真和慎重。

时隔70年,当我们再次小心翼翼地翻开这本税源资料,一组组数字依然分量十足:1950~1952年三年经济恢复期,税收完成数由224 249元增加到1 310 392元,1953~1957年第一个五年计划时期,税收完成数由1 834 661元增加到2 666 005元。

这组数字的一分一厘,都是当时的宣汉县人民政府税务局全体干部职工靠脚步丈量攒集起来的。那时宣汉县的税收主要来源于城区、南坝、胡家、土黄、天生、黄金六大区域,要走遍这六大区域,税务人要付出多少跋涉的艰辛!正如达州纪录片《二十四载芳华路》中80多岁的税务老党员鲜龙骑所言:"我收税走过通天夜(一整夜),睡过破庙子,有次在收税的途中,脚被牛角刺刺穿,血流不止。"

这组数字,让我们看到了当时税制的历史样貌,也见证了宣汉县工商业在新中国成立初期的快速起步和蓬勃发展。老账本所记录的产业涉及白酒、药酒、土麦粉、皮毛、土钢、原木、焦炭、生铁、烟丝、土烟叶、红糖、饴糖、茶叶、土布、植物油等,行业有国营、合作社和私营。

合上老账,"1950~1959"这个数字再一次映入眼帘,让人感慨万千。穿越漫长时光,仿佛仍能看见老税务人在艰苦中为民收税、坚守使命的身影。"一分一厘都是税,收多收少都是责。"这句话,前辈们用汗水和心血践行了一生,也影响着一代代后来的税务人。

税收取之于民、用之于民、造福于民,税收服务于经济、服务于人民,始终与时代和人民同频共振,反映了时代的呼吸脉搏。这也许就是这本老账即使再沉睡千年,翻找出来依然具有生命力的缘由所在吧!

任务一　期初建账

任务情境

潍坊森然公司成立于2022年4月5日,是一家生产和销售实木地板为主的制造企业。公司安排财务人员谢敏完成公司期初建账工作。潍坊森然公司期初建账资料,请扫描二维码自行下载。

**任务要求**

借助 AisinoA6 财税教学系统,帮助谢敏完成潍坊森然公司期初建账工作。

1—1 期初余额

**任务准备**

一、知识准备

AisinoA6 财税教学系统是运用"J2EE 平台+部件"的信息技术,依托"财税互联、实时管理"的理念,基于 SOA 架构,面向互联网时代的一款企业级 ERP 管理软件。该系统由 A6 账套管理平台和 A6 工作台组成。

(一) A6 账套管理平台

1. A6 账套管理平台概述

A6 账套管理平台主要是对账套的建立、修改、删除和备份,操作员的建立、角色的划分和权限的分配等进行集中管理。账套管理的使用对象为企业的信息管理人员(即系统管理员 init)、管理员用户或账套主管。

2. A6 账套管理平台的功能

A6 账套管理平台主要包括以下功能:

(1) 对账套进行统一管理,包括对账套的新增、修改、删除、备份。

(2) 对操作员及其功能级权限实行统一管理,包括对用户的新增、修改、删除和账套分配。

(3) 账套管理还可以实现查询、启用和禁用账套,设置和恢复等功能。

(二) A6 工作台

1. A6 工作台概述

A6 工作台是在账套管理基础上,能够对整个账套进行集中化管理和操作的工作平台。管理员可进入 A6 工作台对账套进行相关操作。

2. A6 工作台的功能

A6 工作台可通过功能导航栏对账套进行多种操作,主要包括以下功能:

(1) 通过"财务"栏目,完成对总账管理、报表管理和财务分析等的相关操作。总账管理栏目可以进行基础数据录入、初始化设置、凭证管理、转账、期末记账、对账和结账等相关操作。报表管理栏目可以对会计报表进行编制、查询、汇总和申报等操作。财务分析栏目可以完成报表分析和指标分析操作。

(2) 通过"系统"栏目,完成对公用数据、权限管理、系统监控和相关设置的操作。公用数据栏目可完成管理人员对系统信息、财务信息、业务信息和基础设置的操作。权限管理主要进行对用户管理和角色管理的操作。

(3) 通过"工具"栏目,完成对接口、数据、初始化以及在线升级的操作。

二、操作准备

（1）企业建账相关资料。

（2）登录 AisinoA6 财税教学系统。

> 提示
> 用户为"init"，密码为"system"。

任务实施

一、业务流程

AisinoA6 财税教学系统建账的业务流程如图 3-1 所示。

图 3-1　AisinoA6 财税教学系统建账流程图

二、业务操作

（一）创建账套

登录 AisinoA6 财税教学系统账套管理后，弹出"账套管理"窗口，点击"新增"，弹出"账套信息"窗口，输入账套编号"001"，账套名称"潍坊市森然实木地板制造有限公司"，数据库名称和存放路径默认，单击"创建"按钮，完成账套的创建。创建账套页面如图 3-2 所示。

图 3-2　潍坊森然公司账套创建页面

> **提示**
> (1) 账套创建完成后,我们可以通过"修改""删除""查询""备份"等按钮对新建账套进行修改、删除、查询和备份等操作。
> (2) 当我们操作出现错误时,可通过"恢复"按钮完成对账套的恢复。
> (3) 账套编号不能修改,账套名称可以修改。
> (4) 账套编号和账套名称是唯一性的,每个账套不能重复。

(二) 初始化设置及操作员管理

1. 登录 AisinoA6 财税教学系统工作台

登录 AisinoA6 财税教学系统工作台,分别输入用户名"admin",密码"admin1","账套"选择"潍坊市森然实木地板制造有限公司","日期"选择"2022-04-05",单击"登录"按钮,进入 AisinoA6 财税教学系统工作台界面,如图 3-3 所示。

操作录屏 20:初始化设置

图 3-3 工作台登录界面

2. 根据初始化向导完成初始化

1) 企业信息设置

进入 AisinoA6 财税教学系统工作台界面后,进入初始化向导界面,填写"企业信息设置",如图 3-4 所示。

图 3-4 初始化向导界面中的企业信息设置

> **提示**
> 企业信息设置中带红色星号的为必填项。

2）系统启用

系统启用主要包括完成新增会计期间的设置和总账管理启用的设置。

第一步:完成企业信息设置后,点击"下一步",点击"完成",完成初始化。

第二步:对于新增会计期间的设置,具体操作步骤如下:①点击"功能导航—系统—公用数据—财务信息—会计期间",进入新增会计期间窗口。②单击"新增"按钮,弹出会计年度新增对话框窗口,在"开始日期"栏输入"2022-01-01",单击"保存"按钮,完成对新增会计期间的设置,如图3-5所示。

图 3-5　新增会计期间完成页面

第三步:对于总账管理启用的设置,具体操作步骤如下:①点击"功能导航—系统—公用信息—系统信息—系统启用",进入"系统启用管理"窗口。②在"总账管理"启用标志方框内打"√",单击"保存"按钮,完成对"总账管理"模块的启用。

3．增加操作员及对操作员赋权

1）增加操作员

根据表3-1,分别新增财务部4名人员的信息。

操作录屏21:增加操作员及对操作员赋权

表 3-1　财务部职员列表

序号	部门名称	职务	职员姓名	用户账号
1	财务部	主管	高峰	6666
2		出纳	秦燕	7777

(续表)

序号	部门名称	职务	职员姓名	用户账号
3	财务部	会计	谢敏	8888
4		办税员	肖文倩	9999

第一步：进入 AisinoA6 财税系统工作台后，单击"功能导航—系统—权限管理—用户管理"。

第二步：点击"用户管理"，进入"用户编辑"窗口，单击"新增"按钮，分别填入"用户账号""用户实名"，"多人同时访问"选择"允许"，"账号生效日期"不填，单击"保存"按钮，完成对增加操作员的操作，如图 3-6 所示。

图 3-6　完成增加用户页面

> **提示**
> 用户实名用真实的姓名；用户密码不设置；其他默认。

2）对操作员赋权

新增完所有用户后，单击"功能授权"按钮，进入"分配权限"窗口，对每一个财务人员分配权限，单击"保存"按钮，完成赋权操作。

（三）总账管理

1. 科目管理

在 AisinoA6 财税教学系统工作台中，企业可以根据其真实财务需求情况，完成对科目新增、修改和删除的操作。其具体操作步骤如下：

第一步：点击"功能导航—财务—总账管理—基础数据—科目管理"，进入"科目管理"窗口。

第二步：在该界面完成科目的新增、修改和删除等操作。现以科目"原材料"新增下级科目为例完成新增科目的操作。

（1）点击"查询"，弹出科目查询对话框，"科目编码"或"科目名称"输入"原材料"，点击"查询"。

操作录屏22：科目管理

（2）勾选科目前的方框,点击"新增","编码"输入"140101","名称"输入"柚木",单击"保存"按钮。依次操作增加"原材料"其他明细科目,如图3-7所示。

图 3-7　完成新增"原材料"明细科目页面

> 提示
> （1）在此处应完成期初余额表中所有科目的录入。
> （2）单击"修改""删除"按钮可以完成某个科目的修改和删除操作。
> （3）在进行某个明细科目的操作时,先选中上级科目。

修改科目时如果选择启用辅助核算,往来账户需要指定往来账户和对应的账户名称。其具体操作如下：

（1）在科目管理界面,点击"查询",查询"应收账款",勾选"往来业务核算",勾选往来账户名称"客户"。

> 提示
> 预收账款指定往来账户和对应的账户名称的操作与应收账款一致。

（2）在科目管理界面,点击"查询",查询"应付账款",勾选"往来业务核算",勾选往来账户名称"供应商"。

> 提示
> 预付账款指定往来账户和对应的账户名称的操作与应付账款一致。

2. 总账参数设置

1）总账参数设置

总账参数设置按照以下流程进行操作：点击"功能导航—财务—总账管理—初始化—参数设置",进入"总账参数设置"窗口,勾选"制单序时控制"和"只允许修改自己制定的单据",单击"保存"按钮,如图3-8所示。

操作录屏23：总账参数设置

图3-8 总账参数设置页面

2）期初余额录入

期初余额录入是智能财税处理的基础，现以科目"银行存款——中国建设银行"和"应收账款"为例，演示期初余额录入操作。

第一步：点击"功能导航—财务—总账管理—初始化—期初余额"，进入"期初余额"录入窗口，在"银行存款——中国建设银行"科目代码前方框内打"√"，在期初余额金额栏输入期初余额"7 481 587.00"，单击"保存"按钮。

操作录屏24：期初余额录入

> **提示**
> 录入时，必须选择最末级科目进行录入。

第二步：在"应收账款"科目代码前方框内打"√"，进入辅助账初始界面，点击"客户"框，弹出"客户参照"窗口，选择客户"上海家悦地板批发公司"，在期初余额栏输入"50 850.00"，通过"增行"依次输入其他客户的期初余额，单击"保存"按钮，如图3-9、图3-10所示。

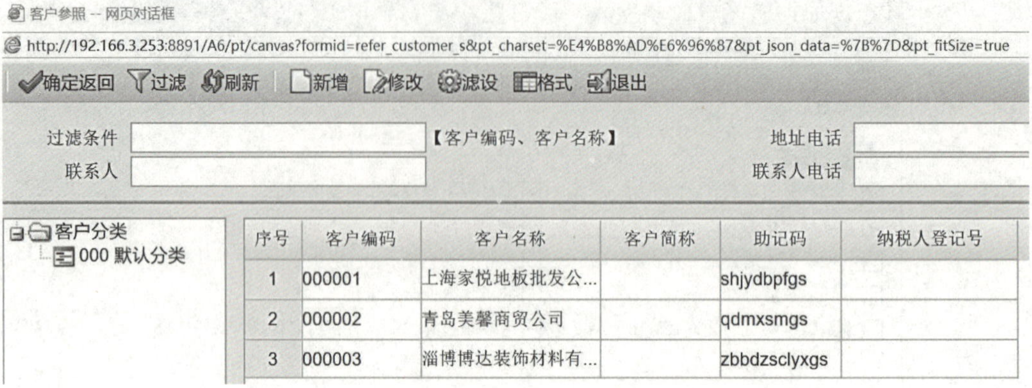

图 3-9 "应收账款"期初余额录入—客户参照页面

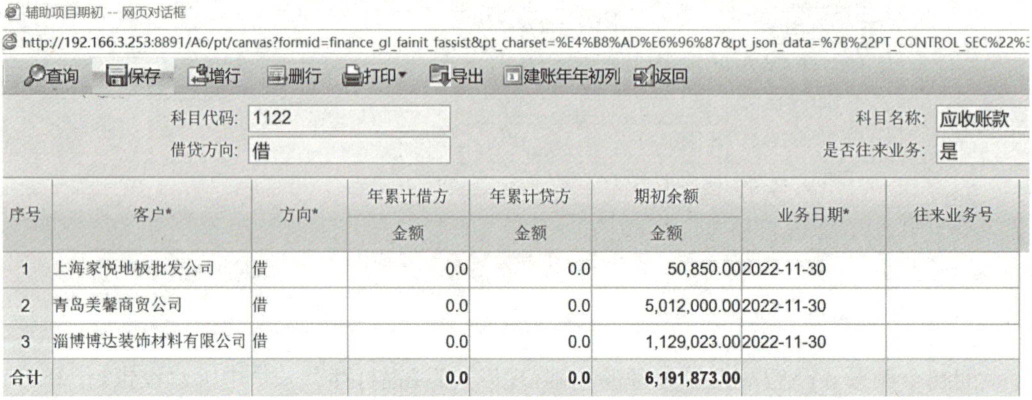

图 3-10 "应收账款"期初余额录入页面

 提示

(1) 应收应付、预收预付往来核算,需新增供应商/客户。
(2) 录入期初余额在退出之前一定要单击"保存"按钮。

3) 试算平衡

期初余额录入完毕,需要进行试算平衡的操作,点击"试算"查看是否平衡,如图 3-11 所示。

4) 结束初始化

结束初始化按照以下流程进行操作:点击"功能导航—财务—总账管理—初始化—结束初始化"。

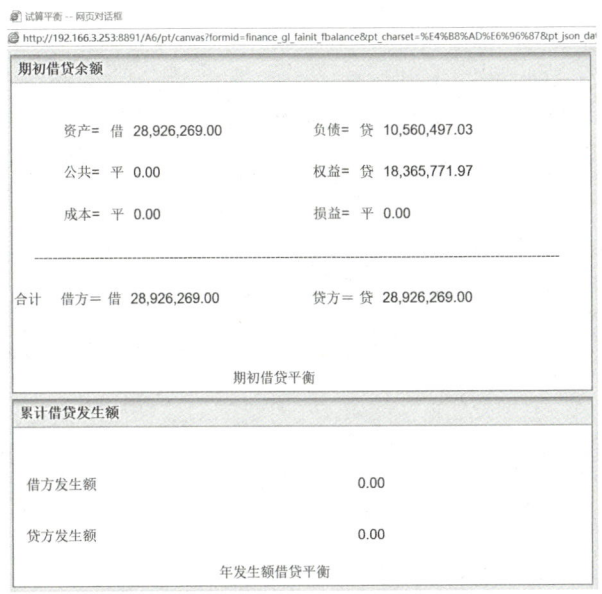

图 3-11　试算平衡页面

> 提示
>
> （1）结束初始化后期初余额不能改变，但是可以执行反初始化。
> （2）只有结束初始化操作，资产负债表期初余额才会自动带出。
> （3）结束初始化后，还可以进行反初始化操作。

三、业务要领

（1）创建账套时，账套编号是唯一的，每个账套都有自己专用的账套编号，账套编号不能修改，但账套名称可以修改。

（2）登录 AisinoA6 财税系统工作台时，登录日期要选择准确，否则会导致后期无法完成结账操作。

（3）AisinoA6 财税系统工作台中有众多子系统模块，企业可根据自身需求选择启用其中一个或多个子系统。在启用子系统时，请确定启用子系统的启用期间，子系统启用后才能进行后续业务的处理，未启用的子系统不能使用。

（4）对于系统内财务人员的权限要注意凭证录入的人员和凭证审核的人员不能为同一人。

（5）录取期初余额之前，要根据期初余额表中的会计科目把系统中没设置的科目补充完整。每一个新增科目都有唯一的编码，并且在新增科目时要注意余额方向是否正确。

四、业务解析

以潍坊森然公司建立账套为例，其具体业务解析见业务操作内容。

拓展训练

 任务总结

表 3-2 任务总结单

项目	总结与反思		研学改进
素质提升	提升		
	不足		
知识掌握	掌握		
	不足		
能力达成	达成		
	不足		

 任务评价

表 3-3 任务评价表

评价指标	评价标准	分值	自评	互评	教师	所占比例
岗位技能	（1）熟练、规范操作期初建账工作	30				70%
	（2）熟练、规范操作公司账套基础设置工作	40				
	（3）独立完成"拓展训练"	30				
过程性考核	（1）出勤与纪律	25				30%
	（2）工作态度	25				
	（3）自我学习与管理能力	25				
	（4）团队合作与创新能力	25				
综合得分						

任务二　业财税账务处理

任务情境

潍坊森然公司已经完成公司期初建账工作,现要完成 2022 年 12 月份公司经济业务的账务处理。

任务要求

借助 AisinoA6 财税教学系统,帮助财务人员完成该公司的账务处理工作。

任务准备

一、知识准备

(一) 企业的主要经济业务

制造业的主要经营活动为加工制造和销售产品,它们的营利性质决定了该类企业生产经营活动过程包括供应环节、生产环节、销售环节、筹资环节和经营成果核算过程。企业从事生产经营活动的过程也就是企业发生各种经济业务的过程。

不同企业的经济业务各有特点,其生产经营业务流程也不尽相同,潍坊森然公司主要涉及资金筹集、设备购置、材料采购、产品生产、商品销售和利润分配等经济业务。

(二) 企业的筹资环节

1. 筹资目的和渠道

为了保证企业生产经营活动的进行,企业要从各种渠道筹集到一定数量的资金。企业拥有一定数额的资金是进行生产经营活动的必要条件。企业筹资的渠道主要有投资者投入的资金(即所有者权益资金)和向银行及其他机构借入的资金(即负债资金)。

2. 筹资环节的主要账务处理

1) 所有者权益资金筹集账务处理

(1) 企业接受投资——现金资产投资时:

借:银行存款
　　贷:实收资本
　　　　资本公积——资本溢价

提示

有限责任公司初建时,各投资者按照合同、协议或公司章程规定投入企业的资本,应全部记入"实收资本"科目,公司成立之后增资扩股时,如有新投资者加入,其缴纳的出资额大于其按约定比例计算的在公司注册资本中所占份额部分作为资本溢价,记入"资本公积——资本溢价"科目核算。

(2) 企业接受投资——非现金资产投资时:

借:固定资产
　　原材料
　　无形资产
　　应交税费——应交增值税(进项税额)
　贷:实收资本
　　　资本公积——资本溢价

非现金资产投资时应以投资合同中约定的价值作为非现金资产的入账价值。

(3) 企业资本增加。

企业增加资本主要有三个途径:接受投资者追加投资、资本公积转增资本和盈余公积转增资本。其账务处理分别如下:

途径一:接受投资者追加投资。

企业接受投资者追加投资的账务处理与接受投资相同。

途径二:资本公积转增资本。

借:资本公积
　贷:实收资本

途径三:盈余公积转增资本。

借:盈余公积
　贷:实收资本

(4) 企业资本减少。

非股份有限公司按法定报经批准减少注册资本时:

借:实收资本
　贷:库存现金

提示

股份有限公司因减少注册资本而回购本公司股份的,应通过"库存股"科目核算。股票面值低于回购股票支付价款的应借记"股本溢价"科目,尚不足冲减的,借记"盈余公积""利润分配——未分配利润"科目。

2）负债资金筹集账务处理
（1）短期借款——借入本金时：

借：银行存款
　　贷：短期借款

（2）短期借款——归还本金时：

借：短期借款
　　贷：银行存款

（3）短期借款——预提利息时：

借：财务费用
　　贷：应付利息

（4）短期借款账务处理——支付利息时：

借：财务费用
　　应付利息
　　贷：银行存款

> **提示**
> "财务费用"科目是反映当月产生的利息，"应付利息"科目是反映当月外累计计提的利息。

（5）长期借款——借入本金时：

借：银行存款
　　贷：长期借款——本金

（6）长期借款——归还本金时：

借：长期借款——本金
　　贷：银行存款

（7）向个人借款时：

借：银行存款
　　贷：其他应付款

3．筹资环节涉及的税务处理
1）增值税进项税额
如果企业为增值税一般纳税人，在接受货物、固定资产和无形资产投资时若取得了增值税专用发票，那么投资产生的进项税额准予从销项税额中抵扣。
2）印花税
（1）营业账簿中记载资金的账簿，应以实收资本和资本公积两项合计金额为计税依据，按0.5‰的税率减半征收印花税。
（2）产权转移书据包括土地使用权出让书据，土地使用权、房屋等建筑物和构筑物所有权转让书据,股权转让书据一般按0.5‰的税率征收印花税。商标专用权、著作权、专利权、专有技术使用权转让书据一般按0.3‰的税率征收印花税。

(3) 借款合同主要是指借款人与银行及其他金融单位签订的合同。借款合同适用的印花税税率为0.05‰。

> 记载资金的账簿,是反映单位资本金的数值增减变化的一种账簿。向非金融单位借款签订的合同以及向自然人借款签订的合同不征收印花税。

3) 契税

企业接受房屋和土地投资的,被投资方应缴纳契税。

(三) 企业的供应环节

供应环节是生产环节的准备阶段。在这个过程中,企业用货币资金购买各种材料物资、机器设备作为生产的储备,以保证生产的需要。

1. 供应渠道

1) 材料供应

材料是指直接用于产品制造并构成产品实体,或虽不构成产品实体但有助于产品形成的物品。企业准备用于生产加工的材料,大部分都是外购的。在材料采购过程中,一方面,企业要计算购进材料的采购成本;另一方面,企业要按照合同或协议约定结算方式,完成对材料的买价和各种采购费用的支付。如果企业是一般纳税企业,材料采购还涉及增值税进项税额的计算与处理问题。

2) 固定资产储备

固定资产是指企业为了生产商品、提供劳务、出租或者经营管理而持有、使用寿命超过1个会计年度的有形资产。潍坊森然公司所用固定资产主要有房屋建筑物、生产设备、办公设备、运输设备等类型。

2. 供应环节的主要账务处理

1) 材料供应账务处理

(1) 货款已经支付,材料验收入库时:

借:原材料
　　应交税费——应交增值税(进项税额)
　贷:银行存款

(2) 货款已经支付,材料尚未验收入库时:

采购时:

借:在途物资
　　应交税费——应交增值税(进项税额)
　贷:银行存款

验收入库时：

借：原材料
　　贷：在途物资

> **提示**
>
> 如果购买材料货款尚未支付，则记入"应付账款"科目。原材料的核算方法有实际成本法和计划成本法两种，本教材讲述实际成本法核算。材料采购成本包括材料的买价（不含可以抵扣的增值税）以及材料采购过程中发生的运输、装卸、保险、包装、仓储、运输途中的合理损耗及入库前的挑选整理等各种费用。

2) 固定资产账务处理

（1）固定资产的取得分三种情形，其账务处理分别如下：

情形一：购入不需要安装的固定资产：

借：固定资产
　　应交税费——应交增值税（进项税额）
　　贷：银行存款

情形二：购入需要安装的固定资产：
支付设备价款、运输费和增值税：

借：在建工程
　　应交税费——应交增值税（进项税额）
　　贷：银行存款

支付安装费：

借：在建工程
　　贷：银行存款

安装完毕达到预定可使用状态：

借：固定资产
　　贷：在建工程

情形三：自行建造固定资产：
购入建造材料：

借：工程物资
　　应交税费——应交增值税（进项税额）
　　贷：银行存款

领用建造材料：

借：在建工程
　　贷：工程物资

计提工程建筑人员薪酬：

借：在建工程
　　贷：应付职工薪酬

支付其他支出：

借：在建工程
　　贷：银行存款

达到预定可使用状态：

借：固定资产
　　贷：在建工程

(2) 固定资产的折旧。计提固定资产折旧的账务处理如下：

借：在建工程
　　制造费用
　　管理费用
　　销售费用
　　其他业务成本
　　贷：累计折旧

 提示

(1) 自建固定资产过程中使用的固定资产计提的折旧记入"在建工程"科目，车间使用的固定资产计提的折旧记入"制造费用"科目，企业行政管理部门使用的固定资产计提的折旧记入"管理费用"科目，专设销售机构使用的固定资产计提的折旧记入"销售费用"科目，经营租出的固定资产计提的折旧记入"其他业务成本"科目等。

(2) 对于当月增加的固定资产，当月不计提折旧，从下月起计提；当月减少的固定资产，当月仍计提折旧，从下月起不计提折旧。固定资产的折旧方法有年限平均法、工作量法、双倍余额递减法、年数总和法。

3. 供应环节涉及的税务处理

1) 增值税进项税额

在企业供应环节的核算中，要准确判断收到的发票能否进行进项税额的抵扣，如果在满足我国税法规定准予抵扣的前提条件下，企业还需取得符合规定的抵扣票据，才能进行抵扣。依据税法规定，现有以下几种凭证可抵扣增值税进项税额。

(1) 增值税专用发票。

增值税专用发票是指企业从销售方、加工修理修配劳务或者应税服务提供方取得的增值税专用发票上注明的增值税税额。

(2) 海关进口增值税专用缴款书。

海关进口增值税专用缴款书是指进口货物从海关取得完税证明上注明的税额。

(3) 农产品收购凭证。

农产品收购凭证是指购进农产品，除取得增值税专用发票或者海关专用缴款书外，按照农产品收购发票或者销售发票上注明的农产品买价和相应的扣除率计算的进项税额。

(4) 增值税电子普通发票。

增值税电子普通发票是指支付的道路通行费、高速公路通行费,按照收费公路通行费增值税电子普通发票上注明的税额抵扣进项税额。

(5) 纳税人购进国内旅客运输服务取得的相关凭证。

纳税人购进国内旅客运输服务,其进项税额允许从销项税额中抵扣。纳税人未取得增值税专用发票的,如果取得增值税电子普通发票的,为发票上注明的税额;如果取得注明旅客身份信息的航空运输电子客票行程单的,按照行程单上的票价和燃油附加费计算进项税额,即航空旅客运输进项税额=(票价+燃油附加费)÷(1+9%)×9%;如果取得注明旅客身份信息的铁路车票的,按照车票的票面金额计算进项税额,即铁路旅客运输进项税额=票面金额÷(1+9%)×9%;如果取得注明旅客身份信息的公路、水路等其他客票的,按照车票的票面金额计算进项税额,即公路、水路等其他旅客运输进项税额=票面金额÷(1+3%)×3%。

 提示

因管理不善导致的非正常损失的购进货物,其对应的增值税若已抵扣,应做进项税额转出处理。

2) 印花税

企业采购环节签订的合同按"买卖合同"计算缴纳印花税。印花税以合同记载的采购金额为依据计算缴纳,适用的税率为0.3‰。

3) 房产税

房产税是以房屋为征税对象,以房屋的计税余值或租金收入为计税依据,向产权所有人征收的一种财产税。房产税一般依照房产原值一次减除10%至30%后的余值计算缴纳。具体减除幅度由省、自治区、直辖市人民政府规定。房产税的税率,依照房产余值计算缴纳的,税率为1.2%。

4) 城镇土地使用税

城镇土地使用税是以城市、县城、建制镇和工矿区的国家所有、集体所有的土地为征税范围,以实际占用面积为计税依据征收的一种税。城镇土地使用税采用定额税率,即采用有幅度的差别税额,按大、中、小城市和县城、建制镇、工矿区分别规定每平方米城镇土地使用税年应纳税额。

(四) 企业的生产环节

1. 生产概述

企业在生产过程中会耗费材料、人工、燃料及动力等费用,这些耗费要最终确定为一定的产品成本,也就是生产成本。产品生产成本包括直接材料、直接人工和制造费用。其中,直接材料和直接人工属于直接成本费用,它们是按成本核算对象和成本项目分别进行归集的,制造费用属于间接成本费用。间接费用发生时,应先按照费用类别进行归集,然后按照一定分配方法在各产品之间分配。生产过程核算的主要业务包括两项:一是生产费用的发生、归集和分配，二是生产成本的计算。

2. 生产环节的主要账务处理

1）材料费用的归集与分配

材料费用的归集与分配账务处理如下：

借：生产成本
　　制造费用
　　管理费用
　　其他业务成本
　贷：原材料

提示

（1）产品生产领用材料，记入"生产成本"科目，车间一般管理领用材料，记入"制造费用"科目，行政管理部门领用材料，记入"管理费用"科目，材料对外销售，记入"其他业务成本"科目等。

（2）潍坊森然公司的柚木地板为委托外单位加工完成，发出委托加工所需原材料时，借记"委托加工物资"科目，贷记"原材料"科目。

2）制造费用的归集与分配

（1）制造费用的归集账务处理如下：

借：制造费用
　贷：原材料/银行存款/应付职工薪酬

（2）制造费用的分配账务处理如下：

借：生产成本——基本生产成本——X商品
　贷：制造费用

3）职工薪酬的归集与分配

（1）企业应当根据职工提供服务的受益对象，为每一类受益对象选择不同的对应科目进行职工薪酬的计提。其账务处理如下：

借：生产成本
　　制造费用
　　管理费用
　　销售费用
　　在建工程
　　研发支出
　贷：应付职工薪酬

提示

直接生产人员的职工薪酬应计提记入"生产成本"科目，车间管理人员的职工薪酬应计提记入"制造费用"科目，企业行政管理人员的职工薪酬应计提记入"管理费用"科目,销售人员的职工薪酬应计提记入"销售费用"科目,应由在建工程负担的职工薪酬应计提记入"在建工程"科目,应由研发支出负担的职工薪酬应计提记入"研发支出"科目等。

(2) 职工薪酬分货币性职工薪酬和非货币性职工薪酬,在发放时的账务处理不同。

货币性职工薪酬发放的账务处理:

情形一:支付工资、奖金、津贴和补贴:

借:应付职工薪酬——工资
　　贷:银行存款

情形二:支付职工福利费、工会经费和职工教育经费:

借:应付职工薪酬——职工福利
　　　　　　　　——工会经费
　　　　　　　　——职工教育经费
　　贷:银行存款

情形三:缴纳社会保险费、住房公积金:

借:应付职工薪酬——社会保险费
　　其他应付款——社会保险费
　　应付职工薪酬——住房公积金
　　其他应付款——住房公积金
　　贷:银行存款

 提示

根据相关规定,社会保险费和住房公积金,应该部分由企业承担,借方对应科目为"应付职工薪酬——社会保险费"或"应付职工薪酬——住房公积金";部分由职工个人承担,借方对应科目为"其他应付款——社会保险费"或"其他应付款——住房公积金"。职工个人承担的部分,由企业在发放工资时代扣并代缴。

情形四:企业代扣代垫费用、代扣个人所得税和代扣应由职工个人承担的社会保险费和住房公积金:

借:应付职工薪酬——工资
　　贷:其他应收款
　　　　应交税费——应交个人所得税
　　　　其他应付款——社会保险费
　　　　其他应付款——住房公积金

提示

企业为职工代垫医疗费等费用时,记入"其他应收款"科目,发放工资时扣减。职工应缴纳的个人所得税,由企业在发放工资时代扣并代缴。应由职工个人负担的社会保险费和住房公积金,由企业发放工资时代扣并汇入专户代缴。

非货币性职工薪酬发放的账务处理：

情形一：将拥有的固定资产无偿提供给职工使用：

借：应付职工薪酬——非货币性福利
　　贷：累计折旧

企业将拥有的固定资产无偿提供给职工使用，应该按照固定资产折旧金额确认非货币性福利。

情形二：将租入的固定资产无偿提供给职工使用：

借：应付职工薪酬——非货币性福利
　　贷：其他应付款

企业将租入的固定资产无偿提供给职工使用，应按企业实际支付的租金金额确认非货币性福利。

情形三：以其自产的产品作为福利发放给职工：

借：应付职工薪酬——非货币性福利
　　贷：主营业务收入
　　　　应交税费——应交增值税（销项税额）
借：主营业务成本
　　贷：库存商品

企业以其自产的产品作为福利发放给职工，应做视同销售处理，按照市场售价和确认的销项税额合计确认非货币性福利金额。

4）完工产品生产成本的计算与结转

结转完工产品成本，涉及"库存商品"和"生产成本"科目，其账务处理如下：

借：库存商品
　　贷：生产成本

3. 生产环节涉及的税务处理

1）委托加工应税消费品的计税规则

委托加工业务中产生的消费税，一般由受托方在向委托方交货时代收代缴。但受托方为个人或个体工商户则应由委托方自行申报缴纳消费税。受托方代收代缴消费税时，应按受托方同类应税消费品的售价计算纳税；没有同类销售价格的，按照组成计税价格计算纳税。委托方收回委托加工的应税消费品后，若以不高于受托方计税价格出售，不再缴纳消费税；若以高于受托方的计税价格出售，则需按照规定申报缴纳消费税，在计税时准予扣除受托方已代收代缴的消费税；若用于连续生产应税消费品的，符合条件的已纳消费税税款准予按规定抵扣。

2）委托加工业务涉及的增值税和印花税税务处理

委托加工业务中，由于受托方提供的是加工劳务，受托方应计算并缴纳增值税。委托方取得受托方开具的加工费增值税专用发票后，可以用于进项税额的抵扣。

委托加工业务签订的合同应按照"承揽合同"类型计算缴纳印花税，其计税依据为加工或承揽收入的金额，适用税率为0.3‰。

（五）企业的销售环节

1. 销售概述

企业生产过程加工完成的产成品，从验收入库到对外销售的过程称为销售过程。销售过程是企业经营环节中的重要环节，销售环节决定了产品的价值是否能够实现。在销售过程中，一方面，企业要与购货单位签订销货合同，将产品及时销售给对方；另一方面，企业要按照销售价格向购货单位收取货款。销售过程的核算主要包括以下几个方面。

1）销售商品收入的确认与计量

当企业与客户之间的合同同时满足下列条件时，企业应当在客户取得相关商品控制权时确认收入：

（1）合同各方已批准该合同并承诺将履行各自义务。

（2）该合同明确了合同各方与所转让商品或提供劳务（以下简称转让商品）相关的权利和义务。

（3）该合同有明确的与所转让商品相关的支付条款。

（4）该合同具有商业实质，即履行该合同将改变企业未来现金流量的风险、时间分布或金额。

（5）企业因向客户转让商品而有权取得的对价很可能收回。

2）销售商品成本的结转

根据收入与费用配比的原则，企业销售产品后，对于已销产品的生产成本要予以结转。成本结转包括主营业务成本和其他业务成本的结转。

3）销售相关费用的确认

企业销售环节所涉及的如广告费、包装费、运输费、保险费、展览费等，统称为销售费用，在销售环节应予以确认。另外，销售过程中按国家税法规定的税率计算应缴纳的各种税金，具体包括增值税、消费税、城市维护建设税、房产税、城镇土地使用税、教育费附加、印花税等，也应予以确认。

> 💡 **提示**
>
> 与销售相关的税金通过"税金及附加"科目核算。企业发生的消费税、城市维护建设税、房产税、城镇土地使用税、环境保护税、印花税、出口关税、教育费附加等均在本科目核算。与购进相关的税金一般计入相关资产成本核算。企业发生的契税、进口关税，不得抵扣的增值税等均计入相关资产成本中核算。

2. 销售环节的主要账务处理

1) 销售收入的形成

（1）企业发生销售业务，如果满足收入确认条件，应确认销售收入，其账务处理如下：

借：银行存款/应收账款/合同资产
　　贷：主营业务收入
　　　　应交税费——应交增值税（销项税额）

应收账款是指企业"无条件"收取合同对价的权利，即企业仅仅随着时间的流逝即可收款；合同资产是指企业已向客户转让商品而有权收取对价的权利，且该权利取决于"时间流逝之外"的其他因素，它不属于一项无条件收款权，该权利除了时间流逝之外，还取决于其他条件，才能收取相应的合同对价。

（2）企业发生销售业务，向客户预收了销售商品款，但是不满足收入确认条件时，不能确认收入，而应该将款项先确认为"合同负债"，待满足收入确认条件时，再确认收入，其账务处理如下：

借：银行存款/应收账款
　　贷：合同负债

借：合同负债
　　贷：主营业务收入
　　　　应交税费——应交增值税（销项税额）

提示

合同负债是指企业尚未将商品转让给客户，但客户已支付了对价或者企业已经拥有一项无条件收取对价金额的权利，则企业应当在客户付款或付款到期时将向客户转让商品的合同义务。

2) 销售成本的结转

为了准确核算企业盈利状况，企业对于已经完成销售环节的产品成本应予以结转，其账务处理如下：

借：主营业务成本
　　贷：库存商品

企业若发生销货退回，应在退货时冲减当期的主营业务收入及主营业务成本，同时冲减退回当期的增值税销项税额。

3)销售费用的确认

销售过程所发生的与企业销售相关的所有费用,在发生时应予以确认,其账务处理如下:

借:销售费用
　　贷:银行存款
　　　　应付职工薪酬

4)税金及附加的计算与确认

企业销售过程所发生的一些税费,在发生时应按照一定的方法计算并进行如下账务处理:

借:税金及附加
　　贷:应交税费——应交消费税
　　　　　　　——应交印花税
　　　　　　　——应交城市维护建设税
　　　　　　　——应交教育费附加
　　　　　　　——应交地方教育附加
　　　　　　　——应交房产税
　　　　　　　——应交城镇土地使用税

3. 销售环节涉及的税务处理

1)企业销售环节涉及的税种

企业的销售渠道可分为境内销售和境外销售两种。如果销售过程发生在境内,一方面,销售实现环节会涉及增值税、消费税、企业所得税;如果销售房地产,还需缴纳土地增值税。另一方面,增值税和消费税还与城市维护建设税及附加费的计算密切相关。如果销售过程发生在境外,销售实现环节会涉及出口关税、增值税出口退税以及企业所得税的核算。

提示

(1)无论是境内销售还是境外销售,在销售合同签署环节都需要计算缴纳印花税,适用税率为0.3‰。
(2)销售环节中涉及的增值税和消费税内容在增值税纳税申报和消费税纳税申报项目具体讲解。

2)城市维护建设税、教育费附加和地方教育附加核算要点

在销售环节缴纳消费税和增值税的单位和个人都要缴纳城市维护建设税、教育费附加和地方教育附加。这三类税种都是以纳税人实际缴纳的增值税和消费税之和作为计税依据。对于出口环节计算的免抵税额也应作为城市维护建设税、教育费附加和地方教育附加的计税依据。

(六)企业的经营成果环节

1. 经营成果概述

企业的经营成果是企业在经过一定期间的经营活动后,产生利润或发生亏损情况的体现。经营成果既是企业经营活动效率与效益的综合表现,也是衡量企业财务成果和经济效益的综合尺度。企业经营成果的核算主要包括利润的形成过程和利润的分配过程。

1)利润的形成

利润是指企业在一定会计期间的经营成果,包括收入减去费用后的净额、直接计入当期损益的利得和损失等。潍坊森然公司的利润一般包括营业利润、利润总额和净利润,具体如表 3-4 所示。

表 3-4 利润的形成公式列表

项目	公式
营业利润	营业利润=营业收入-营业成本-税金及附加-销售费用-管理费用-财务费用+投资收益(-投资损失)+资产处置收益(-资产处置损失)
利润总额	利润总额=营业利润+营业外收入-营业外支出
净利润	净利润=利润总额-所得税费用
应缴纳所得税	应纳税所得额=税前会计利润+纳税调整增加额-纳税调整减少额 应交所得税额=应纳税所得额×所得税税率

> **提示**
> (1)营业收入=主营业务收入+其他业务收入;营业成本=主营业务成本+其他业务成本。
> (2)在不存在纳税调整事项的情况下,应纳税所得额等于税前会计利润,即利润总额。

2)利润的分配

利润分配是指企业根据国家有关规定和企业章程、投资者协议的规定等,对企业当年可供分配的利润指定具体用途,然后分配给投资者的行为。利润分配的过程和结果不仅关系到每个股东的合法权益是否得到保障,而且还关系到企业的未来发展。

企业向投资者分配利润,应按一定的顺序进行。按照我国《公司法》的有关规定,利润分配应按下列顺序进行:

(1)计算可供分配的利润。可供分配的利润=净利润(或亏损)+年初未分配利润-弥补以前年度的亏损+其他转入的金额。如果可供分配的利润为负数(即累计亏损),则不能进行后续分配。

(2)提取法定盈余公积。公司应当按照当年净利润的 10% 提取法定盈余公积。提取法定盈余公积所用的净利润,如果年初有未弥补的亏损,应以扣除了年初亏损后的金额为基数提取。提取的法定盈余公积累计额超过注册资本 50% 以上的,可以不再提取。

(3) 提取任意盈余公积。经股东会或者股东大会决议,还可以从净利润中提取任意盈余公积。

(4) 向投资者分配利润(或股利)。可供投资者分配的利润＝可供分配的利润－提取的盈余公积。

企业经股东大会或类似机构决议,可采用现金股利、股票股利和财产股利等形式向投资者分配利润(或股利)。

2. 经营成果核算环节的主要账务处理

1) 利润形成过程的账务处理

为了计算企业利润的形成情况,期末应将各项收入类科目和费用类科目结转到"本年利润"科目。收入和费用抵减后核算企业的盈利或亏损情况。

(1) 期(月)末结转各项收入类科目时,应将记入当期损益的各项收益类科目的余额转入"本年利润"科目的贷方。

借：主营业务收入
　　其他业务收入
　　投资收益
　　资产处置损益
　　营业外收入
　贷：本年利润

期末结转后,上述各损益类科目均无余额。

(2) 期(月)末结转各项费用类科目时,应将记入当期损益的各项费用类科目的余额转入"本年利润"科目的借方。

借：本年利润
　贷：主营业务成本
　　　其他业务成本
　　　税金及附加
　　　销售费用
　　　管理费用
　　　财务费用
　　　投资收益
　　　资产处置损益
　　　营业外支出

提示

期末结转后,上述各损益类科目均无余额。利润总额＝本年利润贷方额－本年利润借方额。

(3) 计算、确认企业当期应交的所得税时:

借:所得税费用
  贷:应交税费——应交企业所得税

实际上缴税金时:

借:应交税费——应交企业所得税
  贷:银行存款

结转所得税费用到本年利润:

借:本年利润
  贷:所得税费用

(4) 年度终了,应将"本年利润"科目本年收入和支出相抵后结出的本年实现的净利润或净亏损,转入"利润分配"科目。

当期实现净利润:

借:本年利润
  贷:利润分配——未分配利润

当期发生净亏损:

借:利润分配——未分配利润
  贷:本年利润

提示

结转后"本年利润"科目无余额。

2) 利润分配过程的账务处理

企业进入利润分配过程,首先计算可供分配的利润,其次计提盈余公积,最后向投资者分配利润。其具体账务处理如下:

(1) 提取盈余公积时:

借:利润分配——提取法定盈余公积
  利润分配——任意盈余公积
  贷:盈余公积——法定盈余公积
    盈余公积——任意盈余公积

(2) 宣告向投资者分配股利时:

借:利润分配——应付现金股利
  贷:应付股利

(3) 年度终了，企业应将"利润分配"科目所属其他明细科目的余额转入该科目"未分配利润"明细科目。其具体账务处理如下：

借：利润分配——未分配利润
　　贷：利润分配——提取法定盈余公积
　　　　　　　　——提取任意盈余公积
　　　　　　　　——应付现金股利

结转后"利润分配"科目中除"未分配利润"明细科目外，所属其他明细科目无余额。"未分配利润"明细科目的贷方余额表示累积未分配的利润，该科目如果出现借方余额，则表示累积未弥补的亏损。

二、操作准备

（1）潍坊森然公司 2022 年 12 月发生经济业务的原始凭证审核无误。
（2）企业已经完成期初建账。

 任务实施

一、业务流程

企业的账务处理流程如图 3-12 所示。

图 3-12　企业的账务处理流程图

二、业务操作

潍坊森然公司 2022 年 12 月发生的经济业务如下：

（1）12 月 1 日，从潍坊绿然油漆有限公司购进水性漆 150 吨，每吨不含税单价为 8 500 元，取得增值税专用发票注明价款 1 275 000 元，增值税 165 750 元，款项已转账支付，材料尚未收到，如业务凭证 1-1 至业务凭证 1-3 所示。

操作录屏 25：记账凭证录入

[业务凭证1-1]

采购合同

购货方(甲方)：潍坊市森然实木地板制造有限公司
销货方(乙方)：潍坊绿然油漆有限公司

甲、乙双方遵循自愿、公平、诚实信用的原则，经友好协商，就购销货物相关事宜达成一致，签订本协议。

第一条　目的及标的物
根据双方的协议，甲方向乙方购买以下产品：

产品名称	数量	单价(不含税价)	金额(不含税价)
*涂料*水性漆	150 吨	8 500.00	1 275 000.00
合计	—	—	1 275 000.00

第二条　交货时间、地点及方式
乙方应在合同签订之日起5日内交付货物，运费及保险由乙方承担。
第三条　资金支付条款
甲方应该在收货当日将收货情况确认给乙方并支付货款，如未回传邮件或提出书面异议，视为货物已经接受无异议。
……

甲方：潍坊市森然实木地板制造有限公司　　　乙方：潍坊绿然油漆有限公司
法定代表人：刘永昌　　　　　　　　　　　　法定代表人：许厚霖
签约时间：2022年12月1日　　　　　　　　　签约时间：2022年12月1日

[业务凭证1-2]

山东增值税专用发票

发票联　　No 35876650　　开票日期：2022年12月1日

购买方	名　称：潍坊市森然实木地板制造有限公司
	纳税人识别号：913707028244715551
	地　址、电　话：山东省潍坊市潍城区工业园路78号 0536-5228886
	开户行及账号：中国建设银行潍坊工业园支行3707028244715551 3123

密码区：172312-4-275 〈1+46*54*
181321〉〈8182*59*09618
〈4〈3*2702-9〉9*+153〈/0
08/4〉〉 2-3*0/9/〉〉25

货物或应税劳务、服务名称	规格型号	单位	数量	单价	金额	税率	税额
*涂料*水性漆		吨	150	8500.00	1275000.00	13%	165750.00
合计					¥1275000.00		¥165750.00

价税合计(大写)　⊗　壹佰肆拾肆万零柒佰伍拾元整　　(小写)¥1440750.00

销售方	名　称：潍坊绿然油漆有限公司
	纳税人识别号：91370786001000885N
	地　址、电　话：昌邑市仙霞路39号 0536-56678877
	开户行及账号：中国建设银行昌邑仙霞路支行 3201002312 56453214

收款人：李珊　　复核：张芳　　开票人：吴敏　　销货单位：(章)

项目三　会计信息化处理　119

[业务凭证1-3]

中国建设银行网上银行电子回单

电子回单号码：25830110393

付款人	户名	潍坊市森然实木地板制造有限公司	收款人	户名	潍坊绿然油漆有限公司
	账号	37070282447155513123		账号	3201002312564 53214
	开户银行	中国建设银行潍坊工业园支行		开户银行	中国建设银行昌邑仙霞路支行
金额		人民币（大写）：壹佰肆拾肆万零柒佰伍拾元整			￥1,440,750.00元
摘要		支付材料款	业务种类		转账
用途					
交易流水号		52104417804797	时间段		2022-12-01
	备注：				
验证码：00016413					
记账网点	412		记账柜员	002	记账日期	2022-12-01

打印日期：2022年12月01日

> **业务要点提示**
>
> 企业购进水性漆，取得增值税专用发票，可按规定抵扣进项税额。

（2）12月1日，因日常生产经营需要，特向"股东"刘永昌借款200 000元，双方签订借款协议，借款期限为1年，到期一次性还本付息，借款年利率为6%，款已收到，如业务凭证2-1至业务凭证2-2所示。已知：同期同类银行贷款利率为4.2%。

[业务凭证2-1]

借款协议

贷款人（以下简称甲方）：刘永昌
借款人（以下简称乙方）：潍坊市森然实木地板制造有限公司

　　甲、乙双方遵循自愿、公平、诚实信用的原则，经友好协商，就乙方向甲方借款的相关事宜达成一致意见，签订本借款协议（以下简称本协议）。
　　第一条　借款用途
　　乙方向甲方所借款项专用于乙方日常经营管理，不得挪作他用，不得进行违法活动，更不能随意侵占甲方的所借款项。
　　第二条　借款金额、期限及利息
　　1.乙方向甲方借款人民币 200000 元（大写：贰拾万元整），借款期限为1年，到期一次性还本付息，借款年利率为6%。
　　2.甲方通过银行转账方式向乙方交付所借款项；借款期限届满前，甲方不得要求乙方提前还款，本协议有特殊约定的除外；乙方应及时清偿所借款项。
　　……

贷款人：刘永昌	借款人：潍坊市森然实木地板制造有限公司
身份证号码：370725197912190528	统一社会信用代码：9370702824 4715551
住址：山东省潍坊市潍城区	注册地址：山东省潍坊市潍城区工业园路78号
签约时间：2022年12月1日	签约时间：2022年12月1日

[业务凭证2-2]

中国建设银行网上银行电子回单

电子回单号码：58312378393

付款人	户名	刘永昌	收款人	户名	潍坊市森然实木地板制造有限公司
	账号	6222675211905277225		账号	37070282447155513123
	开户银行	中国建设银行潍坊工业园支行		开户银行	中国建设银行潍坊工业园支行
金额	人民币（大写）：贰拾万元整				￥200,000.00元
摘要	借款		业务种类		转账
用途					
交易流水号	74026589956070		时间段		2022-12-01
	备注：				
	验证码：22828595				
记账网点	641		记账柜员	110	记账日期	2022-12-01

打印日期：2022年12月01日

> 💡 **业务要点提示**
>
> 企业向个人借款不需要缴纳印花税。

（3）12月2日，收到中国建设银行转来的收款通知，系上海家悦地板批发公司归还前欠货款50 850元，如业务凭证3-1所示。

[业务凭证3-1]

中国建设银行电汇凭证（收账通知） 4

日期 2022年12月02日　　　　　　　　NO 06284172

汇款人	全称	上海家悦地板批发公司	收款人	全称	潍坊市森然实木地板制造有限公司
	账号或住址	32526474647200008		账号或住址	37070282447155513123
	汇出地点	上海	汇出行全称	中国建设银行西安市莲湖支行	汇入地点	潍坊	汇入行名称	中国建设银行潍坊工业园支行
金额	人民币（大写）	伍万零捌佰伍拾元整			￥50850 00

单位主管　　　会计　　　复核　　　记账

项目三 会计信息化处理

>  **业务要点提示**
>
> 销售环节已经完成,企业取得无条件收取合同对价的权利,应确认应收账款,12月收到货款,应根据银行收款凭证借记"银行存款"科目,贷记"应收账款"科目。

(4) 12月3日,1日采购的水性漆运到并验收入库,取得山东捷达运输有限公司开具的增值税专用发票,注明运费金额9 200元,增值税税额828元,以银行存款支付,如业务凭证4-1至业务凭证4-3所示。

[业务凭证4-1]

收 料 单

供应单位:潍坊绿然油漆有限公司　　　　　　　　收料单编号:SR-1162
材料类别:原材料　　　2022年12月03日　　　　收料仓库:原材料仓库

材料编号	名称	规格	单位	数量		实际成本(元)				
				应收	实收	买价		运杂费	其他	合计
						单价	金额			
	水性漆		吨	150	150	8,500.00	1,275,000.00	9,200.00		1,284,200.00
	合计			150	150		¥1,275,000.00	¥9,200.00		¥1,284,200.00
	备注									

仓库主管:汪天明　　会计:谢敏　　仓库:朱国华　　经办人:黄格安

[业务凭证4-2]

山东增值税专用发票　　№ 96012364

3700231140　　　　　　　　　　　　　　　　　3700231140
　　　　　　　　　　发票联　　　　　　　　　　96012354

开票日期: 2022年12月3日

购买方	名　　称: 潍坊市森然实木地板制造有限公司	密码区	39286491-1-572 〈1+46*54* 181321〉〈8182*59*09618 〈4〈3*2702-9〉9*+153〈/0 *08/4〉*〉〉2-3*0/9/〉25
	纳税人识别号: 913707028244715551		
	地址、电话: 山东省潍坊市潍城区工业园路79号 0536-5228886		
	开户行及账号: 中国建设银行潍坊工业园支行37070282447155513123		

货物或应税劳务、服务名称	规格型号	单位	数量	单价	金额	税率	税额
*运输服务*国内道路货物运输服务			1	9200.00	9200.00	9%	828.00
合计					¥9200.00		¥828.00
价税合计(大写)	⊗ 壹万零贰拾捌元整				(小写) ¥10028.00		

销售方	名　　称: 山东捷达运输有限公司	备注	车种:厢式货车 鲁GB26T5 货物内容:水性漆 起运地:山东省潍坊昌邑市仙霞路39号 经由:　 到达地:山东省潍坊市潍城区工业园路78号
	纳税人识别号: 913707862654498722		
	地址、电话: 昌邑市乐山路77号 0536-88904562		
	开户行及账号: 中国工商银行昌邑乐山路支行 622202430108945		

收款人:王连　　复核:赵欣　　开票人:管美丽　　销货单位:(章)

[业务凭证4-3]

中国建设银行网上银行电子回单

电子回单号码：56762538344

付款人	户名	潍坊市森然实木地板制造有限公司	收款人	户名	山东捷达运输有限公司
	账号	37070282447155513123		账号	622202430108945
	开户银行	中国建设银行潍坊工业园支行		开户银行	中国工商银行昌邑乐山路支行
金额		人民币（大写）：壹万零贰拾捌元整			￥10 028.00元
摘要		支付运费	业务种类		转账
用途					
交易流水号		62477640917326	时间段		2022-12-03
		备注：			
		验证码：20379746			
记账网点		782	记账柜员	362	记账日期	2022-12-03

打印日期：2022年12月03日

业务要点提示

购进水性漆取得运费增值税专用发票，可按规定抵扣进项税额；运费金额计入水性漆成本。

(5) 12月5日，潍坊森然公司增资扩股，引入绿林房地产开发有限公司（增值税一般纳税人）以一栋办公楼入股（按评估价增资），办公楼含税评估价为4 142 000元，投资完成后绿林房地产开发有限公司持有本公司18%的股权。潍坊森然公司实收资本增加4 142 000元，并取得增值税专用发票注明价款3 800 000元，增值税342 000元。取得办公楼后作为固定资产入账按50年进行摊销。双方办理了不动产转移手续缴纳印花税1 900元，领取房产证，缴纳契税114 000元，款项均通过银行存款支付，如业务凭证5-1至业务凭证5-6所示。

[业务凭证5-1]

投资协议

投资方(甲方)：绿林房地产开发有限公司
被投方(乙方)：潍坊市森然实木地板制造有限公司

甲、乙双方遵循平等、自愿原则，经友好协商，签订本协议。
第一条 投资款及支付
1. 甲方以一栋办公楼（位于潍坊市潍城区开元复路172号）的所有权投资入股到乙方，该办公楼不含税评估价为3 800 000元，增值税342 000元。双方约定按该办公楼的含税评估价4 142 000元（大写：肆佰壹拾肆万贰仟元整）确定投资额，增加乙方实收资本4 142 000元（大写：肆佰壹拾肆万贰仟元整），投资完成后该办公楼作为乙方固定资产入账按50年进行摊销使用，甲方持有乙方18%的股权。

2. 甲、乙双方应自本合同签订之日起 5 日内办理完成产权转移手续,否则视为协议无效。
第二条　收益与分配
各方按照其在公司的份额比例享有收益和分红的权利,承担债务,分担风险。
……

　　甲方:绿林房地产开发有限公司　　　　乙方:潍坊市森然实木地板制造有限公司
　　法定代表人:傅畅　　　　　　　　　　法人代表:刘永昌
　　签约时间:2022 年 12 月 5 日　　　　 签约时间:2022 年 12 月 5 日

[业务凭证 5-2]

办公楼评估报告
摘要

重要提示:以下内容摘自评估报告正文。
1. 评估对象:位于潍坊市潍城区开元复路 172 号的一栋办公楼
2. 价值类型:市场价值
3. 评估基准日:2022 年 12 月 5 日
4. 评估方法:市场法
5. 评估结论:经评估,被评估资产潍坊市潍城区开元复路 172 号的一栋办公楼,面积 1 000 平方米,不含税单价为 3 800.00 元/平方米,合计含税评估价值为 4 142 000 元(大写:肆佰壹拾肆万贰仟元整)
6. 评估报告提出日:2022 年 12 月 5 日
……

　　委托方:绿林房地产开发有限公司　　　受托方:中正评估有限责任公司
　　法人代表:傅畅　　　　　　　　　　　法定代表人:张宁
　　签约时间:2022 年 12 月 5 日　　　　 签约时间:2022 年 12 月 5 日

[业务凭证 5-3]

出资证明书(复印件)

一、公司全称:潍坊市森然实木地板制造有限公司
二、公司登记日期:2022 年 4 月 5 日
三、公司实收资本(增加):4 142 000 元(大写:肆佰壹拾肆万贰仟元整)
四、公司股权:企业股东绿林房地产开发有限公司于 2022 年 12 月 5 日以不动产办公楼形式向本公司出资,计人民币肆佰壹拾肆万贰仟元整。该股东自本出资证明书核发之日起,享有本公司章程所规定的股东权。

　　核发日期:2022 年 12 月 5 日
　　核发单位:潍坊市森然实木地板制造有限公司

[业务凭证 5-4]

电子发票（增值税专用发票）

不动产销售服务

开票号码：22371000000003872816
开票日期：2022年12月05日

购买方信息	名称：潍坊市森然实木地板制造有限公司					销售方信息	名称：绿林房地产开发有限公司			
	统一社会信用代码/纳税人识别号：913707028244715551						统一社会信用代码/纳税人识别号：913702030003372589			

项目名称	产权证书/不动产权证号	面积单位	数量	单价	金额	税率/征收率	税额
办公楼	41000004839	1000	1	3800000.00	3800000.00	9%	342000.00
合计					¥3800000.00		¥342000.00

价税合计（大写）　⊗　肆佰壹拾肆万贰仟元整　　　　　　　　（小写）¥4142000.00

备注	不动产单元代码/网签合同备案编号：12443457	不动产地址：潍坊市潍城区开元复路172号	跨地（市）标志：否
	土地增值税项目编号：M127583H34	核定计税价格：	实际成交含税金额：
	扣除额		

开票人：李佳

[业务凭证 5-5]

中 国 建 设 银 行

电子缴税付款凭证

转账日期：2022年12月05日　　　　　　　　　　　　　　　凭证字号：20989021

纳税人全称及纳税人识别号：潍坊市森然实木地板制造有限公司	913707028244715551
付款人全称：潍坊市森然实木地板制造有限公司	
付款人账号：37070282447155513123	征收机关名称：山东省潍坊市潍城区税务局
付款人开户银行：中国建设银行潍坊工业园支行	收款国库（银行）名称：国家金库潍坊市潍城区支库
小写（合计）金额：¥115,900.00	缴款书交易流水号：91011245
大写（合计）金额：壹拾壹万伍仟玖佰元整	税票号码：12719901650

税种名称	所属时间	实缴金额
契税	20221201-20221231	¥114,000.00
产权转移书据印花	20221201-20221231	¥1,900.00

中国建设银行潍坊工业园支行 2022.12.05 转讫

打印时间：2022年12月05日

会计流水号：　　　　　　复核：赵乐乐　　　　　　记账：丁茉莉

[业务凭证 5-6]

固定资产验收使用报告单

2022 年 12 月 5 日

名称	来源	单位	数量	预计使用年限	金额（元）	用途	使用时间
办公楼	接受投资	栋	1	50 年	4 142 000.00	不动产使用	2022 年 12 月 5 日
备注							

资产管理部门主管：刘永昌　　　　财务负责人：高峰　　　　会计：谢敏

业务要点提示

①接受不动产（办公楼）投资，并办理不动产变更登记手续，应按"产权转移书据"税目按照0.5‰的印花税税率计算缴纳印花税；记载资金的营业账簿按最新政策按0.25‰税率征收印花税，此印花税额记入"税金及附加"科目。②企业接受投资者投入企业的不动产应通过"固定资产"科目进行核算。入账价值按照双方确认的评估价值确认。接受房产，缴纳的印花税和契税应计入固定资产入账价值核算。

（6）12月6日，从中国建设银行基本户提现6 000元备用，如业务凭证6-1至业务凭证6-2所示。

[业务凭证6-1]

提现申请单

填表日期：2022年12月06日

收款单位	潍坊市森然实木地板制造有限公司		
地址	山东省潍坊市潍城区工业园路78号	联系电话	0536-5228886
收款人开户行	中国建设银行潍坊工业园支行	开户账户	37070282447155513123
内容	提取备用金		
金额（大写）	陆仟元整		¥6,000.00

审批：刘永昌　　　　审核：高峰　　　　制单：谢敏

[业务凭证6-2]

```
中国建设银行
现金支票存根

1050076283

附加信息

出票日期 2022年12月06日
收款人：潍坊市森然实
木地板制造有限公司
金　额：¥6000.00
用　途：备用金

单位主管 高峰  会计 谢敏
```

 业务要点提示

从银行提取现金业务应借记"库存现金"科目，贷记"银行存款"科目。

(7) 12月7日，从青州大山林场采购柞木木材 350 吨，合同注明每吨售价 600 元，款项已通过银行存款支付，取得了农产品销售普通发票。仓库人员验收入库时，发现木材实际入库数量为 340 吨，减少的 10 吨为运输途中的合理受潮损耗。本月生产领用 7 日购入的全部柞木。如业务凭证 7-1 至业务凭证 7-4 所示。

[业务凭证 7-1]

采购合同

购货方(甲方)：潍坊市森然实木地板制造有限公司
销货方(乙方)：青州大山林场

甲、乙双方遵循自愿、公平、诚实信用的原则，经友好协商，就购销货物相关事宜达成一致，签订本协议。

第一条　目的及标的物
根据双方的协议，甲方向乙方购买以下产品：

产品名称	数量	单价(不含税价)	金额(不含税价)
柞木木材	350 吨	600.00	210 000.00
合计		—	210 000.00

第二条　交货时间、地点及方式
乙方应在合同签订之日起 5 日内交付货物，运费及保险由乙方承担。
第三条　资金支付条款
甲方应该在收货当日将收货情况确认给乙方并支付货款，如未回传邮件或提出书面异议，视为货物已经接受无异议。
……

甲方：潍坊市森然实木地板制造有限公司　　　乙方：青州大山林场
法定代表人：刘永昌　　　　　　　　　　　　法定代表人：许霖
签约时间：2022 年 12 月 7 日　　　　　　　　签约时间：2022 年 12 月 7 日

[业务凭证 7-2]

山东增值税普通发票	№ 36407649

开票日期：2022年12月7日

购买方	名　称：	潍坊市森然实木地板制造有限公司	密码区	8291834-129-7-275〈1+46*54* 181321〉〈8182*59*09618 〈4〈3*2702-9〉9*+153〈/0 *08/4〉*〉2-3*0/9〉〉25
	纳税人识别号：	913707028244715551		
	地　址、电　话：	山东省潍坊市潍城区工业园路78号 0536-5228886		
	开户行及账号：	中国建设银行潍坊工业园支行37070282447155513123		

货物或应税劳务、服务名称	规格型号	单位	数量	单价	金额	税率	税额
柞木木材		吨	350	600.00	210000.00	免税	
合计					¥210000.00		

价税合计(大写)	⊗ 贰拾壹万元整	(小写) ¥210000.00

销售方	名　称：	青州大山林场	备注
	纳税人识别号：	913707816457767724W	
	地　址、电　话：	青州市云溪南路283号 0536-33882567	
	开户行及账号：	中国农业银行青州云溪路支行6228378158293489	

收款人：李甜甜　　复核：万虹　　开票人：王明　　销货单位：(章)

[业务凭证7-3]

中国建设银行网上银行电子回单

电子回单号码：77900568720

付款人	户名	潍坊市森然实木地板制造有限公司	收款人	户名	青州大山林场
	账号	37070282447155513123		账号	6228378158293489
	开户银行	中国建设银行潍坊工业园支行		开户银行	中国农业银行青州云溪路支行
	金额	人民币（大写）：贰拾壹万元整			￥210,000.00元
	摘要	支付材料款		业务种类	转账
	用途				
	交易流水号	82615770393495		时间段	2022-12-07
		备注：			
		验证码：40417885			
记账网点		821	记账柜员	304	记账日期	2022-12-07

打印日期：2022年12月07日

[业务凭证7-4]

收 料 单

供应单位：青州大山林场　　　　　2022年12月07日　　　　收料单编号：SR-1163
材料类别：原材料　　　　　　　　　　　　　　　　　　　　收料仓库：原材料仓库

材料编号	名称	规格	单位	数量		实际成本		运杂费	其他	合计	
				应收	实收	买价					
						单价	金额				
	柞木木材		吨	350	340	562.06	191,100.00			191,100.00	第三联 记账联
	合　计			150	150		￥191,100.00			￥191,100.00	
	备　注		减少的10吨为运输途中的合理受潮损耗								

仓库主管：汪天明　　　会计：谢敏　　　仓库：朱国华　　　经办人：黄榕安

业务要点提示

企业采购木材签订的合同应按"买卖合同"计算缴纳印花税，以合同记载的采购金额计算缴纳，适用税率为0.3‰。

（8）12月8日，委托青岛辉煌实业有限公司加工柚木实木地板一批，发出柚木材料的账面成本为300 000元，如业务凭证8-1至业务凭证8-2所示。

[业务凭证8-1]

委托加工合同

委托方(甲方):潍坊市森然实木地板制造有限公司
受托方(乙方):青岛辉煌实业有限公司

  甲方委托乙方加工一批柚木实木地板,为维护甲、乙双方的利益,经双方协商,就有关代加工事宜达成如下协议,以供双方共同遵守。

  1. 甲方委托乙方为其加工 1 250 箱柚木实木地板,由甲方提供主要原料及基础配件。乙方提供辅助配件并受托加工柚木实木地板,每箱柚木实木地板加工费 39.68 元(不含税),总计不含税金额 49 600 元(大写:肆万玖仟陆佰元整)。

  2. 乙方应在 2022 年 12 月 14 日之前完成加工业务,并交付柚木实木地板。甲方验收合格后,由甲方负责运回企业,运输方式及运费由甲方负担。

  3. 甲方应在乙方交付加工产品的当天以银行转账的方式支付加工费,乙方收到款项后为甲方开具加工劳务增值税专用发票。

  4. 乙方必须按甲方要求生产合格产品,按时交货。如不能按时按量交货,由此造成的损失,由乙方负责。

……

甲方:潍坊市森然实木地板制造有限公司   乙方:青岛辉煌实业有限公司
法定代表人:刘永昌   法定代表人:韩潇潇
签约时间:2022 年 12 月 8 日   签约时间:2022 年 12 月 8 日

[业务凭证8-2]

委托加工领料单

加工单位:青岛辉煌实业有限公司   发料日期:2022 年 12 月 8 日   发料仓库:1 号仓库
加工物资:柚木实木地板

序号	物料名称	单位	数量	单价	金额	备注
1	柚木材料	吨	—	—	300 000.00	

领料人:李涛   仓管员:朱国华   审核:汪天明

业务要点提示

  委托加工业务签订的合同应按"加工承揽合同"计算缴纳印花税,以加工或承揽收入的金额计算缴纳,适用税率为 0.3‰。

  (9) 12 月 9 日,从济南设备制造有限公司购买刨木机 2 台,双方签订合同注明不含税价款为 20 000 元,增值税税额 2 600 元,取得增值税专用发票;款项已通过银行存款支付,机器预计使用年限为 10 年,如业务凭证9-1至业务凭证9-4所示。

[业务凭证9-1]

采购合同

购货方(甲方):潍坊市森然实木地板制造有限公司
销货方(乙方):济南设备制造有限公司

甲、乙双方遵循自愿、公平、诚实信用的原则,经友好协商,就购销货物相关事宜达成一致,签订本协议。

第一条　目的及标的物
根据双方的协议,甲方向乙方购买以下产品:

产品名称	数量	单价(不含税价)	金额(不含税价)
*木材加工机械*刨木机	2台	10 000.00	20 000.00
合计	—	—	20 000.00

第二条　交货时间、地点及方式
乙方应在合同签订之日起5日内交付货物,运费及保险由乙方承担。
第三条　资金支付条款
甲方应该在收货当日将收货情况确认给乙方并支付货款,如未回传邮件或提出书面异议,视为货物已经接受无异议。
……

甲方:潍坊市森然实木地板制造有限公司　　　乙方:济南设备制造有限公司
法定代表人:刘永昌　　　　　　　　　　　　法定代表人:刘霖
签约时间:2022年12月9日　　　　　　　　　签约时间:2022年12月9日

[业务凭证9-2]

| | | 山东增值税专用发票 | № 76108260 | 00231140 |
| | 00231140 | 发票联 | | 76108260 |

开票日期:2022年12月9日

购买方	名称	潍坊市森然实木地板制造有限公司	密码区	3326312-7-275〈1+46*54*181321〉〈8182*59*09618〈4〈3*2702-9〉9*+153〈/0*08/4〉*〉2-3*0/9/〉25
	纳税人识别号	913707028244715551		
	地址、电话	山东省潍坊市潍城区工业园路78号　0536-5228886		
	开户行及账号	中国建设银行潍坊工业园支行37070282447155513123		

货物或应税劳务、服务名称	规格型号	单位	数量	单价	金额	税率	税额
*木材加工机械*刨木机		台	2	10000.00	20000.00	13%	2600.00
合计					¥20000.00		¥2600.00
价税合计(大写)	⊗ 贰万贰仟陆佰元整				(小写) ¥22600.00		

销售方	名称	济南设备制造有限公司	备注	
	纳税人识别号	9137010566000A128M		
	地址、电话	济南市天桥区建设路41号0531-33645579		
	开户行及账号	中国农业银行济南天桥区建设支行6228447558298711		

收款人:李欣　　复核:王苗　　开票人:肖晓　　销货单位:(章)

[业务凭证 9-3]

中国建设银行网上银行电子回单

电子回单号码:87516494506

付款人	户名	潍坊市森然实木地板制造有限公司	收款人	户名	济南设备制造有限公司
	账号	37070282447155513123		账号	6228447558298711
	开户银行	中国建设银行潍坊工业园支行		开户银行	中国农业银行济南天桥区建设路支行
	金额	人民币(大写):贰万贰仟陆佰元整			￥22,600.00元
	摘要	支付设备款	业务种类		转账
	用途				
	交易流水号	5608869517105	时间段		2022-12-09
		备注:			
		验证码:14980791			
	记账网点	561	记账柜员	041	记账日期	2022-12-09

打印日期:2022年12月09日

[业务凭证 9-4]

固定资产验收使用报告单
2022 年 12 月 9 日

名称	来源	单位	数量	预计使用年限	金额(元)	用途	使用时间
*木材加工机械 *刨木机	采购	台	2	10 年	20 000.00	木材加工机械使用	2022 年 12 月 9 日
备注							

资产管理部门主管:刘永昌　　财务负责人:高峰　　会计:谢敏

 业务要点提示

①企业购进刨木机,取得增值税专用发票,可按规定抵扣进项税额。②买卖合同印花税按刨木机价款和 0.3‰ 的印花税税率计算缴纳,金额计入固定资产成本。

(10) 12 月 10 日,以银行存款支付 11 月份电费价税合计金额为 23 730 元,取得增值税专用发票上注明价款为 21 000 元,增值税税额为 2 730 元,如业务凭证 10-1 至业务凭证 10-2 所示。

项目三　会计信息化处理　131

[业务凭证10-1]

	山东增值税专用发票	№ 65648180	
00231140	发票联		00231140 65648180

开票日期：2022年12月10日

购买方	名　称：	潍坊市森然实木地板制造有限公司	密码区	43382712-9-813〈1+46*54* 181321〉〈8182*59*09618 〈4〈3*2702-9〉9*+153〈/0 *08/4〉*〉2-3*0/9/〉25
	纳税人识别号：	913707028244715551		
	地　址、电话：	山东省潍坊市潍城区工业园路78号 0536-5228886		
	开户行及账号：	中国建设银行潍坊工业园支行37070282447155513123		

货物或应税劳务、服务名称	规格型号	单位	数量	单价	金额	税率	税额
电力产品		千瓦时	28000	0.75	21000.00	13%	2730.00
合计					¥21000.00		¥2730.00

价税合计（大写）　⊗　贰万叁仟柒佰叁拾元整　　　　　　（小写）¥23730.00

销售方	名　称：	潍坊供电公司	备注	
	纳税人识别号：	91370282009027657B		
	地　址、电话：	潍坊市潍城区横溪街205号 0536-50080088		
	开户行及账号：	中国建设银行潍坊潍城区横溪街支行320475361206057235		

收款人：李欣　　　复核：王苗　　　开票人：肖晓　　　销货单位：（章）

[业务凭证10-2]

CBC　中国建设银行网上银行电子回单

电子回单号码：22485811178

付款人	户名	潍坊市森然实木地板制造有限公司	收款人	户名	潍坊供电公司
	账号	37070282447155513123		账号	320475361206057235
	开户银行	中国建设银行潍坊工业园支行		开户银行	中国建设银行潍坊潍城区横溪街支行
金额	人民币（大写）：贰万叁仟柒佰叁拾元整				¥23,730.00元
摘要	支付11月份电费		业务种类		转账
用途					
交易流水号	01947003853626		时间段		2022-12-10
备注					
验证码：96991039					
记账网点	448	记账柜员	017	记账日期	2022-12-10

打印日期：2022年12月10日

> 💡 **业务要点提示**
>
> ①企业外购水、电力、热力、气体符合增值税抵扣条件的，可以按增值税进项税抵扣。②在实际工作中，电费实际付款期与成本费用核算期并不一致，电费付款日期往往滞后于成本费用核算期，因而在月末核算成本费用时，先将电费分配到各有关成本、费用账户，预提各月发生的电费。

（11）12月12日，支付百旺金赋科技有限公司下一年的技术维护费280元，以银行存款支付，取得技术维护费发票，如业务凭证11-1至业务凭证11-2所示。

[业务凭证11-1]

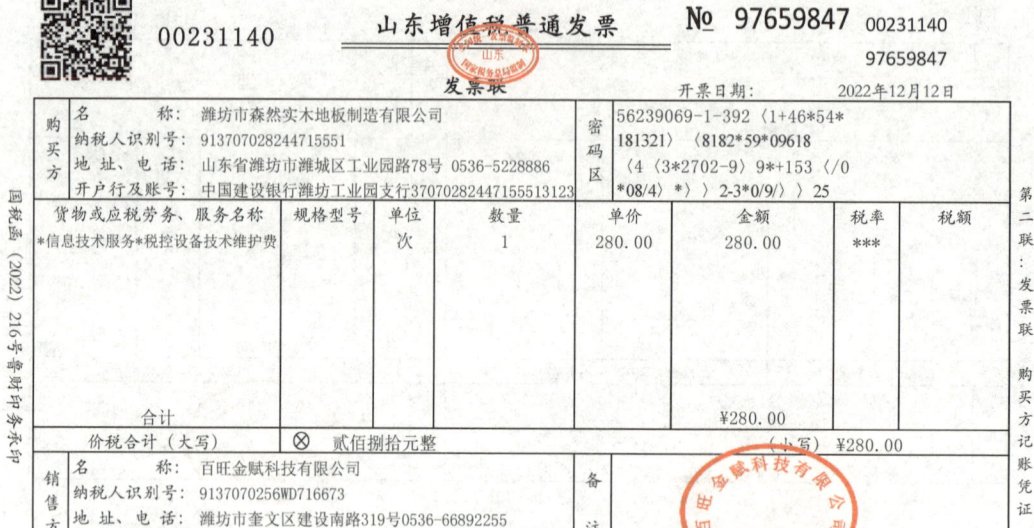

[业务凭证11-2]

		中国建设银行网上银行电子回单			
电子回单号码：50235406923					
付款人	户名	潍坊市森然实木地板制造有限公司	收款人	户名	百旺金赋科技有限公司
	账号	37070282447155513123		账号	3201006635564511 56
	开户银行	中国建设银行潍坊工业园支行		开户银行	中国建设银行潍坊奎文中心分行
	金额	人民币（大写）：贰佰捌拾元整			￥280.00
	摘要	支付技术维护费		业务种类	转账
	用途				
	交易流水号	39797697608311		时间段	2022-12-12
	备注：				
	验证码：87699603				
	记账网点	453	记账柜员	878	记账日期	2022-12-12

打印日期：2022年12月12日

💡 **业务要点提示**

增值税纳税人2011年12月1日以后缴纳的技术维护费（不含补缴的2011年11月30日以前的技术维护费），可凭技术维护服务单位开具的技术维护费发票，在增值税应纳税额中全额抵减，不足抵减的可结转下期继续抵减。按规定抵减的增值税应纳税额，借记"应交税费——应交增值税（减免税款）"科目，贷记"管理费用"等科目。

(12) 12月13日，支付11月应交未交增值税及附加税(费)177 936.64元，如业务凭证12-1所示。

[业务凭证12-1]

中 国 建 设 银 行

电子缴税付款凭证

转账日期：2022年12月13日　　　　　　　　　　　　　凭证字号：14201109

纳税人全称及纳税人识别号：	潍坊市森然实木地板制造有限公司	91370702824471555l
付款人全称：	潍坊市森然实木地板制造有限公司	
付款人账号：	37070282447155513123	征收机关名称：山东省潍坊市潍城区税务局
付款人开户银行：	中国建设银行潍坊工业园支行	收款国库（银行）名称：国家金库潍坊市潍城区支库
小写（合计）　金额：¥177,936.64		缴书交易流水号：91011509
大写（合计）　金额：壹拾柒万柒仟玖佰叁拾陆元陆角肆分		税票号码：140545358946213512

税种名称	所属时间	实缴金额
增值税	20221101—20221130	¥158,872.00
城市维护建设税	20221101—20221130	¥11,121.04
教育费附加	20221101—20221130	¥4,766.16
地方教育附加	20221101—20221130	¥3,177.44

（中国建设银行潍坊工业园支行 2022.12.13 转讫）

打印时间：2022年12月13日

第二联　作付款回单

会计流水号：　　　　复核：沙莎　　　　记账：管建彬

业务要点提示

增值税及附加税(费)在实际缴纳时应借记"应交税费——未交增值税""应交税费——应交城市维护建设税""应交税费——应交教育费附加""应交税费——应交地方教育附加"科目，贷记"银行存款"科目。

(13) 12月13日，支付11月应交消费税及附加税(费)146 632.64元，如业务凭证13-1所示。

[业务凭证13-1]

中 国 建 设 银 行

电子缴税付款凭证

转账日期：2022年12月13日　　　　　　　　　　　　　凭证字号：14201109

纳税人全称及纳税人识别号：	潍坊市森然实木地板制造有限公司	91370702824471555l
付款人全称：	潍坊市森然实木地板制造有限公司	
付款人账号：	37070282447155513123	征收机关名称：山东省潍坊市潍城区税务局
付款人开户银行：	中国建设银行潍坊工业园支行	收款国库（银行）名称：国家金库潍坊市潍城区支库
小写（合计）　金额：¥146,632.64		缴书交易流水号：99071295
大写（合计）　金额：壹拾肆万陆仟陆佰叁拾贰元陆角肆分		税票号码：478833915924751551

税种名称	所属时间	实缴金额
消费税	20221101—20221130	¥130,922.00
城市维护建设税	20221101—20221130	¥9,164.54
教育费附加	20221101—20221130	¥3,927.66
地方教育附加	20221101—20221130	¥2,618.44

（中国建设银行潍坊工业园支行 2022.12.13 转讫）

打印时间：2022年12月13日

第二联　作付款回单

会计流水号：　　　　复核：沙莎　　　　记账：管建彬

> **💡 业务要点提示**
>
> 消费税、城市维护建设税、教育费附加和地方教育附加在实际缴纳时应借记"应交税费——应交消费税""应交税费——应交城市维护建设税""应交税费——应交教育费附加"和"应交税费——应交地方教育附加"科目，贷记"银行存款"科目。

（14）12月14日，收回委托加工柚木实木地板1 250箱，支付给青岛辉煌实业有限公司加工费56 048元，取得增值税专用发票注明加工费为49 600元、增值税税额为6 448元，该公司同类产品价格为每箱不含税价格380元，柚木实木地板的销售定价为380元。同时支付加工环节由青岛辉煌实业有限公司代收代缴消费税23 750元和城市维护建设税及附加费2 850元。收回的柚木实木地板已入库，上述款项均以银行存款支付，如业务凭证14-1至业务凭证14-5所示。

[业务凭证14-1]

电子发票（增值税专用发票）

开票号码：22372000000007361752
开票日期：2022年12月14日

购买方信息	名称：潍坊市森然实木地板制造有限公司					销售方信息	名称：青岛辉煌实业有限公司		
	统一社会信用代码/纳税人识别号：913707028244715551						统一社会信用代码/纳税人识别号：91370211225627278Q		

项目名称	规格型号	单位	数量	单价	金额	税率/征收率	税额
*劳务*加工费			1	49600.00	49600.00	13%	6448.00
合　计					¥49600.00		¥6448.00
价税合计（大写）	⊗ 伍万陆仟零肆拾捌元整				（小写）¥56048.00		
备注							

开票人：李丽玲

[业务凭证 14-2]

中华人民共和国
代扣代收税款凭证

89413608

主管税务机关：国家税务总局青岛市黄岛区税务局　　填发日期：2022年12月14日

纳税人	代码	913707028244715551		扣缴义务人	代码	913702112256272780
	全称	潍坊市森然实木地板制造有限公司			全称	青岛辉煌实业有限公司
	地址	山东省潍坊市潍城区工业园路78号			地址	青岛市黄岛区中兴路76号
	注册类型	有限责任公司			税款所属日期	2022.12.01-2022.12.31

税种	纳税项目	课税数量	计税金额	税率或单位税额	已缴或扣除额	实缴金额
消费税	实木地板	1250箱	475,000.00	5%	0.00	23,750.00
城市维护建设税			23,750.00	7%	0.00	1,662.50
教育费附加			23,750.00	3%	0.00	712.50
地方教育附加			23,750.00	2%	0.00	475.00
金额合计			¥26,600.00	（人民币贰万陆仟陆佰元整）		

主管税务机关（盖章）：征收专用章　　扣缴义务人（盖章）：青岛辉煌实业有限公司　　填票人（盖章）：张萍

第二联　缴费单位记账凭证

[业务凭证 14-3]

中国建设银行网上银行电子回单

CBC

电子回单号码：50235406923

付款人	户名	潍坊市森然实木地板制造有限公司	收款人	户名	青岛辉煌实业有限公司
	账号	37070282447155513123		账号	6228753612060552251
	开户银行	中国建设银行潍坊工业园支行		开户银行	中国工商银行青岛黄岛区中兴路支行
金额	人民币（大写）：捌万贰仟陆佰肆拾捌元整			¥82,648.00元	
摘要	支付加工费、代扣代缴税费		业务种类	转账	
用途					
交易流水号	61530231657407		时间段	2022-12-14	
	备注：				
验证码：03850412					
记账网点	606	记账柜员	185	记账日期	2022-12-14

打印日期：2022年12月14日

[业务凭证 14-4]

委托加工入库单

委托加工单位：青岛辉煌实业有限公司
收发类别：库存商品　　2022年12月14日　　编号：200687

编号	名称	单位	应收数	实收数	单价	金额	备注
	柚木实木地板	箱	1 250	1 250			
	合计						

仓库主管：汪天明　　会计：谢敏　　仓库：朱国华　　经办人：董力

第三联　记账联

[业务凭证14-5]

委托加工成本计算单

2022 年 12 月 14 日　　　　　　　　　　　　　　　　单位:元

材料耗用及其他相关成本				完工产品成本			
品名	数量	单价	金额	品名	数量(箱)	单价	金额
柚木材料	—	—		柚木实木地板			
加工费	—	—					
扣缴消费税	—	—					
扣缴城市维护建设税及附加费	—	—					
合计				合计			

审核:高峰　　　　　　　　　　　　　　　　制表:谢敏

业务要点提示

①受托方应在向委托方交货时代收代缴消费税,受托方代收代缴消费税时,应按受托方同类应税消费品的售价计算纳税,没有同类销售价格的,按照组成计税价格计算纳税。委托方收回委托加工的应税消费品后,若以不高于受托方计税价格出售,属于直接销售,不再缴纳消费税;受托方代收代缴的消费税税额计入委托加工物资成本。②柚木实木地板成本价为 300.96 元/箱。

(15) 12 月 15 日,将委托收回的 500 箱柚木实木地板对外销售给北京宏飞贸易有限公司,开具增值税专用发票,注明不含税金额为 190 000 元,款项已收到,如业务凭证 15-1 至业务凭证 15-4 所示。

[业务凭证 15-1]

柚木实木地板销售合同

购货方(甲方):北京宏飞贸易有限公司
销货方(乙方):潍坊市森然实木地板制造有限公司

甲、乙双方遵循自愿、公平、诚实信用的原则,经友好协商,就购销货物相关事宜达成一致,签订本协议。

第一条　目的及标的物
根据双方的协议乙方向甲方销售以下产品:

产品名称	数量	单价(不含税价)	金额(不含税价)
柚木实木地板	500 箱	380	190 000.00
合计			190 000.00

第二条　交货时间、地点及方式
乙方应在合同签订之日起 5 日内交付货物,运费及保险费由甲方承担。
第三条　资金支付条款

甲方应在收货当日将收货情况确认给乙方,如未回传或提出邮件或书面异议,视为货物已经接收无异议。甲方应在收到货物当天以银行存款)方式支付款项。
……

甲方:北京宏飞贸易有限公司　　　　　　　乙方:潍坊市森然实木地板制造有限公司

法定代表人:刘飞　　　　　　　　　　　　法定代表人:刘永昌

签约时间:2022 年 12 月 15 日　　　　　　签约时间:2022 年 12 月 15 日

[业务凭证 15-2]

山东增值税专用发票　　No 65787963　　00231140

00231140　　　　　　　　　　　　　　　　　　　　　　65787963

此联不作报销、扣税凭证使用　　开票日期:2022年12月15日

购买方	名称	北京宏飞贸易有限公司	密码区	262312-4-275〈1+46*54*181321〉〈8182*59*09618〈4〈3*2702-9〉9*+153〈/0*08/4〉*〉2-3*0/9/〉25
	纳税人识别号	91110108QU11DIM232		
	地址、电话	北京市海淀区昌松路62号 010-58935269		
	开户行及账号	中国银行海淀区支行 89766455364659868		

货物或应税劳务、服务名称	规格型号	单位	数量	单价	金额	税率	税额
*实木地板*柚木实木地板		箱	500	380.00	190000.00	13%	24700.00
合计					¥190000.00		¥24700.00

| 价税合计(大写) | ⊗ 贰拾壹万肆仟柒佰元整 | | (小写)¥214700.00 |

销售方	名称	潍坊市森然实木地板制造有限公司	备注	
	纳税人识别号	91370702824471555 1		
	地址、电话	山东省潍坊市潍城区工业园路78号 0536-5228886		
	开户行及账号	中国建设银行潍坊工业园支行 37070282447155513123		

收款人:谢敏　　复核:高峰　　开票人:肖文倩　　销货单位:(章)

[业务凭证 15-3]

CBC 中国建设银行网上银行电子回单

电子回单号码:14050611817

付款人	户名	北京宏飞贸易有限公司	收款人	户名	潍坊市森然实木地板制造有限公司
	账号	89766455364659868		账号	37070282447155513123
	开户银行	中国银行海淀区支行		开户银行	中国建设银行潍坊工业园支行
金额	人民币(大写):贰拾壹万肆仟柒佰元整				¥214,700.00元
摘要	收到货款		业务种类		转账
用途					
交易流水号	41324818328894		时间段		2022-12-15
备注					
验证码:99227924					
记账网点	570		记账柜员	522	记账日期	2022-12-15

打印日期:2022年12月15日

[业务凭证15-4]

出 库 单　　　　　　　　401202

提货单位:北京宏飞贸易有限公司　　2022年12月15日

编号	名称	规格	单位	数量	单位成本	总成本
1	柚木实木地板		箱	500	300.96	150 480.00
合计						￥150 480.00

会计联

部门经理:汪天明　　会计:谢敏　　仓库:朱国华　　经办人:董力

业务要点提示

①买卖合同按柚木实木地板价款和0.3‰的印花税税率计算缴纳印花税。
②按不含增值税的销售收入和5%的税率计算缴纳消费税。

(16) 12月15日,支付11月份工资105 120.25元,如业务凭证16-1和业务凭证16-2所示。

[业务凭证16-1]

中国建设银行
转账支票存根

1009076120

附加信息

出票日期 2022年12月15日
收款人:潍坊市森然实木地板制造有限公司
金　额:￥105120.25
用　途:工资

单位主管 高峰　会计 谢敏

[业务凭证 16-2]

代发工资委托书

单位名称：潍坊市森然实木地板制造有限公司　　内部户账户：37070282447155513123	
代发工资文件名：37070282447155512345	
代发工资金额：105120.25 元　　　　代发工资总笔数：25	
单位预留印鉴： 	
经办人：秦燕　　　　　　　　　　提交银行日期：2022 年 12 月 15 日	
银行受理情况（业务公章） 	
网点负责人：蒋瑜　　　验证人：李好　　　核算网点号：3090	

> **业务要点提示**
> 根据 2022 年 11 月代发工资委托书、转账支票存根等材料完成 11 月份的工资支付业务。

（17）12 月 15 日，缴纳 11 月社保费、住房公积金及个人所得税，如业务凭证 17-1 至业务凭证 17-3 所示。

[业务凭证 17-1]

中 国 建 设 银 行

电子缴税付款凭证

转账日期：2022年12月15日		凭证字号：242018326	
纳税人全称及纳税人识别号：潍坊市森然实木地板制造有限公司		913707028244715551	
付款人全称：潍坊市森然实木地板制造有限公司			
付款人账号：37070282447155513123		征收机关名称：山东省潍坊市潍城区税务局	
付款人开户银行：中国建设银行潍坊工业园支行		收款国库（银行）名称：国家金库潍坊市潍城区支库	
小写（合计）　金额：¥86.00		缴款书交易流水号：78458769	
大写（合计）　金额：捌拾陆元整		税票号码：736369201735005696	
税种名称	所属时间		实缴金额
个人所得税	20221101-20221130		¥86.00
		打印时间：2022年12月15日	

第二联　作付款回单

会计流水号：　　　　　　复核：　　　　　　记账：

[业务凭证 17-2]

社会保险费电子转账凭证

2022-12-15

凭证号：16617273
凭证提交号：74419389

申请人	全称	潍坊市森然实木地板制造有限公司		收款人	全称	潍坊市潍城区人力资源和社会保障局
	账号	37070282447155513123			账号	37070282447155511616
	开户银行	中国建设银行潍坊工业园支行			开户银行	中国建设银行潍坊市潍城区支行
	行号	313458006281			行号	313458003055
金额	¥49,141.50	（人民币肆万玖仟壹佰肆拾壹元伍角整）				
摘要	代扣号：					
	养老小计： 32,580.00	单位养老：21,720.00	个人养老：10,860.00		中国建设银行 潍坊市潍城区支行 2022.12.15 业务受理专用章	
	失业小计： 1,357.50	单位失业：678.75	个人失业：678.75			
	医疗小计： 14,932.50	单位医疗：12,217.50	个人医疗：2,715.00			
	工伤小计： 271.50	单位工伤：271.5				
	合计： 49,141.50	合计：34,887.75	合计：14,253.75			
备注					转账时间： 2022年12月15日15时16分	

复核：宋慧　　　记账：秦玲

第二联 缴费单位记账凭证

[业务凭证 17-3]

中国建设银行网上银行电子回单

电子回单号码：71944254561

付款人	户名	潍坊市森然实木地板制造有限公司	收款人	户名	潍坊市潍城区住房公积金管理中心
	账号	37070282447155513123		账号	37070282447155556882
	开户银行	中国建设银行潍坊工业园支行		开户银行	中国建设银行潍坊工业园支行
金额	人民币（大写）：叁万贰仟伍佰捌拾元整			¥32,580.00元	
摘要	支付公积金		业务种类	转账	
用途					
交易流水号	87659366134822		时间段	2022-12-15	
备注					
验证码：29079547					
记账网点	812	记账柜员	354	记账日期	2022-12-15

打印日期：2022年12月15日

业务要点提示

①根据社会保险费电子转账凭证、个人所得税电子缴税付款凭证和社保、公积金缴纳电子回单完成。②社保费和住房公积金个人负担部分，已于前期预扣记入"其他应付款"科目，单位负担部分已于前期计提记入"应付职工薪酬——社会保险费/公积金"科目。③个人所得税已于前期预扣记入"应交税费——应交个人所得税"科目。④住房公积金计提比例是企业负担12%和个人负担12%。

（18）12月16日，以银行存款支付11月份水费价税合计金额21 800元。取得增值税专用发票上注明价款为 20 000 元，增值税税额为 1 800 元，如业务凭证 18-1 和业务凭证 18-2 所示。

[业务凭证 18-1]

山东增值税专用发票　№ 65648180						
发票联				开票日期：2022年12月16日		
购买方	名　　称：潍坊市森然实木地板制造有限公司 纳税人识别号：913707028244715551 地　址、电　话：山东省潍坊市潍城区工业园路78号 0536-5228886 开户行及账号：中国建设银行潍坊工业园支行 37070282447155513123			密码区	82465736-8-163（1+46*54*181321）（8182*59*09618（4（3*2702-9）9*+153（/0*08/4）*））2-3*0/9/））25	
货物或应税劳务、服务名称	规格型号	单位	数量	单价	金额	税率	税额
自来水		吨	2500	8.00	20000.00	9%	1800.00
合计					¥20000.00		¥1800.00
价税合计（大写）	⊗ 贰万壹仟捌佰元整				（小写）¥21800.00		
销售方	名　　称：潍坊潍城水务集团有限公司 纳税人识别号：913702823567236575 地　址、电　话：潍坊市潍城区长青路76号 0536-67228966 开户行及账号：中国建设银行潍坊潍城区长青路支行 3204753612060507235			备注		
收款人：林翔　　复核：周涛　　开票人：金智玲　　销货单位：（章）						

[业务凭证 18-2]

中国建设银行网上银行电子回单

电子回单号码：51057239734

付款人	户名	潍坊市森然实木地板制造有限公司	收款人	户名	潍坊潍城水务集团有限公司
	账号	37070282447155513123		账号	37070282447155556882
	开户银行	中国建设银行潍坊工业园支行		开户银行	中国建设银行潍坊长青路支行
金额	人民币（大写）：贰万壹仟捌佰元整			¥21,800.00元	
摘要	支付水费		业务种类	转账	
用途					
交易流水号	9436658817063		时间段	2022-12-16	
备注：					
验证码：29079547					
记账网点	008	记账柜员	422	记账日期	2022-12-16

打印日期：2022年12月16日

业务要点提示

参考业务（10）支付电费的业务要点提示。

（19）12月16日，与山东顶尚装饰有限公司签订销售合同，销售柞木实木地板1000箱，每箱不含税售价 220 元。经友好协商给予 5% 的折扣，销售额与折扣额在同一张发票的"金额栏"中分别注明，当月通过银行收到销售款项并发出货物，如业务凭证 19-1 至业务凭证 19-4 所示。

[业务凭证 19-1]

柞木实木地板销售合同

购货方(甲方)：山东顶尚装饰有限公司
销货方(乙方)：潍坊市森然实木地板制造有限公司

甲、乙双方遵循自愿、公平、诚实信用的原则，经友好协商，就购销货物相关事宜达成一致，签订本协议。

第一条 目的及标的物
根据双方的协议乙方向甲方销售以下产品：

产品名称	数量	单价(不含税价)	金额(不含税价)
柞木实木地板	1 000 箱	220	220 000.00
合计			220 000.00

第二条 交货时间、地点及方式
乙方应在合同签订之日起 5 日内交付货物，运费及保险费由甲方承担。
第三条 资金支付条款
甲方应在收货当日将收货情况确认给乙方，如未回传或提出邮件或书面异议，视为货物已经接收无异议。甲方应在收到货物当天以银行存款方式支付款项。经友好协商给予 5% 的折扣。
……

甲方：山东顶尚装饰有限公司
法定代表人：李昌
签约时间：2022 年 12 月 16 日

乙方：潍坊市森然实木地板制造有限公司
法定代表人：刘永昌
签约时间：2022 年 12 月 16 日

[业务凭证 19-2]

山东增值税专用发票

No 79577168   00231140
00231140   79577168

此联不作报销抵扣凭证使用   开票日期：2022年12月16日

购买方：
名称：山东顶尚装饰有限公司
纳税人识别号：91370783482100WD6A
地址、电话：寿光市人民路127号 0536-33781266
开户行及账号：建行人民路支行 11067364742838291

密码区：
741265-4-275 (1+46*54*181321) 〈8182*59*09618〉
〈4 (3*2702-9) 9*+153 〈/0*08/4) *〉〉2-3*0/9/) 25

货物或应税劳务、服务名称	规格型号	单位	数量	单价	金额	税率	税额
*实木地板*柞木实木地板		箱	1000	220.00	220000.00	13%	28600.00
销售折扣 (5%)					-11000.00	13%	-1430.00
合计					¥209000.00		¥27170.00

价税合计(大写)：⊗ 贰拾叁万陆仟壹佰柒拾元整   (小写) ¥236170.00

销售方：
名称：潍坊市森然实木地板制造有限公司
纳税人识别号：913707028244715551
地址、电话：山东省潍坊市潍城区工业园路78号 0536-5228886
开户行及账号：中国建设银行潍坊工业园支行37070282447155513123

收款人：谢敏   复核：高峰   开票人：肖文倩   销货单位：(章)

[业务凭证19-3]

中国建设银行网上银行电子回单

电子回单号码：71833282845

付款人	户名	山东顶尚装饰有限公司	收款人	户名	潍坊市森然实木地板制造有限公司
	账号	11067364742838291		账号	37070282447155513123
	开户银行	建行人民路支行		开户银行	中国建设银行潍坊工业园支行
	金额	人民币（大写）：贰拾叁万陆仟壹佰柒拾元整			￥236 170.00元
	摘要	收到货款		业务种类	转账
	用途				
	交易流水号	41324818328894		时间段	2022-12-16
	备注				
	验证码：82615554				
	记账网点	405	记账柜员	982	记账日期	2022-12-16

打印日期：2022年12月16日

[业务凭证19-4]

出 库 单

401203

提货单位：山东顶尚装饰有限公司 　　2022 年 12 月 16 日

编号	名称	规格	单位	数量	单位成本	总成本	
1	柞木实木地板		箱	1 000	145.75	145 750.00	会计联
	合计					￥145 750.00	

部门经理：汪天明　　　　会计：谢敏　　　　仓库：朱国华　　　　经办人：董力

业务要点提示

①企业销售商品收入应按照扣除"商业折扣"后的金额确定。②如果将销售额和折扣额在同一张发票的"金额栏"中分别注明，可按折扣后的销售额征收增值税。③"买卖合同"应按合同注明的总金额（不扣折扣额）和0.3‰的税率计算缴纳印花税；按扣除折扣后的销售额和5%的税率计算缴纳消费税。

(20) 12 月 17 日，以转账支票支付山东信诚律师事务所法律咨询费 4 240 元，收到增值税专用发票一张，如业务凭证20-1至业务凭证20-3所示。

[业务凭证20-1]

山东增值税专用发票

No 65648180

00231140

发票联

开票日期：2022年12月16日

购买方	名称：	潍坊市森然实木地板制造有限公司	密码区	68573537-5-391〈1+46*54* 181321〉〈8182*59*09618 〈4〈3*2702-9〉9*+153〈/0 *08/4〉*〉〉2-3*0/9/〉25
	纳税人识别号：	913707028244715551		
	地址、电话：	山东省潍坊市潍城区工业园路78号 0536-5228886		
	开户行及账号：	中国建设银行潍坊工业园支行37070282447155513123		

货物或应税劳务、服务名称	规格型号	单位	数量	单价	金额	税率	税额
*咨询服务*法律咨询费			1	4000.00	4000.00	6%	240.00
合计					¥4000.00		¥240.00

价税合计（大写）　⊗　肆仟贰佰肆拾元整　　　（小写）¥4240.00

销售方	名称：	山东信诚律师事务所	备注	
	纳税人识别号：	913707055578FJ4748		
	地址、电话：	潍坊市奎文区梨园路352号0536-66235888		
	开户行及账号：	中国工商银行潍坊奎文区梨园路支行622365361206058623		

收款人：宋仁　　复核：张婷　　开票人：李悦　　销货单位：（章）

[业务凭证20-2]

付款申请单

申请部门：财务部　　　　　　　　　　　　　　　　2022年12月17日

摘要	支付法律咨询费		合同编号	43887083
合同金额	4 240.00		已付金额	
付款金额	人民币(大写)肆仟贰佰肆拾元整			¥4 240.00
付款方式	☐现金　☑转账支票　☐银行汇票　☐银行承兑汇票 ☐网银转账　☐电汇　☐银行本票　☐其他		用款日期	2022-12-17
收款单位	山东信诚律师事务所		领款人	
总经理：刘永昌　　财务部经理：高峰　　部门经理：　　　　经办人：秦燕				

[业务凭证20-3]

中国建设银行
转账支票存根

1050076370

附加信息

出票日期 2022年12月17日
收款人：山东信诚律师事务所
金　额：¥4240.00
用　途：法律咨询费

单位主管 高峰　会计 谢敏

项目三 会计信息化处理   145

 业务要点提示

支付法律咨询费收到的增值税专用发票,可按规定抵扣进项税额。

(21) 12月19日,向非关联方北新漆业有限责任公司转让一项木材刷漆专利技术,合同约定不含税销售收入380 000元,款项已通过银行存款收到,如业务凭证21-1至业务凭证21-4所示。已知:该木材刷漆专利技术账面原值为300 000元,已摊销金额为20 000元,无残值,未计提减值准备。

[业务凭证21-1]

木材刷漆专利技术转让合同

转让方名称:潍坊市森然实木地板制造有限公司
受让方名称:北新漆业有限责任公司

双方经友好协商一致,转让方同意将其拥有的木材刷漆专利技术转让给受让方,签订本合同。
第一条 转让方向受让方交付木材刷漆专利技术的全部相关资料
第二条 交付资料的时间、地点及方式
1. 交付资料的时间。合同生效后,转让方收到受让方支付的转让费后2日内,转让方向受让方交付合同第一条 所述的全部资料。
2. 交付资料的方式。转让方将上述全部资料以当面交接方式递交给受让方。
第三条 转让费及支付方式
木材刷漆专利技术转让费为380 000元,合同生效当日转账支付。
第四条 违约及索赔
转让方拒不交付合同规定的全部资料,不办理转让手续的,受让方有权解除合同。
……

转让方:潍坊市森然实木地板制造有限公司   受让方:北新漆业有限责任公司
法人代表:刘永昌   法人代表:方建业
签约日期:2022年12月19日   签约日期:2022年12月19日

[业务凭证21-2]

无形资产处置报告单
2022 年 12 月 17 日

无形资产名称	原始价值	预计使用年限	残值率	已使用年限	累计摊销	已计提减值	清理原因
木材刷漆专利技术	300 000.00	10 年	0%	8 个月	20 000.00	0	淘汰
无形资产状况	出售						
处理意见	使用部门	技术鉴定小组		无形资产管理部门		主管部门审批	
	同意出售 刘强	同意出售 李米		同意出售 高峰		同意出售 刘永昌	

[业务凭证21-3]

山东增值税普通发票 No 83254956

00231140　　　00231140
　　　　　　　83254956

开票日期：2022年12月19日

购买方	名称：北新漆业有限责任公司 纳税人识别号：91310118289640673A 地址、电话：上海市青浦区文化路1185号 021-66517758 开户行及账号：工行上海青浦文化路支行 32528241287209135

密码区：9158129-4-275 ⟨1+46*54*181321⟩ ⟨8182*59*09618 ⟨4 ⟨3*2702-9⟩ 9*+153 ⟨/0 *08/4⟩ *⟩ ⟩ 2-3*0/9/⟩ ⟩ 25

货物或应税劳务、服务名称	规格型号	单位	数量	单价	金额	税率/免税	税额
*无形资产*专利技术			1	380000.00	380000.00		
合计					¥380000.00		

价税合计（大写）　叁拾捌万元整　　（小写）¥380000.00

销售方	名称：潍坊市森然实木地板制造有限公司 纳税人识别号：913707028244715551 地址、电话：山东省潍坊市潍城区工业园路78号 0536-5228886 开户行及账号：中国建设银行潍坊工业园支行 37070282447155513123

收款人：谢敏　　复核：高峰　　开票人：肖文倩　　销货单位：（章）

[业务凭证21-4]

CBC　中国建设银行网上银行电子回单

电子回单号码：71833282845

付款人	户名	北新漆业有限责任公司	收款人	户名	潍坊市森然实木地板制造有限公司
	账号	32528241287209135		账号	37070282447155513123
	开户银行	工行上海青浦文化路支行		开户银行	中国建设银行潍坊工业园支行
金额	人民币（大写）：叁拾捌万元整			¥380,000.00元	
摘要	转让无形资产		业务种类	转账	
用途					
交易流水号	18247884433087		时间段	2022-12-19	
	备注：				
验证码：75049989					
记账网点	601	记账柜员	289	记账日期	2022-12-19

打印日期：2022年12月19日

> **业务要点提示**
> ①企业提供技术转让、技术开发和与之相关的技术咨询、技术服务，免征增值税。②转让木材刷漆专利技术应按"产权转移书据"税目适用0.3‰的税率计算缴纳印花税。

（22）12月19日，采购部李志预借差旅费2 000元，支付现金，如业务凭证22-1所示。

[业务凭证 22-1]

借 款 单

2022 年 12 月 31 日　　　　　　　　第 1 号

姓名	李志	所属部门	采购部	借支事由	出差调研							
人民币	（大写）	贰仟元整				十万	千	百	十	元	角	分
						¥	2	0	0	0	0	0
同意借支，高峰		2022 年 12 月 19 日		现金 √								
	主管	刘永昌	财务负责人	高峰		收款人			李志			

（盖章：现金付讫）

第三联：记账联

> **业务要点提示**
> 员工预借差旅费应借记"其他应收款"科目，贷记"库存现金"科目。

（23）12 月 20 日，山东金逸商贸有限公司预定橡木实木地板 3 000 箱，于本月 29 日发出商品。合同约定不含税单价为 500 元/箱，山东金逸商贸有限公司本月 20 日先支付 900 000 元作为定金，确认收货后再支付尾款，如业务凭证 23-1、业务凭证 23-2 所示。

[业务凭证 23-1]

橡木实木地板销售合同

购货方(甲方)：山东金逸商贸有限公司
销货方(乙方)：潍坊市森然实木地板制造有限公司

甲、乙双方遵循自愿、公平、诚实信用的原则，经友好协商，就购销货物相关事宜达成一致，签订本协议。

第一条　目的及标的物
根据双方的协议乙方向甲方销售以下产品：

产品名称	数量	单价(不含税价)	金额(不含税价)
橡木实木地板	3 000 箱	500 元	1 500 000.00
合计			1 500 000.00

第二条　交货时间、地点及方式
乙方应在 2022 年 12 月 29 日交付货物，运费及保险费由甲方承担。
第三条　资金支付条款
甲方应在收货当日将收货情况确认给乙方，如未回传或提出邮件或书面异议，视为货物已经接收无异议。甲方应在 2022 年 12 月 20 日先支付 900 000 元作为定金，收到货物当天以银行存款方式支付尾款。
……

甲方：山东金逸商贸有限公司
法定代表人：李飞
签约时间：2022 年 12 月 20 日

乙方：潍坊市森然实木地板制造有限公司
法定代表人：刘永昌
签约时间：2022 年 12 月 20 日

[业务凭证 23-2]

中国建设银行网上银行电子回单

电子回单号码：60945271495

付款人	户名	山东金逸商贸有限公司	收款人	户名	潍坊市森然实木地板制造有限公司
	账号	86000089676216600		账号	37070282447155513123
	开户银行	交通银行济南历下南苑路支行		开户银行	中国建设银行潍坊工业园支行
	金额	人民币（大写）：玖拾万元整			￥900 000.00元
	摘要	收到定金		业务种类	转账
	用途				
	交易流水号	23925547920503		时间段	2022-12-20
		备注：			
		验证码：81837543			
记账网点		396	记账柜员	975	记账日期	2022-12-20

打印日期：2022年12月20日

业务要点提示

①支付定金时只需在支付时确认"合同负债"，根据收入确定的相关规定，发出商品时履行了义务，满足收入确认条件时才确认销售收入。②"买卖合同"应按合同注明总金额和0.3‰的税率计算缴纳印花税。

（24）12月21日，销售给烟台红星家居有限公司（小规模纳税人）柞木实木地板20箱，开具增值税普通发票，取得收入4 972元，货款已通过银行转账收讫，如业务凭证24-1至业务凭证24-4所示。

[业务凭证 24-1]

山东增值税普通发票

No 75518692

00231140
75518692

开票日期：2022年12月21日

购买方	名称	烟台红星家居有限公司	密码区	652141-4-275〈1+46*54*181321〉〈8182*59*09618〈4〈3*2702-9〉9*+153〈/0*08/4〉*〉2-3*0/9/〉25
	纳税人识别号	9137067222560BH72W		
	地址、电话	烟台市福山路62号 0535-6288189		
	开户行及账号	建行经济开发区分行 1176346585825867		

货物或应税劳务、服务名称	规格型号	单位	数量	单价	金额	税率	税额
*实木地板*柞木实木地板		箱	20	220.00	4400.00	13%	572.00
合计					￥4400.00		￥572.00

价税合计（大写）	⊗ 肆仟玖佰柒拾贰元整	（小写）￥4972.00

销售方	名称	潍坊市森然实木地板制造有限公司	备注	
	纳税人识别号	91370702824471555151		
	地址、电话	山东省潍坊市潍城区工业园路78号 0536-5228886		
	开户行及账号	中国建设银行潍坊工业园支行37070282447155513123		

收款人：谢敏　　复核：高峰　　开票人：肖文倩　　销货单位：（章）

[业务凭证24-2]

中国建设银行网上银行电子回单

电子回单号码：88504804626

付款人	户名	烟台红星家居有限公司	收款人	户名	潍坊市森然实木地板制造有限公司
	账号	1176346585825867		账号	37070282447155513123
	开户银行	建行经济开发区分行		开户银行	中国建设银行潍坊工业园支行
金额		人民币（大写）：肆仟玖佰柒拾贰元整			￥4 972.00元
摘要		收到货款	业务种类		转账
用途					
交易流水号		51110122125217	时间段		2022-12-21
		备注：			
		验证码：19922127			
记账网点		413	记账柜员	091	记账日期	2022-12-21

打印日期：2022年12月21日

[业务凭证24-3]

出 库 单   401204

提货单位：烟台红星家居有限公司   2022 年 12 月 21 日

编号	名称	规格	单位	数量	单位成本	总成本	
1	柞木实木地板		箱	20	145.75	2 915.00	会计联
	合计					￥2 915.00	

部门经理：汪天明   会计：谢敏   仓库：朱国华   经办人：董力

 业务要点提示

①因无销售合同，所以不需缴纳印花税。②应按不含增值税的销售收入和5%的税率计算缴纳消费税。

　　(25) 12月22日，销售给济南馨美装饰材料有限公司橡木实木地板1 600箱，开具增值税专用发票，注明橡木实木地板不含税售价800 000元，在合同中承诺给予购买方的现金折扣（只是价款享受折扣）条件为：2/20，n/30。基于对客户的了解，预计济南馨美装饰材料有限公司20天内付款的概率为90%，20天后付款的概率为10%，如业务凭证25-1至业务凭证25-3所示。

[业务凭证25-1]

橡木实木地板销售合同

购货方(甲方):济南馨美装饰材料有限公司
销货方(乙方):潍坊市森然实木地板制造有限公司

甲、乙双方遵循自愿、公平、诚实信用的原则,经友好协商,就购销货物相关事宜达成一致,签订本协议。

第一条　目的及标的物
根据双方的协议乙方向甲方销售以下产品:

产品名称	数量	单价(不含税价)	金额(不含税价)
橡木实木地板	1 600箱	500元	800 000.00
合计			800 000.00

第二条　交货时间、地点及方式
乙方应在合同签订之日起5日内交付货物,运费及保险费由甲方承担。

第三条　资金支付条款
甲方应在收货当日将收货情况确认给乙方,如未回传或提出邮件或书面异议,视为货物已经接收无异议。甲方应在收到货物当天以银行存款方式支付款项。甲方享受现金折扣(只是价款享受折扣)条件为:2/20,n/30。

甲方:济南馨美装饰材料有限公司　　　　乙方:潍坊市森然实木地板制造有限公司
法定代表人:李明　　　　　　　　　　　法定代表人:刘永昌
签约时间:2022年12月21日　　　　　　　签约时间:2022年12月21日

[业务凭证25-2]

山东增值税专用发票　No 07654084

开票日期:2022年12月22日

购买方	名称:济南馨美装饰材料有限公司 纳税人识别号:9137010523FY14418K 地址、电话:济南市解放南路36号 0531-58772626 开户行及账号:交通银行解放路支行 8600004535621346	密码区	6972517-4-275 ⟨1+46*54*181321⟩ ⟨8182*59*09618⟨4 ⟨3*2702-9⟩ 9*+153 ⟨/0*08/4⟩ *⟩ 2-3*0/9⟩⟩ 25

货物或应税劳务、服务名称	规格型号	单位	数量	单价	金额	税率	税额
*实木地板*橡木实木地板		箱	1600	500.00	800000.00	13%	104000.00
合计					¥800000.00		¥104000.00

价税合计(大写)	⊗ 玖拾万肆仟元整	(小写)¥904000.00

销售方	名称:潍坊市森然实木地板制造有限公司 纳税人识别号:913707028244715551 地址、电话:山东省潍坊市潍城区工业园路78号 0536-5228886 开户行及账号:中国建设银行潍坊工业园支行37070282447155513123	备注	

收款人:谢敏　　复核:高峰　　开票人:肖文倩　　销货单位:(章)

[业务凭证25-3]

出 库 单　　　　　　　　　401205

提货单位:济南馨美装饰材料有限公司　　2022年12月22日

编号	名称	规格	单位	数量	单位成本	总成本
1	橡木实木地板		箱	1 500	292.90	468 640.00
	合计					￥468 640.00

会计联

部门经理:汪天明　　　　会计:谢敏　　　　仓库:朱国华　　　　经办人:董力

业务要点提示

现金折扣是销货方发生应税销售后,为了鼓励购货方尽早支付货款而协议约定给予购货方的一种折扣。实务中应按扣除最可能发生的现金折扣额后的销售额确认收入,但是现金折扣额不能从计税销售额中扣除。

(26) 12月22日,李志出差回来,报销差旅费1 800元,余款退回,如业务凭证26-1至业务凭证26-5所示。

[业务凭证26-1]

差旅费报销单

2022年12月22日

姓名				李志		出差事由		外出调研		出差日期	12月20日—12月22日	
起讫时间及地点						车船票		出差补助费			住宿费金额	其他
月	日	起	月	日	讫	类别	金额	日数	标准	金额		摘要	金额
12	20	潍坊	12	20	北京	火车	280	3	180	540	700	
12	22	北京	12	22	潍坊	火车	280				700	
小　计							￥560			￥540	￥700	

[业务凭证26-2]

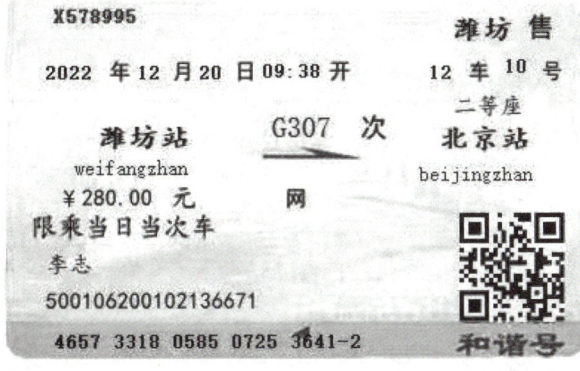

[业务凭证26-3]

[业务凭证26-4]

1100231140	山东增值税专用发票	№ 85224608	1100231140 85224608

开票日期： 2022年12月22日

购买方	名　　称：	潍坊市森然实木地板制造有限公司	密码区	8272642-3-612〈1+46*54* 181321〉〈8182*59*09618 〈4〈3*2702-9〉9*+153〈/0 *08/4〉*〉〉2-3*0/9/〉25
	纳税人识别号：	913707028244715551		
	地　址、电话：	山东省潍坊市潍城区工业园路78号 0536-5228886		
	开户行及账号：	中国建设银行潍坊工业园支行37070282447155513123		

货物或应税劳务、服务名称	规格型号	单位	数量	单价	金额	税率	税额
*住宿服务*住宿费		天	2	330.19	660.38	6%	39.62
合计					¥660.38		¥39.62

价税合计（大写）	⊗ 柒佰元整	（小写）¥700.00

销售方	名　　称：	北京金悦大酒店	备注	
	纳税人识别号：	91110108KJ1127923M		
	地　址、电话：	北京市海淀区香榭路518号010-67536888		
	开户行及账号：	中国银行海淀分行89567455364652574		

收款人：孙浩　　复核：闫慧馨　　开票人：范小霞　　销货单位：（章）

[业务凭证26-5]

收款收据

2022年12月22日　　　　　　　　　　　第 4 号

今收到　　李志

交来　　退回差旅费

人民币（大写）　　贰佰元整

（小写）　¥200.00　　　现金收讫

☑现金　　□支票　　□信用卡　　□其他

收款单位（签章）

会计：谢敏　　记账：谢敏　　出纳：秦燕　　经手人：李志

业务要点提示

①火车票按票面金额÷(1+9%)×9%计算可抵扣进项税额。②采购人员差旅费记入"管理费用"科目。

（27）12月23日，北京博启商贸有限公司反馈11月购买的900箱柞木实木地板存在质量问题，经协商后决定做退货处理，给予全额退款，退款金额价税合计为223 740元，并支付赔偿款20 000元。退款及赔偿款已通过银行存款支付，退货已收到，如业务凭证27-1至业务凭证27-6所示。

[业务凭证27-1]

柞木实木地板退货协议

甲方：潍坊市森然实木地板制造有限公司
乙方：北京博启商贸有限公司

甲乙双方经友好协商，现就上月销售货物退货事项达成以下协议：
1. 因甲方2022年11月份销售给乙方的900箱柞木实木地板存在质量问题，乙方要求退货。
2. 经甲乙双方协商后决定乙方负责将900箱柞木实木地板运送到甲方仓库，经验收后甲方给予乙方全额退款，退款金额价税合计为223 740元（大写：贰拾贰万叁仟柒佰肆拾元整），并支付赔偿款20 000元。退款及赔偿款通过银行存款支付。
3. 甲方应为乙方开具红字增值税专用发票。
……

甲方：潍坊市森然实木地板制造有限公司　　乙方：北京博启商贸有限公司
法定代表人：刘永昌　　　　　　　　　　　　法定代表人：吕启
签约时间：2022年12月23日　　　　　　　　 签约时间：2022年12月23日

[业务凭证27-2]

中国建设银行网上银行电子回单

电子回单号码：66147389197

付款人	户名	潍坊市森然实木地板制造有限公司		收款人	户名	北京博启商贸有限公司
	账号	37070282447155513123			账号	11077383746475629
	开户银行	中国建设银行潍坊工业园支行			开户银行	建行朝阳分行
金额	人民币（大写）：贰拾肆万叁仟柒佰肆拾元整					￥243,740.00元
摘要	退货款与赔偿款			业务种类		转账
用途						
交易流水号	93511696608304			时间段		2022-12-23
备注						
验证码	29079547					
记账网点	565	记账柜员	412	记账日期		2022-12-23

打印日期：2022年12月23日

[业务凭证27-3]

应退税金及附加计算单
2022 年 12 月 23 日

退货名称	应退项目	退税依据		应退金额(元)
柞木实木地板	消费税	不含税销售额	198 000.00	9 900.00
	城市维护建设税	应退消费税	9 900.00	693.00
	教育费附加	应退消费税	9 900.00	297.00
	地方教育附加	应退消费税	9 900.00	198.00
		合计		11 088.00

审核:高峰　　　　　　　　　　　　　　　　　　　　　制单:宵文倩

[业务凭证27-4]

开具红字增值税专用发票信息表
填开日期:2022 年 12 月 23 日

销售方	名称:潍坊市森然实木地板制造有限公司 纳税人识别号:913707028244715551	购买方	名称:北京博启商贸有限公司 纳税人识别号:911101214563AKL456		
货物或应税劳务、服务名称	单位	数量	单价	金额(不含税)	税率	税额
*实木地板*柞木实木地板	箱	-900	220.00	-198 000.00	13%	-25 740.00
合计	金额:¥-198 000.00			税额:¥-25 740.00		
说明	一、购买方申请 对应蓝字增值税专用发票抵扣增值税销项税额情况: 01. 已抵扣 02. 未抵扣 二、销售方申请	对应蓝字增值税专用发票密码区内打印的发票信息: 发票代码:3200432458 发票号码:4906543 发票种类:增值税专用发票				

[业务凭证27-5]

山东增值税专用发票

00231140　　　　　　　　№ 70179234　　00231140
　　　　　　　　　　　　　　　　　　　　　　70179234
此联不作报销、扣税凭证使用　　开票日期:2022年12月23日

购买方	名　　称:北京博启商贸有限公司 纳税人识别号:911101214563AKL456 地址、电话:北京市朝阳区新昌路21号 010-89464577 开户行及账号:建行朝阳分行 11077383746475629	密码区	983352-4-275〈1+46*54* 181321〉〈8182*59*09618 〈4〈3*2702-9〉9*+153〈/0 *08/4〉〉2-3*0/9〉〉25
货物或应税劳务、服务名称	规格型号	单位	数量	单价	金额	税率	税额
*实木地板*柞木实木地板		箱	-900	220.00	-198000.00	13%	-25740.00
合计					¥-198000.00		¥-25740.00
价税合计（大写）	⊗（负数）贰拾贰万叁仟柒佰肆拾元整				（小写）¥-223740.00		
销售方	名　　称:潍坊市森然实木地板制造有限公司 纳税人识别号:913707028244715551 地址、电话:山东省潍坊市潍城区工业园路78号 0536-5228886 开户行及账号:中国建设银行潍坊工业园支行37070282447155513123	备注	

收款人:秦燕　　复核:高峰　　开票人:谢敏　　销货单位:（章）

国税函（2022）216号鲁财印务承印　　第一联:记账联　销售方记账凭证

[业务凭证27-6]

入 库 单   201208

2022年12月23日

编号	名称	规格	单位	数量	单位成本	总成本	备注
1	柞木实木地板		箱	900	170.00	153 000.00	销售退回
	合计					¥153 000.00	

仓库主管：汪天明　　　会计：谢敏　　　仓库：朱国华　　　经办人：董力

  业务要点提示

①赔偿款支出记入"营业外支出"科目。②销售退回应将已退回商品结转的成本予以转回。③退货可以申请退还已缴纳的消费税及附加税，但是不得在当期应纳消费税中直接抵减。

（28）12月24日，将自产的橡木实木地板150箱用于本企业职工宿舍装修，如业务凭证28-1所示。

[业务凭证28-1]

出 库 单   401206

提货单位：总经办　　　2022年12月24日

编号	名称	规格	单位	数量	单位成本	总成本
1	橡木实木地板		箱	150	292.90	43 935.00
	合计					¥43 935.00

会计联

部门经理：汪天明　　　会计：谢敏　　　仓库：朱国华　　　经办人：董力

业务要点提示

①将自产货物用于职工福利，属于增值税视同销售行为，同类商品售价为500元/箱，应按同类商品售价确认增值税的应税销售额。②应按同类商品售价和5%的税率计算缴纳消费税。

（29）12月26日，收到济南馨美装饰材料有限公司的货款888 000元，如业务凭证29-1所示。

[业务凭证29-1]

中国建设银行网上银行电子回单

电子回单号码：90308144123

付款人	户名	济南馨美装饰材料有限公司	收款人	户名	潍坊市森然实木地板制造有限公司
	账号	8600004535621346		账号	37070282447155513123
	开户银行	交通银行解放路支行		开户银行	中国建设银行潍坊工业园支行
金额		人民币（大写）：捌拾捌万捌仟元整			¥888 000.00元
摘要		收到货款	业务种类		转账
用途					
交易流水号		06012366796511	时间段		2022-12-26
		备注：			
		验证码：64814361			
记账网点		690	记账柜员	540	记账日期	2022-12-26

打印日期：2022年12月26日

业务要点提示

济南馨美装饰材料有限公司于10天内还款，享受到2%的现金折扣，由于现金折扣金额在确认收入时已经扣除，所以此处做收回货款处理。

（30）12月27日，向上海家悦地板批发公司销售橡木实木地板2 000箱，合同约定不含税售价合计为1 000 000元，上海家悦地板批发公司应在收到货物当天以银行存款方式支付不含税金额的80%（800 000元），剩余款项于2023年1月15日以银行存款方式支付。在收到全部货款后5日内开具增值税专用发票，货物已发出，如业务凭证30-1至业务凭证30-3所示。

[业务凭证30-1]

橡木实木地板销售合同

购货方（甲方）：上海家悦地板批发公司
销货方（乙方）：潍坊市森然实木地板制造有限公司

甲、乙双方遵循自愿、公平、诚实信用的原则，经友好协商，就购销货物相关事宜达成一致，签订本协议。

第一条　目的及标的物
根据双方的协议乙方向甲方销售以下产品：

产品名称	数量	单价（不含税价）	金额（不含税价）
橡木实木地板	2 000箱	500元	1 000 000.00
合计			1 000 000.00

第二条　交货时间、地点及方式
乙方应在合同签订之日起5日内交付货物，运费及保险费由甲方承担。

第三条　资金支付条款

甲方应在收货当日将收货情况确认给乙方,如未回传或提出邮件或书面异议,视为货物已经接收无异议。甲方应在收到货物当天以银行存款方式支付不含税金额的80%(¥800 000元),剩余款项于2023年1月15日以银行存款方式支付。

……

甲方:上海家悦地板批发公司　　　　　　乙方:潍坊市森然实木地板制造有限公司
法定代表人:李悦　　　　　　　　　　　法定代表人:刘永昌
签约时间:2022年12月27日　　　　　　签约时间:2022年12月27日

[业务凭证30-2]

出 库 单

401207

提货单位:上海家悦地板批发公司　　　2022年12月27日

编号	名称	规格	单位	数量	单位成本	总成本
1	橡木实木地板		箱	2 000	292.90	585 800.00
	合计					¥585 800.00

会计联

部门经理:汪天明　　　会计:谢敏　　　仓库:朱国华　　　经办人:童力

[业务凭证30-3]

CBC　中国建设银行网上银行电子回单

电子回单号码:45445269930

付款人	户名	上海家悦地板批发公司	收款人	户名	潍坊市森然实木地板制造有限公司
	账号	32526474647200008		账号	37070282447155513123
	开户银行	工行夏阳支行		开户银行	中国建设银行潍坊工业园支行
	金额	人民币(大写):捌拾万元整			¥800,000.00元
	摘要	收到货款		业务种类	转账
	用途				
	交易流水号	08435536465839		时间段	2022-12-27
	备注				
	验证码	56337642			
记账网点	131	记账柜员	610	记账日期	2022-12-27

打印日期:2022年12月27日

 业务要点提示

①尚未收回款项对应的增值税应确认为"待转销项税额"。②"买卖合同"应按合同注明的金额和0.3‰的税率计算缴纳印花税。③企业应按实际收款金额和5%的税率计算缴纳消费税。

(31) 12 月 29 日，发出山东金逸商贸有限公司本月 20 日预定的橡木实木地板 3 000 箱，收到尾款 795 000 元，如业务凭证 31-1、业务凭证 31-2 所示。

[业务凭证 31-1]

中国建设银行网上银行电子回单

电子回单号码：04500992935

付款人	户名	山东金逸商贸有限公司	收款人	户名	潍坊市森然实木地板制造有限公司
	账号	86000089676216600		账号	37070282447155513123
	开户银行	交通银行济南历下南苑路支行		开户银行	中国建设银行潍坊工业园支行
	金额	人民币（大写）：柒拾玖万伍仟元整			￥795,000.00元
	摘要	收到尾款		业务种类	转账
	用途				
	交易流水号	52634285284200		时间段	2022-12-29
		备注：			

验证码：56337642

| 记账网点 | 683 | 记账柜员 | 006 | 记账日期 | 2022-12-29 |

打印日期：2022年12月29日

[业务凭证 31-2]

出　库　单

401208

提货单位：山东金逸商贸有限公司　　2022 年 12 月 29 日

编号	名称	规格	单位	数量	单位成本	总成本
1	橡木实木地板		箱	3 000	292.90	878 700.00
	合计					￥878 700.00

会计联

部门经理：汪天明　　　会计：谢敏　　　仓库：朱国华　　　经办人：董力

> 💡 **业务要点提示**
>
> ①业务已满足收入确认条件，确认收入，冲销原来确认的"合同负债"科目，收到的尾款记入"银行存款"科目。②企业应按实际收入金额和 5% 的税率计算缴纳消费税。

(32) 12 月 30 日，向青岛吉美装商贸有限公司销售 1 200 箱柞木实木地板和 700 箱柚木实木地板，合同约定柞木实木地板每箱不含税价格为 220 元，柚木地板每箱不含税价格为 380 元。柚木实木地板于合同开始日全部交付；柞木实木地板在 15 天后交付，只有当两项商品全部交付之后，潍坊市森然公司才有权取得合同对价。当日已按合同全额开具增值税专用发票，如业务凭证 32-1 至业务凭证 32-3 所示。

[业务凭证32-1]

实木地板销售合同

购货方(甲方):青岛吉美装商贸有限公司
销货方(乙方):潍坊市森然实木地板制造有限公司

甲、乙双方遵循自愿、公平、诚实信用的原则,经友好协商,就购销货物相关事宜达成一致,签订本协议。

第一条　目的及标的物
根据双方的协议乙方向甲方销售以下产品:

产品名称	数量	单价(不含税价)	金额(不含税价)
柞木实木地板	1 200 箱	220 元	264 000.00
柚木实木地板	700 箱	380 元	266 000.00
合计			530 000.00

第二条　交货时间、地点及方式
乙方应在合同开始日将柚木实木地板全部交付;柞木实木地板在 15 天后交付,运费及保险费由甲方承担。

第三条　资金支付条款
甲方应在收货当日将收货情况确认给乙方,如未回传或提出邮件或书面异议,视为货物已经接收无异议。甲方应在两项商品全部交付之后支付全部款项。
……

甲方:青岛吉美装商贸有限公司　　　　乙方:潍坊市森然实木地板制造有限公司
法定代表人:孙浩　　　　　　　　　　法定代表人:刘永昌
签约时间:2022 年 12 月 30 日　　　　签约时间:2022 年 12 月 30 日

[业务凭证32-2]

出　库　单

401209

提货单位:青岛吉美装商贸有限公司　　2022 年 12 月 30 日

编号	名称	规格	单位	数量	单位成本	总成本
1	柚木实木地板		箱	700	300.96	210 672.00
合计						￥210 672.00

会计联

部门经理:汪天明　　会计:谢敏　　仓库:朱国华　　经办人:董力

[业务凭证 32-3]

\ 00231140		山东增值税专用发票 此联不作报销、扣税凭证使用			№ 69523061 开票日期：2022年12月30日		00231140 69523061

购买方
名　　称：青岛吉美装商贸有限公司
纳税人识别号：91370203PWT337255Q
地址、电话：青岛市中兴路73号 0532-26771788
开户行及账号：农业银行市北分行 6899937457700226

密码区：8896311-4-275〈1+46*54*181321〉〈8182*59*09618〈4〈3*2702-9〉9*+153〈/0*08/4〉*〉2-3*0/9/〉25

货物或应税劳务、服务名称	规格型号	单位	数量	单价	金额	税率	税额
*实木地板*柞木实木地板		箱	1200	220.00	264000.00	13%	34320.00
*实木地板*柚木实木地板		箱	700	380.00	266000.00	13%	34580.00
合　计					¥530000.00		¥68900.00
价税合计（大写）		⊗ 伍拾玖万捌仟玖佰元整				（小写）¥598900.00	

销售方
名　　称：潍坊市森然实木地板制造有限公司
纳税人识别号：913707028244715551
地址、电话：山东省潍坊市潍城区工业园路78号 0536-5228886
开户行及账号：中国建设银行潍坊工业园支行37070282447155513123

备注：

收款人：谢敏　　复核：高峰　　开票人：肖文倩　　销货单位：（章）

💡 业务要点提示

①柚木地板满足收入确认条件，确认收入。②"买卖合同"应按合同注明的金额和0.3‰的税率计算缴纳印花税。③企业按合同注明的金额和5%的税率计算缴纳消费税。④在先开具发票的情况下，增值税和消费税纳税义务发生时间应为开具发票的当天。

（33）12月30日，向济宁虎元商贸有限公司销售橡木实木地板4 000箱，合同约定不含税售价合计为2 000 000元，开具增值税专用发票，货物已发出，款项尚未收到，如业务凭证33-1至业务凭证33-3所示。

[业务凭证 33-1]

橡木实木地板销售合同

购货方（甲方）：济宁虎元商贸有限公司
销货方（乙方）：潍坊市森然实木地板制造有限公司

甲、乙双方遵循自愿、公平、诚实信用的原则，经友好协商，就购销货物相关事宜达成一致，签订本协议。

第一条　目的及标的物
根据双方的协议乙方向甲方销售以下产品：

产品名称	数量	单价（不含税价）	金额（不含税价）
橡木实木地板	4 000箱	500元	2 000 000.00
合计			2 000 000.00

第二条　交货时间、地点及方式

乙方应在合同签订之日起 5 日内交付货物，运费及保险费由甲方承担。

第三条　资金支付条款

甲方应在收货当日将收货情况确认给乙方，如未回传或提出邮件或书面异议，视为货物已经接收无异议。甲方应在收到货物当天以银行存款方式支付款项。

……

甲方：济宁虎元商贸有限公司　　　　　　乙方：潍坊市森然实木地板制造有限公司

法定代表人：郑元昌　　　　　　　　　　法定代表人：刘永昌

签约时间：2022 年 12 月 30 日　　　　　签约时间：2022 年 12 月 30 日

[业务凭证33-2]

山东增值税专用发票					No 68454958	
00231140					00231140 68454958	
此联不作报销、扣税凭证使用			开票日期：		2022年12月30日	
购买方	名　　　称	济宁虎元商贸有限公司	密码区	7844123-4-275 〈1+46*54* 181321〉 〈8182*59*09618 〈4 〈3*2702-9〉 9*+153 〈/0 *08/4〉 *〉 2-3*0/9/〉 25		
	纳税人识别号	91370881TY447UWE43				
	地址、电话	济宁市长江路472号 0537-8266355				
	开户行及账号	中国银行长江路支行 8944372934858601				
货物或应税劳务、服务名称	规格型号	单位	数量	单价	金额	税率	税额
*实木地板*橡木实木地板		箱	4000	500.00	2000000.00	13%	260000.00
合　计					¥2000000.00		¥260000.00
价税合计（大写）	⊗ 贰佰贰拾陆万元整				（小写）¥2260000.00		
销售方	名　　　称	潍坊市森然实木地板制造有限公司	备注			
	纳税人识别号	913707028244715551				
	地址、电话	山东省潍坊市潍城区工业园路78号 0536-5228886				
	开户行及账号	中国建设银行潍坊工业园支行370702824471555133123				
收款人：谢敏		复核：高峰		开票人：肖文倩	销货单位：（章）		

[业务凭证33-3]

出　库　单　　　　　　　401210

提货单位：济宁虎元商贸有限公司　　2022 年 12 月 30 日

编号	名称	规格	单位	数量	单位成本	总成本
1	橡木实木地板		箱	4 000	292.90	1 171 600.00
	合计					¥1 171 600.00

部门经理：汪天明　　　会计：谢敏　　　仓库：朱国华　　　经办人：董力

业务要点提示

增值税纳税义务已发生，按照增值税专用发票上的税额缴纳增值税税额。

(34) 12月31日，销售部门报销交通费，取得8张交通运输增值税电子普通发票上注明价款合计8 000元，增值税合计720元；取得10张国内机票电子行程单注明机票价格合计7 330元，燃油附加费合计300元，民航发展基金合计180元；取得注明销售人员身份信息的火车车票12张，注明金额合计为2 725元；另外取得30张出租车票注明金额合计为1 280元，上述款项尚未支付，如业务凭证34-1所示。

[业务凭证34-1]

销售部门报销费用明细

2022年12月31日　　　　　　　　　　　　　　　　　金额单位：元

序号	票据类型	价税合计金额	备注	税额	票据数量（张）
1	交通费	8 720	增值税电子普通发票	720.00	8
2	飞机	7 810	境内机票 注明身份信息	—	10
3	铁路车票	2 725	境内铁路 注明身份信息	—	12
4	出租车票	1 280	卷式发票	—	30

注：原始票据略。

业务要点提示

纳税人购进国内运输服务未取得增值税专用发票的，暂按照以下规定确定准予抵扣的进项税额：①取得增值税电子普通发票的，为发票上注明的税额；②取得注明旅客身份信息的航空运输电子客票行程单的，按照下列公式计算进项税额：航空旅客运输进项税额＝（票价＋燃油附加费）÷（1＋9%）×9%；③取得注明旅客身份信息的铁路车票的，按照下列公式计算进项税额：铁路旅客运输进项税额＝票面金额÷（1＋9%）×9%；④纳税人取得的出租车卷式发票没有旅客个人信息，不能抵扣进项税额。

(35) 12月31日，在月末财产清查中发现因公司仓库保管不当，造成上月购进的一批包装箱受潮损坏，该批包装箱账面原值为4 000元，属于从一般纳税人购进，已抵扣进项税额，经批准处理后决定由仓库主管汪天明赔偿500元，如业务凭证35-1、业务凭证35-2所示。

[业务凭证35-1]

财产清查报告单　　　　　　　　　　　　　　　金额单位：元

财产类别：周转材料　　　2022年12月31日　　　存放地点：1号材料库

编号	品名规格	计量单位	单价	实存		账存		对比结果				涉及进项税额
								盘盈		盘亏		
				数量	金额	数量	金额	数量	金额	数量	金额	
1	包装箱	个	1.00	85 205	85 205.00	89 205	89 205.00			4 000	4 000.00	520.00
	合计				85 205.00		89 205.00				4 000.00	
	原因					仓库保管不当						

财务主管：高峰　　　　　　保管人：朱国华　　　　　　制表：谢敏

[业务凭证35-2]

关于2022年度财产清查盘点结果及账务处理的决定

年终财产清查工作现已结束,盘点过程中发现编号为1的包装箱(不含税单价为1元/个)实际数量85 205个,账存数量89 205个,共计盘亏4 000个。根据财务制度和企业会计准则规定,对盘亏的材料作如下处理:

盘亏的周转材料是保管不当导致的,由仓库主管汪天明赔偿500元,剩余损失计入管理费用。

特此通知。

总经办
2022年12月31日

> **业务要点提示**
>
> 因管理不善造成的存货盘亏,购进存货时确认的增值税进项税额要做转出处理。相关责任人赔偿金额记入"其他应收款"科目,盘亏净损失记入"管理费用"科目。

(36) 12月31日,本月领用材料汇总,如业务凭证36-1所示。

[业务凭证36-1]

领料汇总表

2022年12月31日　　　　　　　　　　　　　　　　　　　　金额单位:元

领料部门	用途	材料品种	计量单位	领用数量	单价	金额
生产车间	柞木实木地板	柞木	吨	340	562.06	191 100.00
		水性漆	吨	0.23	8 500.00	1 955.00
		包装箱	个	2 295	1.00	2 295.00
生产车间	橡木实木地板	橡木	吨	3 500	600.00	2 100 000.00
		水性漆	吨	8.94	8 500.00	76 500.00
		包装箱	个	8 500	1.00	8 500.00

审核:秦燕　　　　　　　　　　　　　　　　　　　　　　　　　制单:谢敏

> **业务要点提示**
>
> ①领用材料时,要办理领料手续。仓库管理人员先填写领料单,分管领导签字审核后才能办理领料。②对于材料费用,分配的原则是"谁受益、谁承担"。通常情况下,材料费用分配是按领料部门和用途以及受益对象来分配的。

(37) 12月31日,计提12月份固定资产折旧,如业务凭证37-1所示。

[业务凭证37-1]

固定资产折旧费用分配表

2022 年 12 月 31 日　　　　　　　　　　　　　　　　　　　　　　单位:元

应借账户	部门	上月折旧额	上月增加折旧额	上月减少折旧额	本月应提折旧额
制造费用	生产车间	8 623.75	0.00	0.00	8 623.75
	喷漆车间	3 875.00	0.00	0.00	3 875.00
	包装车间	2 250.00	0.00	0.00	2 250.00
管理费用	行政部、运营部	9 200.00	0.00	0.00	9 200.00
销售费用	营销部	1 970.00	0.00	0.00	1 970.00
合计		25 918.75	0.00	0.00	25 918.75

审核:秦燕　　　　　　　　　　　　　　　　　　　　　　　　　　制单:谢敏

 业务要点提示

①折旧费的归集通常是采用固定资产折旧分配表的形式进行,企业应按固定资产使用部门来反映当月应计提的折旧额,具体格式可由企业自行设计。②折旧费的分配按"谁受益、谁承担"的原则进行。

(38) 12 月 31 日,计提 12 月份工资费用,如业务凭证 38-1 所示。

[业务凭证38-1]

职工薪酬分配表

2022 年 12 月 31 日　　　　　　　　　　　　　　　　　　　　　金额单位:元

应借账户	成本项目	分配标准	分配率	分配金额
生产成本	柞木实木地板	直接人工	1 200	40%	11 700.00
	橡木实木地板	直接人工	1 800	60%	17 550.00
制造费用	生产车间	人工费用			7 000.00
	喷漆车间	人工费用			4 300.00
	包装车间	人工费用			6 900.00
销售费用		工资			16 400.00
管理费用		工资			71 900.00
合计					135 750.00

审核:秦燕　　　　　　　　　　　　　　　　　　　　　　　　　　制单:谢敏

 业务要点提示

职工工资费用的分配也遵循"谁受益,谁承担"的原则。财务部在每月终了时,计算出当月职工薪酬,编制"工资费用分配表",按受益对象来分配职工工资费用。

(39) 12月31日,预扣个人所得税、个人社保费及住房公积金,如业务凭证39-1所示。

[业务凭证39-1]

工资结算表

2022年12月

| 序号 | 部门 | 姓名 | 岗位 | 基本工资 | 岗位津贴 | 应付工资 | 代扣工资 ||||| 个人所得税 | 实发工资 |
							养老保险(8%)	医疗保险(2%)	失业保险(0.5%)	住房公积金(12%)	扣款小计		
1	总经办	刘永昌	总经理	11 000	2 000	13 000	1 040	260	65	1 560	2 925	16.38	10 058.62
2	总经办	桑虹	助理	6 100	300	6 400	512	128	32	768	1 440		4 960
3	财务部	高峰	主管	8 000	1 000	9 000	720	180	45	1 080	2 025	8	6 967
4	财务部	秦燕	出纳	4 000	500	4 500	360	90	22.5	540	1 012.5		3 487.5
5	财务部	谢敏	会计	4 000	500	4 500	360	90	22.5	540	1 012.5		3 487.5
6	财务部	肖文倩	办税员	3 800	500	4 300	344	86	21.5	516	967.5		3 332.5
7	人事部	孔文星	主管	7 200	500	7 700	616	154	38.5	924	1 732.5		5 967.5
8	人事部	薛小平	科员	4 200	300	4 500	360	90	22.5	540	1 012.5		3 487.5
9	加工车间	王良辰	车间主任	6 000	1 000	7 000	560	140	35	840	1 575		5 425
10	加工车间	王广军	工人	4 100	200	4 300	344	86	21.5	516	967.5		3 332.5
11	加工车间	张英杰	工人	4 000	200	4 200	336	84	21	504	945		3 255
12	加工车间	李涛	工人	4 200	200	4 400	352	88	22	528	990		3 410
13	喷漆车间	刘强	车间主任	4 100	200	4 300	344	86	21.5	516	967.5		3 332.5
14	喷漆车间	唐思静	工人	4 200	200	4 400	352	88	22	528	990		3 410
15	喷漆车间	郭小洋	工人	4 000	200	4 200	336	84	21	504	945		3 255
16	包装车间	黄晓辉	车间主任	5 900	1 000	6 900	552	138	34.5	828	1 552.5		5 347.5
17	包装车间	包国香	工人	3 800	100	3 900	312	78	19.5	468	877.5		3 022.5
18	包装车间	高云舒	工人	3 750	100	3 850	308	77	19.25	462	866.25		2 983.75
19	采购部	李志	经理	5 000	400	5 400	432	108	27	648	1 215		4 185
20	采购部	黄格安	业务员	3 900	200	4 100	328	82	20.5	492	922.5		3 177.5
21	营销部	童建祥	经理	6 500	1 000	7 500	600	150	37.5	900	1 687.5		5 812.5
22	营销部	方芳	业务员	4 000	500	4 500	360	90	22.5	540	1 012.5		3 487.5
23	营销部	董力	业务员	4 000	400	4 400	352	88	22	528	990		3 410
24	仓储部	汪天明	经理	4 500	500	5 000	400	100	25	600	1 125		3 875
25	仓储部	朱国华	库管员	3 300	200	3 500	280	70	17.5	420	787.5		2 712.5
	合计			123 550	12 200	135 750	10 860	2 715	678.75	16 290	30 543.75	24.38	105 181.9

审核:高峰　　　　　　　　　　　　　　　　　　　　　　　制表:谢敏

业务要点提示

①职工个人所得税由企业从工资中代扣代缴,代扣记入"应交税费——应交个人所得税"科目贷方。②应由职工个人负担的社会保险费和住房公积金,由企业从职工工资中代扣,记入"其他应付款"科目贷方。

(40) 12月31日,计提12月份社会保险费,如业务凭证40-1所示。

[业务凭证40-1]

社会保险费分配表
2022年12月31日

应借账户		计提比例					计提金额				
		缴费基数	养老	医疗	失业	工伤	养老	医疗	失业	工伤	合计
生产成本	柞木地板	11 700.00	16.00%	9.00%	0.50%	0.20%	1 872.00	1 053.00	58.50	23.40	3 006.90
	橡木地板	17 550.00	16.00%	9.00%	0.50%	0.20%	2 808.00	1 579.50	87.75	35.10	4 510.35
	小计	29 250.00	16.00%	9.00%	0.50%	0.20%	4 680.00	2 632.50	146.25	58.50	7 517.25
制造费用	加工车间	7 000.00	16.00%	9.00%	0.50%	0.20%	1 120.00	630.00	35.00	14.00	1 799.00
	喷漆车间	4 300.00	16.00%	9.00%	0.50%	0.20%	688.00	387.00	21.50	8.60	1 105.10
	包装车间	6 900.00	16.00%	9.00%	0.50%	0.20%	1 104.00	621.00	34.50	13.80	1 773.30
	小计	18 200.00	16.00%	9.00%	0.50%	0.20%	2 912.00	1 638.00	91.00	36.40	4 677.40
销售费用		16 400.00	16.00%	9.00%	0.50%	0.20%	2 624.00	1 476.00	82.00	32.80	4 214.80
管理费用		71 900.00	16.00%	9.00%	0.50%	0.20%	11 504.00	6 471.00	359.50	143.80	18 478.30
合计		135 750.00	16.00%	9.00%	0.50%	0.20%	21 720.00	12 217.50	678.75	271.50	34 887.75

审核:高峰　　　　　　　　　　　　　　　　　　　　　　　　制表:谢敏

 业务要点提示

社会保险费中工伤保险费及生育保险费由企业全额承担,其他险种均由企业及职工个人共同承担。企业承担的某项社会保险费缴费金额=缴费基数×该项保险费单位计提比例;职工个人承担某项社会保险费缴费金额=缴费基数×该项保险费个人计提比例。应由企业承担的职工社会保险费部分,记入企业成本费用中,而应由个人承担的部分,由企业从职工工资中代扣代缴。

(41) 12月31日,计提12月份公积金,如业务凭证41-1所示。

[业务凭证41-1]

住房公积金费用分配表

2022年12月31日 单位:元

应借账户		缴费基数	计提比例	计提金额
生产成本	柞木地板	11 700.00	12.00%	1 404.00
	橡木地板	17 550.00	12.00%	2 106.00
	小计	29 250.00	12.00%	3 510.00
制造费用	加工车间	7 000.00	12.00%	840.00
	喷漆车间	4 300.00	12.00%	516.00
	包装车间	6 900.00	12.00%	828.00
	小计	18 200.00	12.00%	2 184.00
销售费用		16 400.00	12.00%	1 968.00
管理费用		71 900.00	12.00%	8 628.00
合计		135 750.00	12.00%	16 290.00

审核:高峰 制表:谢敏

业务要点提示

住房公积金由企业及职工个人共同承担。单位为职工缴纳的住房公积金应根据"谁受益,谁承担"的原则计入相关企业成本费用中,个人承担的部分,由企业从职工工资中代扣代缴。

(42) 12月31日,计提12月份工会经费及职工教育经费,如业务凭证42-1所示。

[业务凭证42-1]

工会经费及职工教育经费分配表

2022年12月31日

应借账户		计提比例			计提金额		
		工资总额	工会经费	职工教育经费	工会经费	职工教育经费	合计
生产成本	柞木地板	11 700.00	2.00%	8.00%	234.00	936.00	1 170.00
	橡木地板	17 550.00	2.00%	8.00%	351.00	1 404.00	1 755.00
	小计	29 250.00	2.00%	8.00%	585.00	2 340.00	2 925.00
制造费用	加工车间	7 000.00	2.00%	8.00%	140.00	560.00	700.00
	喷漆车间	4 300.00	2.00%	8.00%	86.00	344.00	430.00
	包装车间	6 900.00	2.00%	8.00%	138.00	552.00	690.00
	小计	18 200.00	2.00%	8.00%	364.00	1 456.00	1 820.00

(续表)

应借账户	计提比例			计提金额		
	工资总额	工会经费	职工教育经费	工会经费	职工教育经费	合计
销售费用	16 400.00	2.00%	8.00%	328.00	1 312.00	1 640.00
管理费用	71 900.00	2.00%	8.00%	1 438.00	5 752.00	7 190.00
合计	135 750.00	2.00%	8.00%	2 715.00	10 860.00	13 575.00

审核：高峰　　　　　　　　　　　　　　　　　　　　　　　　　制表：谢敏

 业务要点提示

　　企业每月计提的工会经费和职工教育经费应按职工应付工资总额和一定的计提比例计算。企业应按月编制工会经费和职工教育经费分配表，完成对工会经费及职工教育经费的计提。

（43）12月31日，分摊电费，如业务凭证43-1所示。

[**业务凭证43-1**]

电费分配表

2022年12月31日　　　　　　　　　　　　　　　　　　　　　金额单位：元

应借账户	用电量（度）	单价	金额
制造费用——生产车间	175 000	0.65	113 750.00
制造费用——喷漆车间	53 000	0.65	34 450.00
制造费用——包装车间	53 000	0.65	34 450.00
销售费用	5 000	0.65	3 250.00
管理费用	21 600	0.65	14 040.00
合计			199 940.00

审核：秦燕　　　　　　　　　　　　　　　　　　　　　　　　　制单：谢敏

 业务要点提示

　　在实际工作中，电费实际付款期与成本费用核算期并不一致，电费付款期往往滞后于成本费用核算期，在月末，企业应根据各部门用电量和电费单价编制电费分配表，按照"谁受益，谁承担"的原则，分配记入企业成本费用中，预提出本月发生的电费。

（44）12月31日，分摊水费，如业务凭证44-1所示。

[业务凭证44-1]

水费分配表

2022 年 12 月 31 日　　　　　　　　　　　　　　　　　　　　　金额单位：元

应借账户	用水量(吨)	单价	金额
制造费用——生产车间	2 720	8.00	21 760.00
制造费用——喷漆车间	690	8.00	5 520.00
制造费用——包装车间	690	8.00	5 520.00
销售费用	100	8.00	800.00
管理费用	240	8.00	1 920.00
合计			35 520.00

审核：秦燕　　　　　　　　　　　　　　　　　　　　　　　　　　　　　　　制单：谢敏

 业务要点提示

水费的分摊原则与电费基本一致，具体解析可参考业务(43)。

(45) 12 月 31 日，分摊制造费用，如业务凭证45-1 和业务凭证45-2 所示。

[业务凭证45-1]

制造费用计算表

2022 年 12 月 31 日　　　　　　　　　　　　　　　　　　　　　　　　单位：元

车间	工资	社保费	公积金	工会经费	职工教育经费	折旧费	电费	水费	合计
生产车间									
喷漆车间									
包装车间									

审核：秦燕　　　　　　　　　　　　　　　　　　　　　　　　　　　　　　　制单：谢敏

 业务要点提示

①企业通过"制造费用"账户完成制造费用的归集，该账户按照费用项目工资、社保费、公积金、工会经费、职工教育经费、折旧费、电费、水费分设专栏来核算。
②在会计期末，企业要采用机器工时比例法将制造费用分配给产品的生产成本。

[业务凭证45-2]

制造费用分配表

2022 年 12 月 31 日　　　　　　　　　　　　　　　　　　　　　　　　单位：元

产品	机器工时(小时)	分配率	金额
柞木实木地板	3 000	30%	
橡木实木地板	7 000	70%	
合计			

审核：秦燕　　　　　　　　　　　　　　　　　　　　　　　　　　　　　　　制单：谢敏

(46) 12月31日,计算并结转完工产品成本,如业务凭证46-1所示。

[业务凭证46-1]

完工产品成本计算表
2022年12月31日　　　　　　　　　　　　　　　　　　　　　　金额单位:元

产品名称	计量单位	产量	直接材料	直接人工	制造费用	总成本	单位成本
柞木实木地板	箱	2 150					
橡木实木地板	箱	8 075					
合计							

审核:秦燕　　　　　　　　　　　　　　　　　　　　　　　　　　　制单:谢敏

业务要点提示

　　成本核算方法选择应关注以下三个方面:①成本核算的对象。②成本计算期。③生产费用在完工产品与在产品之间的分配方法。

(47) 12月31日,计算12月份应交增值税,如业务凭证47-1所示。

[业务凭证47-1]

应交增值税计算表
2022年12月1日至2022年12月31日　　　　　　　　　　　　　　　　单位:元

		货物名称	适用税率	应税销售额	税额
销项税额	应税货物(含视同销售)	柞木实木地板			
		销售退回柞木实木地板			
		柚木实木地板			
		橡木实木地板			
	小计				
进项税额	本期进项税额发生额				
	进项税额转出				
	上期留抵税额				
应纳税额					
支付技术维护费应纳税额抵减额					
当期实际应纳增值税					

审核:秦燕　　　　　　　　　　　　　　　　　　　　　　　　　　　制单:谢敏

业务要点提示

　　一般纳税人应在"应交税费"科目下设置"应交增值税""未交增值税""待抵扣进项税额""待转销项税额""增值税留抵税额"等明细科目进行核算。为了对企业应交增值税进行完整和详细核算,企业在"应交增值税"明细科目下设置以下三级明细科目:①"进项税额"科目,核算企业购进货物或接受应税劳务支付的进项税额。②"销项税额"科目,核算企业销售货物或提供应税行为应收取的销项税额。③"已交税金"科目,核算企业已缴纳的增值税税额。④"转出未交增值税"和"转出多交增值税"科目,核算企业转出当月发生的应交未交或多交的增值税。⑤"减免税款"科目,核算企业按现行增值税制度规定准予减免的增值税税额。⑥"进项税额转出"科目,核算企业购进货物或接受应税劳务等发生非正常损失以及其他原因造成的不能从销项税额中抵扣,需要转出的进项税额。"应交税费——未交增值税"科目核算企业月末从"应交增值税"或"预交增值税"科目转入当月应交未交、多交或预交的增值税税额。"应交税费——待抵扣进项税额"科目核算企业已取得增值税扣税凭证并经税务机关认证,按照规定准予以后期间从销项税额中抵扣的进项税额。"应交税费——待转销项税额"科目核算企业销售货物、提供劳务已确认相关收入但尚未发生增值税纳税义务而需在以后期间确认的销项税额。"应交税费——增值税留抵税额"科目核算企业当期的销项税额小于进项税额的差额。

(48) 12月31日,计提12月份应交消费税,如业务凭证48-1所示。

[业务凭证48-1]

应交消费税计算表

2022年12月1日至2022年12月31日　　　　　　　　　　　单位:元

货物名称	应税销售额	适用税率	应纳税额
柞木实木地板			
柚木实木地板			
橡木实木地板			
合计			
准予抵扣的消费税			
应纳消费税			

审核:秦燕　　　　　　　　　　　　　　　　　　　　　　制单:谢敏

 业务要点提示

①销售环节产生的消费税应通过"税金及附加"科目核算。②销售退回导致退还的消费税应记入"其他应收款"科目核算。

(49) 12月31日,计提12月份应交城市维护建设税、教育费附加及地方教育附加,如业务凭证49-1所示。

[业务凭证49-1]

应交城市维护建设税、教育费附加及地方教育附加计算表

2022年12月1日至2022年12月31日　　　　　　　　　　　　　单位:元

项目	计提基数			比例	计提金额
	应纳增值税	应纳消费税	合计		
城市维护建设税				7%	
教育费附加				3%	
地方教育附加				2%	
合计					

审核：秦燕　　　　　　　　　　　　　　　　　　　　　　　制单：谢敏

(注：计算结果保留两位小数，下同。)

业务要点提示

城市维护建设税、教育费附加及地方教育附加以企业实际缴纳的增值税和消费税之和作为计税依据。

(50) 12月31日，计提12月份应交印花税，如业务凭证50-1所示。

[业务凭证50-1]

应交印花税计算表

2022年12月1日至2022年12月31日　　　　　　　　　　　　　单位:元

应税凭证	计税金额或件数	适用税率	核定金额	本期应纳税额
	1	2	3	5＝1×2＋3
借款合同		0.05‰		
融资租赁合同		0.05‰		
买卖合同		0.3‰		
承揽合同		0.3‰		
建筑工程合同		0.3‰		
运输合同		0.3‰		
技术合同		0.3‰		
租赁合同		1‰		
保管合同		1‰		
仓储合同		1‰		
财产保险合同		1‰		
产权转移书据(商标专利权、著作权、专利权、专有技术使用权转让书据)		0.3‰		

(续表)

应税凭证	计税金额或件数	适用税率	核定金额	本期应纳税额
	1	2	3	5 = 1×2+3
营业账簿（记载资金的账簿）		0.25‰	—	
权利、许可证照		5元/件	—	
合计				

审核：秦燕　　　　　　　　　　　　　　　　　　　　　　　　制单：谢敏

注：本表只核算计入税金及附加的印花税，计入资产成本的印花税在其他相应业务中处理。

 业务要点提示

印花税分计入资产成本和计入税金及附加两种处理。除了为购买固定资产和无形资产所支付的印花税计入固定资产和无形资产原值外，企业其他印花税均记入"税金及附加"科目进行核算。

（51）12月31日，计提12月份借款利息并支付第四季度利息，如业务凭证51-1、业务凭证51-2所示。

[**业务凭证51-1**]

12月应付利息计算表

借款种类	本金	年利率	计息方式	月利息
短期借款	200 000.00	6%	月末计息，到期一次还本付息	1 000.00
长期借款	10 000 000.00	4.8%	月末计息，季末付息	4 000.00

审核：秦燕　　　　　　　　　　　　　　　　　　　　　　　　制单：谢敏

[**业务凭证51-2**]

 **中国建设银行网上银行电子回单**

电子回单号码：08921005681

付款人	户名	潍坊市森然实木地板制造有限公司	收款人	户名	中国建设银行潍坊工业园支行
	账号	37070282447155513123		账号	37070282447165 2669889
	开户银行	中国建设银行潍坊工业园支行		开户银行	
金额	人民币（大写）：壹万贰仟元整				￥12,000.00元
摘要	借款利息		业务种类		非转账类交易
用途					
交易流水号	77484196266363		时间段		2022-12-31
备注：					
验证码：62538222					
记账网点	776	记账柜员	255	记账日期	2022-12-31

打印日期：2022年12月31日

业务要点提示

增值税一般纳税人购进的贷款服务进项税额不得抵扣。

（52）12月31日，计提第四季度房产税，如业务凭证52-1所示。已知潍坊市房产税减除幅度为30%。

[业务凭证52-1]

应交房产税计算表

2022年12月1日至2022年12月31日　　　　　　　　　　　　　　　　单位：元

项目	房产原值	计税余值	适用税率	应交税额（季度）	备注
办公楼	1 800 000.00		1.2%		
厂房	2 400 000.00		1.2%		
仓库	2 100 000.00		1.2%		
合计					

审核：秦燕　　　　　　　　　　　　　　　　　　　　　　　　　　　制单：谢敏

 业务要点提示

①房产税一般以房屋的计税余值或租金收入为计税依据，向产权所有人征收。房产税一般以房产原值一次减除10%至30%后的余值计算缴纳。具体减除幅度由省、自治区、直辖市人民政府规定。以房产余值计算缴纳的，执行1.2%的税率。
②企业计提的房产税应记入"税金及附加"科目。

（53）12月31日，计提第四季度城镇土地使用税，如业务凭证53-1所示。

[业务凭证53-1]

应交城镇土地使用税计算表

2022年12月1日至2022年12月31日　　　　　　　　　　　　　　　金额单位：元

实际占用土地面积（平方米）	适用税额	应交税额（季度）	备注
100 120.00	5元/平方米/年		占地属于市区三级土地
本季度应交税额合计			

审核：秦燕　　　　　　　　　　　　　　　　　　　　　　　　　　　制单：谢敏

 业务要点提示

①城镇土地使用税采用定额税率。②企业计提的城镇土地使用税应记入"税金及附加"科目。

（54）12月31日，采用月末一次结转成本的方法，结转2020年12月主营业务成本，如业务凭证 54-1、业务凭证 54-2 所示。

[业务凭证 54-1]

产品出库汇总表

2022 年 12 月　　　　　　　　　　　　　　　　　附单据 9 张

产品名称	计量单位	出库数量	备注
柞木实木地板	箱	1 020	当月销售退回 900 箱
柚木实木地板	箱	1 200	
橡木实木地板	箱	10 750	
合计		12 970	

审核：秦燕　　　　　　　　　　　　　　　　　　　　　　　　　制单：谢敏

[业务凭证 54-2]

主营业务成本计算表

2022 年 12 月 31 日

产品名称	本月发出数量	单位成本	本月发出成本
柞木实木地板	1 020	145.75	148 665.00
柚木实木地板	1 200	300.96	361 152.00
橡木实木地板	10 750	292.90	3 148 675.00
主营业务成本合计			3 658 492.00

审核：秦燕　　　　　　　　　　　　　　　　　　　　　　　　　制单：谢敏

业务要点提示

依据产品出库汇总表和发出产品主营业务成本计算表，分别计算并结转三种实木地板的主营业务成本。

(55) 12 月 31 日，结转 12 月份损益类账户发生额到本年利润。

业务要点提示

①企业将收入类账户的余额全部转入"本年利润"账户的贷方。②企业将费用类账户的余额全部转入"本年利润"账户的借方。

(56) 12 月 31 日，计算 12 月份应纳企业所得税并结转所得税费用，如业务凭证 56-1 所示。

[业务凭证56-1]

应交企业所得税计算表

2022年12月31日

本期利润总额	应纳税所得额	税率	应纳企业所得税

审核：秦燕　　　　　　　　　　　　　　　　　　　　　　制单：谢敏

业务要点提示

企业核算企业所得税费用时，应设置"所得税费用""应交税费——应交企业所得税"科目。企业当期应交所得税＝应纳税所得额×适用税率。预缴企业所得税时，借记"所得税费用"科目，贷记"应交税费——应交企业所得税"科目，期末要将所得税费用结转至"本年利润"科目。

(57) 12月31日，结转本年利润。

业务要点提示

期末，企业应计算净利润或净损失，将本年税后净利润或净损失转入"利润分配——未分配利润"科目。

(58) 12月31日，按照税后净利润的10%计提法定盈余公积，如业务凭证58-1所示。

[业务凭证58-1]

提取盈余公积金计算表

2022年12月31日　　　　　　　　　　　　　　　　　　　　单位：元

项目	金额
计提基数	
应提法定盈余公积(10%)	

审核：秦燕　　　　　　　　　　　　　　　　　　　　　　制单：谢敏

业务要点提示

①企业如果存在以前年度未弥补的亏损，应在弥补亏损后再提取盈余公积。②企业提取盈余公积以后，再向投资者分配利润。③在计算盈余公积计提基数时，不能包括年初未分配利润的盈余额。

(59) 12月31日，结转利润分配有关明细科目。

项目三 会计信息化处理

 业务要点提示

年末,企业应将"利润分配——未分配利润"科目之外的其他"利润分配"明细科目余额全部转入"利润分配——未分配利润"科目,结转后,除"利润分配——未分配利润"科目之外的其他明细科目无余额。

三、业务要领

（1）潍坊森然公司 2022 年 12 月发生经济业务操作要领,参照每笔业务的【业务要点提示】。

（2）对于潍坊森然公司 2022 年 12 月发生的经济业务,需要登录 AisinoA6 财税系统完成凭证的录入和审核工作。凭证审核和录入不能是同一人员。

（3）完成所有经济业务凭证录入和审核工作后,财务人员需完成期末记账、对账和结账工作。

"1+X"证书闯关

提示

记账、对账和结账工作操作流程如下:"功能导航—财务—总账管理—期末—记账、对账和结账"。

任务总结

表 3-5　任务总结单

项目		总结与反思	研学改进
素质提升	提升		
	不足		
知识掌握	掌握		
	不足		
能力达成	达成		
	不足		

任务评价

表 3-6 任务评价表

评价指标	评价标准	分值	自评	互评	教师	所占比例
岗位技能	（1）熟练掌握企业各类经济业务	40				70%
	（2）熟练掌握每一类经济业务中的账务处理	30				
	（3）熟练填制各类原始凭证和记账凭证	30				
过程性考核	（1）出勤与纪律	25				30%
	（2）工作态度	25				
	（3）自我学习与管理能力	25				
	（4）团队合作与创新能力	25				
综合得分						

任务三　财务报表编制与审核

任务情境

潍坊森然公司已经完成 2022 年 12 月份月末结账工作，现需要编制和审核该公司 12 月份财务报表。

任务要求

借助 AisinoA6 财务管理软件，帮助会计谢敏生成该公司财务报表，并由财务部主管高峰完成财务报表审核工作。

任务准备

一、知识准备

（一）财务报表认知

1. 概述

财务报表是对企业财务状况、经营成果和现金流量等的结构性表述。财务报表作为财务信息的载体，是会计核算的核心和结果。

企业一套完整的财务报表一般包括资产负债表、利润表、现金流量表、所有者权益变动表以及附注,统称为"四表一注"。

2. 基础概念

(1) 资产负债表。资产负债表,又称财务状况表,是反映企业在某一特定日期的财务状况的报表,是企业经营活动的静态反映。

(2) 利润表。利润表,又称损益表,是反映企业在一定会计期间的经营成果的报表。

(3) 现金流量表。现金流量表是反映企业在一定会计期间现金和现金等价物流入和流出情况的报表。

(4) 所有者权益变动表。所有者权益变动表是指反映构成所有者权益各组成部分当期增减变动情况的报表。

(5) 附注。附注就是对财务报表的编制基础、编制原理和方法及主要项目等所作的解释和进一步说明,以便报表的使用者全面、正确地理解财务报表。

(二) 会计报表的格式

本任务重点介绍资产负债表、利润表、现金流量表的格式。

1. 资产负债表的格式

资产负债表的格式主要有报告式和账户式两种。报告式资产负债表是将资产、负债和所有者权益垂直排列的上下结构,上半部分列示资产,下半部分列示负债和所有者权益。账户式资产负债表分左右两方,左方为资产类账户,右方为负债及所有者权益类账户。我国企业的资产负债表采用账户式结构,账户式资产负债表结构如表3-7所示。

表3-7 账户式资产负债表结构

格式	排序规律	提示
左方为资产类账户	按流动性大小排列	根据会计平衡式,左方金额合计与右方金额合计相等,保持平衡
右方为负债及所有者权益类账户	按求偿权先后顺序排列	

2. 利润表的格式

利润表的格式主要有单步式利润表和多步式利润表两种。在中国,企业应当采用多步式利润表。利润表包含表头和表体。表头主要列示报表名称、编表单位名称、财务报表涵盖的会计期间和人民币金额单位等内容,利润表的表体,主要展示经营成果的形成和计算过程。多步式利润表分为三个层次,分步计算。在上一任务利润形成部分已做过讲解,此处略。

3. 现金流量表的格式

企业按照活动的性质和现金流量的来源,现金流量表在结构上将企业一定期间内产生的现金流量分为经营活动产生的现金流量、投资活动产生的现金流量和筹资活动产生的现金流量三类。

(1) 经营活动产生的现金流量。经营活动是指企业投资活动和筹资活动以外的所有交易和事项,经营活动主要包括销售商品、购买商品、提供劳务、接受劳务、交纳税款、支付工资等活动。经营活动产生的现金流量展示在现金流量表中,也就展示了企业经营活动对现金流入和流出金额的影响程度。

（2）投资活动产生的现金流量。投资活动是指企业长期资产的购建和不包括在现金等价物范围内的投资及其处置活动。投资活动主要包括固定资产、无形资产等的构建和处置、投资的取得和收回等。投资活动产生的现金流量展示在现金流量表中，一方面展示企业投资过程获取现金流量的能力，另一方面也体现现金流量在投资活动中对企业现金流量金额的影响程度。

> 将现金转换为现金等价物这类投资产生的现金流量不属于投资活动产生的现金流量，因为现金与现金等价物的相互转化属于现金内部项目变动，不会影响现金流量净额的变动。

（3）筹资活动产生的现金流量。筹资活动是指导致企业资本及债务规模和构成发生变化的活动，筹资活动主要包括借入款项、发行股票、吸收投资、分派股利等。筹资活动产生的现金流量展示在现金流量表中，不仅可以展示企业筹资的能力，还可以分析筹资活动中的现金流量对企业现金流量金额的影响程度。

二、操作准备

（1）企业已经完成对账和结账。
（2）严格审核会计账簿和有关资料。

 任务实施

一、业务流程

财务报表的编制与审核业务流程如图3-13所示。

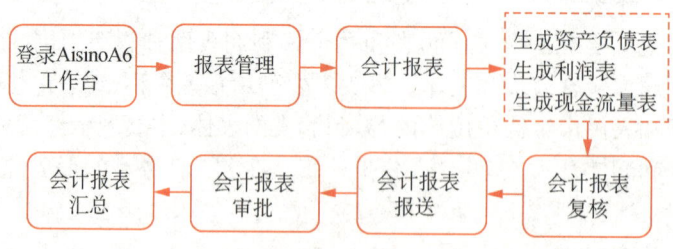

图3-13 财务报表的编制与审核业务流程

二、业务操作

"持续经营"是企业编制会计报表的基础，企业按照《企业会计准则——基本准则》和其他各项会计准则的规定，根据实际发生的交易和事项对其进行确认和计量，在此基础上编制财务报表。本任务借助AisinoA6财务管理软件，重点介绍一般企业的资产负债表和利润表的生成与审核。

(一) 财务报表编制

登录 A6 工作台,单击左侧菜单栏"财务"中的"报表管理",在子菜单"会计报表"中单击相应的财务报表进行编制。

1. 资产负债表的编制

在"工具"下列菜单中单击"计算当前表页",系统自动生成资产负债表,如图 3-14 所示。

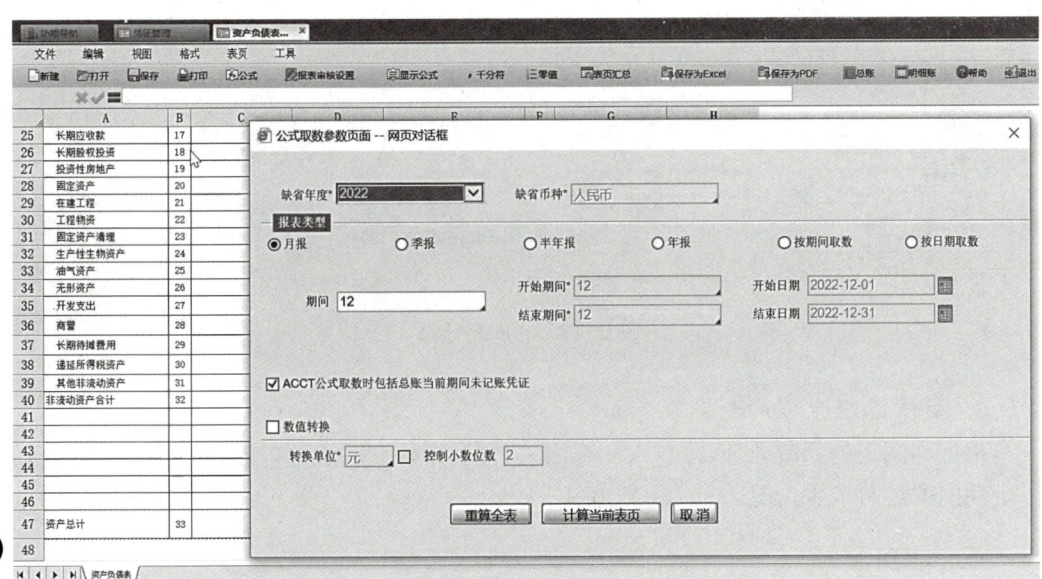

图 3-14　资产负债表计算

在自动生成的资产负债表中检查资产总计的"期末余额"与负债和所有者权益的"期末余额"是否相等,如果不相等,需要检查资产负债表项目,进行调整。下面以添加"合同负债"项目为例,讲解如何添加报表项目。

在"预收账款"项目下,单击选择"插入表行"增加一行,添加"合同负债"项目,在"工具"菜单栏中选择"公式/数据模式切换"切换到公式模式,在合同负债项目"期末余额"列中编辑公式" = ACCT("2206","DQM","",0,0,0)",在合同负债项目"年初余额"列中编辑公式" = ACCT("2206","DQC","",0,0,0)"。在编辑公式中"2206"是合同负债科目代码,"DQM"表示贷方期末余额,"DQC"表示贷方期初余额。

2. 利润表的编制

单击"利润表",在弹出的对话框中单击"计算当前表页",系统自动生成利润表,如图 3-15 所示。

(二) 财务报表审核

1. 审核已经生成的资产负债表

根据资产负债表的编制原理,即资产 = 负债 + 所有者权益,审核资产负债表的内容是否真实反映公司某一特定日期的全部资产、负债和所有者权益的情况。

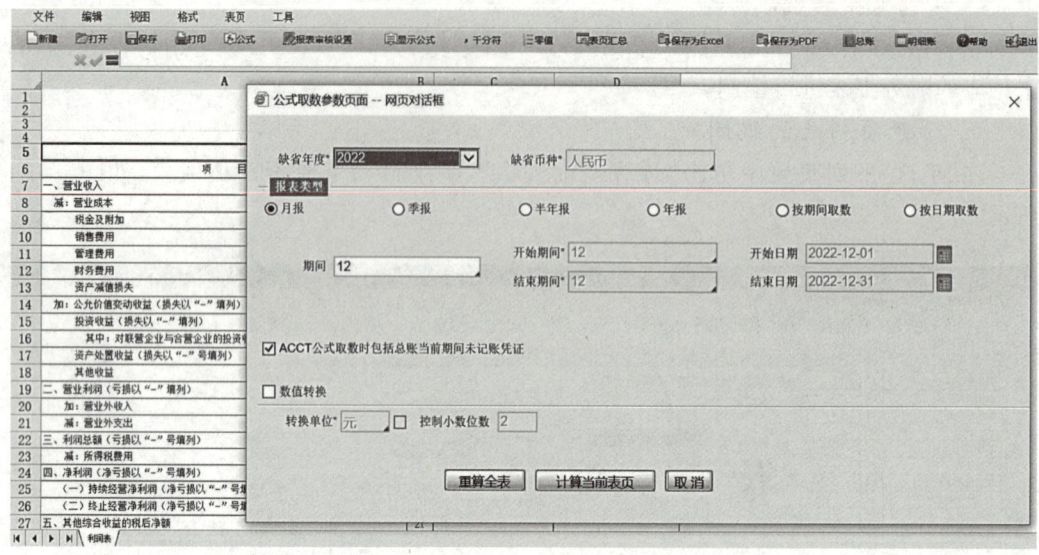

图 3-15 利润表计算

2. 审核已经生成的利润表

根据利润表的编制原理,即收入 - 费用 = 利润,审核利润表的内容是否真实反映公司一定期间的经营成果情况。

三、业务要领

1. 综合审核财务报表内容

(1) 企业基本信息审核。单位名称的审核:审核财务报表中单位名称与市场监管部门注册时登记的名称是否一致;人员的审核:审核报表中单位负责人与企业法人代表是否一致,会计负责人与企业分管会计工作的领导是否一致。

(2) 对登记金额的审核。审核财务报表中的金额是否正确,是否做到账表相符。对报表中所列的所有金额进行重新计算检验,判断会计报表是否存在漏记、重记问题,核对报表中的小计、合计和总计金额是否正确。

(3) 对会计报表整体内容的审核。审核财务报表中的项目是否齐全,没有填列齐全的需要补全。通过报表之间的平衡判断相关报表之间的数字勾稽关系是否正确,审核会计报表中的内容是否完整。审核会计报表的附注在内容和披露顺序上是否符合有关要求。

2. 审核资产负债表的业务要领

(1) 审核资产负债表的"年初余额"栏,特别是各项数字是否与上年末资产负债表"期末数"栏内所列数字一致,"年初余额"栏是否根据企业发生的会计政策变更、前期差错更正进行了相关调整。

(2) 审核资产负债表是否按照流动性正确划分流动资产和非流动资产、流动负债和非流动负债。

(3) 审核资产负债表中各项目的内容和填列方法是否正确。资产负债表的填列方法可以总结为5种,即根据总账账户的余额填列、根据明细账户的余额计算填列、根据总账余额和明细账余额计算填列、根据有关科目余额减去其备抵科目余额后的金额填列和综合运用上述填列方法分析填列。在审核这些填列方法时,需要重点关注以下几项:

① "货币资金"项目,应依据库存现金总账余额、银行存款总账余额和其他货币资金总账余额之和进行填列。

② "应付职工薪酬"项目,应依据"应付职工薪酬"账户的期末贷方余额填列。如果该账户出现借方余额,以"—"号填列。

③ "应交税费"项目,应按照税法规定计算应交纳的各种税费记入"应交税费"科目,再根据"应交税费"科目的期末贷方余额填列。企业代扣代交的个人所得税,也通过本项目列示。对于不需要预计应交数的税金,如耕地占用税、印花税等,不在本项目列示。

④ "应收账款"项目,应根据"应收账款"和"预收账款"明细科目的期末借方余额合计减去"坏账准备"中属于"应收账款"的部分填列。

⑤ "存货"项目,应根据"材料采购""原材料""在途物资""库存商品""周转材料""委托加工物资""发出商品""生产成本"等科目的期末余额合计数,减去"存货跌价准备"科目期末余额后的净额填列。

拓展训练

3. 审核利润表的业务要领

(1) 审核利润表中"上期金额"栏与上年同期利润表"本期金额"栏所列数是否一致。

(2) 审核利润表是否完整。审核利润表是否完整地反映各项收入、成本、费用交易。

任务总结

表3-8 任务总结单

项目		总结与反思	研学改进
素质提升	提升		
	不足		
知识掌握	掌握		
	不足		
能力达成	达成		
	不足		

任务评价

表3-9 任务评价表

评价指标	评价标准	分值	自评	互评	教师	所占比例
岗位技能	(1) 掌握常用会计报表的格式	40				70%
	(2) 能够编制并生成常用会计报表	30				
	(3) 能够对已生成的会计报表进行审核	30				
过程性考核	(1) 出勤与纪律	25				30%
	(2) 工作态度	25				
	(3) 自我学习与管理能力	25				
	(4) 团队合作与创新能力	25				
综合得分						

知识巩固

一、单选题(每题只有一个正确答案,请将正确答案填在括号内)

1. 下列各项中,属于费用类科目的是( )。
   A. "制造费用"　　　　　　　　　B. "主营业务成本"
   C. "生产成本"　　　　　　　　　D. "累计折旧"

2. 根据会计科目所属会计要素分类,下列各项中,至少有两个科目归属于资产要素的是( )。
   A. 应交税费,资本公积,生产成本,投资收益
   B. 应付账款,预付账款,应收股利,生产成本
   C. 本年利润,应付职工薪酬,制造费用,营业外收入
   D. 盈余公积,应付账款,主营业务收入,主营业务成本

3. "长江公司收到甲公司投入资金100万元存入银行"业务中,贷方科目应为( )。
   A. "银行存款"　　　　　　　　　B. "实收资本"
   C. "资本公积"　　　　　　　　　D. "库存现金"

4. 甲企业收到乙企业以设备投入的资本。甲企业的注册资本为100万元。该设备的原价为50万元,已计提折旧6万元,投资合同约定该设备的价值为30万元(假定是公允的),占注册资本的20%,则甲企业应作的账务处理为( )。

　　A. 借:固定资产　　　　　　　　　　　　　　　　400 000
　　　　　贷:实收资本　　　　　　　　　　　　　　　　　　400 000

　　B. 借:固定资产　　　　　　　　　　　　　　　　440 000
　　　　　贷:实收资本　　　　　　　　　　　　　　　　　　440 000

C. 借：固定资产　　　　　　　　　　　　　　　　　　　　300 000
　　　贷：实收资本　　　　　　　　　　　　　　　　　　　　200 000
　　　　　资本公积　　　　　　　　　　　　　　　　　　　　100 000
D. 借：固定资产　　　　　　　　　　　　　　　　　　　　500 000
　　　贷：累计折旧　　　　　　　　　　　　　　　　　　　　100 000
　　　　　实收资本　　　　　　　　　　　　　　　　　　　　400 000

5. 当新投资者加入有限责任公司时，其出资额大于按约定比例计算的、在注册资本中所占的份额部分，应记入（　　）科目。
　　A. "实收资本"　　　　　　　　　　B. "营业外收入"
　　C. "资本公积"　　　　　　　　　　D. "盈余公积"

6. 2022年4月1日，B公司因生产经营的临时性需要从银行取得借款40 000元，借款期限6个月，借款年利率为6%，利息按季结算，确认4月份利息费用的会计分录为（　　）。
　　A. 借：财务费用　　　　　　　　　　　　　　　　　　　　200
　　　　　贷：短期借款　　　　　　　　　　　　　　　　　　　　200
　　B. 借：管理费用　　　　　　　　　　　　　　　　　　　　200
　　　　　贷：应付利息　　　　　　　　　　　　　　　　　　　　200
　　C. 借：财务费用　　　　　　　　　　　　　　　　　　　　200
　　　　　贷：应付利息　　　　　　　　　　　　　　　　　　　　200
　　D. 借：应付利息　　　　　　　　　　　　　　　　　　　　200
　　　　　贷：银行存款　　　　　　　　　　　　　　　　　　　　200

7. 甲公司月末计算本月车间使用的机器设备等固定资产的折旧费为7 000元，下列会计分录中，正确的是（　　）。
　　A. 借：生产成本　　　　　　　　　　　　　　　　　　　　7 000
　　　　　贷：累计折旧　　　　　　　　　　　　　　　　　　　　7 000
　　B. 借：管理费用　　　　　　　　　　　　　　　　　　　　7 000
　　　　　贷：累计折旧　　　　　　　　　　　　　　　　　　　　7 000
　　C. 借：制造费用　　　　　　　　　　　　　　　　　　　　7 000
　　　　　贷：累计折旧　　　　　　　　　　　　　　　　　　　　7 000
　　D. 借：制造费用　　　　　　　　　　　　　　　　　　　　7 000
　　　　　贷：固定资产　　　　　　　　　　　　　　　　　　　　7 000

8. 结算本月应付职工工资103 000元，其中直接生产工人工资80 000元，车间管理人员工资8 000元，企业管理人员工资15 000元，以下账务处理正确的是（　　）。
　　A. 借：生产成本　　　　　　　　　　　　　　　　　　　　88 000
　　　　　管理费用　　　　　　　　　　　　　　　　　　　　15 000
　　　　　贷：应付职工薪酬　　　　　　　　　　　　　　　　　　103 000
　　B. 借：生产成本　　　　　　　　　　　　　　　　　　　　80 000
　　　　　管理费用　　　　　　　　　　　　　　　　　　　　23 000
　　　　　贷：应付职工薪酬　　　　　　　　　　　　　　　　　　103 000

C. 借：生产成本　　　　　　　　　　　　　　　　　　　　　80 000
　　　制造费用　　　　　　　　　　　　　　　　　　　　　　8 000
　　　管理费用　　　　　　　　　　　　　　　　　　　　　 15 000
　　　　贷：应付职工薪酬　　　　　　　　　　　　　　　　103 000

D. 借：制造费用　　　　　　　　　　　　　　　　　　　　 103 000
　　　　贷：应付职工薪酬　　　　　　　　　　　　　　　　103 000

9. 直接参加产品生产工人的职工薪酬应记入（　　）科目。
   A. "生产成本"　　　　　　　　　　B. "制造费用"
   C. "管理费用"　　　　　　　　　　D. "生产费用"

10. 企业为车间管理人员缴纳的失业保险费应记入（　　）科目。
    A. "管理费用"　　　　　　　　　　B. "制造费用"
    C. "销售费用"　　　　　　　　　　D. "财务费用"

11. 某生产车间生产A和B两种产品，该车间共发生制造费用60 000元，生产A产品生产工人工时为3 000小时，生产B产品生产工人工时为2 000小时。若按生产工人工时比例分配制造费用，A和B两种产品应负担的制造费用分别为（　　）。
    A. 36 000元和24 000元　　　　　B. 24 000元和36 000元
    C. 30 000元和30 000元　　　　　D. 40 000元和20 000元

12. 某企业为增值税一般纳税人，销售甲产品60件，单价1 500元，增值税税额为15 300元，款项尚未收到，应编制的会计分录为（　　）。

    A. 借：银行存款　　　　　　　　　　　　　　　　　　　　105 300
　　　　贷：主营业务收入　　　　　　　　　　　　　　　　　90 000
　　　　　　应交税费——应交增值税（销项税额）　　　　　　 15 300

    B. 借：应收账款　　　　　　　　　　　　　　　　　　　　105 300
　　　　贷：主营业务收入　　　　　　　　　　　　　　　　　90 000
　　　　　　应交税费——应交增值税（进项税额）　　　　　　 15 300

    C. 借：应收账款　　　　　　　　　　　　　　　　　　　　105 300
　　　　贷：主营业务收入　　　　　　　　　　　　　　　　　105 300

    D. 借：应收账款　　　　　　　　　　　　　　　　　　　　105 300
　　　　贷：主营业务收入　　　　　　　　　　　　　　　　　90 000
　　　　　　应交税费——应交增值税（销项税额）　　　　　　 15 300

13. 某增值税一般纳税人企业因拜访客户需要，特从4S店购入Benz V260商务车一辆。下列财税处理中，错误的是（　　）。
    A. 取得机动车销售统一发票的，其进项税额可以按规定抵扣
    B. 该车辆属于车辆购置税的征税范围
    C. 购入的车辆应借记"固定资产"科目
    D. 购入车辆涉及的印花税记入"税金及附加"科目

14. 假定企业不存在暂时性差异，则企业计提预缴企业所得税时应借记的会计科目是（　　）。

A. "所得税费用"

B. "应交税费——应交企业所得税"

C. "递延所得税资产"

D. "递延所得税负债"

15. 下列交易中,影响现金流量表中"购买商品、接受劳务支付的现金"项目的是(　　)。

A. 购买材料支付货款和增值税

B. 支付工程部门人员薪酬

C. 支付管理部门水电费

D. 用银行存款购买3个月到期的债券投资

16. 企业因生产经营需要而向个人所借款项,应贷记的会计科目是(　　)。

A. "银行存款"　　　　　　　　　　B. "应付账款"

C. "预收账款"　　　　　　　　　　D. "其他应付款"

17. 增值税一般纳税人企业支付的税控设备技术维护费,按规定抵减增值税应纳税额的,应记入的会计科目是(　　)。

A. "应交税费——应交增值税(减免税款)"

B. "应交税费——应交增值税(进项税额)"

C. "应交税费——应交增值税"

D. "应交税费——应交增值税(销项税额)"

18. 年度终了,"本年利润"科目结转后,该科目的余额应为(　　)。

A. 全年实现的利润总额　　　　　　B. 全年实现的净利润总额

C. 全年发生的亏损总额　　　　　　D. 零

19. 下列关于资产负债表的格式的说法中,不正确的是(　　)。

A. 资产负债表主要有账户式和报告式

B. 我国的资产负债表采用报告式

C. 账户式资产负债表分为左、右两方,左方为资产,右方为负债和所有者权益

D. 负债和所有者权益按照求偿权的先后顺序排列

20. 甲公司2022年年初未分配利润为100万元,本年净利润为500万元,公司股东大会决议,按净利润的10%提取法定盈余公积,按净利润的5%提取任意盈余公积,并宣告分派现金股利80万元。甲公司根据股东大会决议提取法定盈余公积时,正确的会计分录是(　　)。

A. 借:利润分配——提取法定盈余公积　　　　　　600 000
　　贷:盈余公积——法定盈余公积　　　　　　　　　　600 000

B. 借:利润分配——法定盈余公积　　　　　　　　600 000
　　贷:盈余公积——提取法定盈余公积　　　　　　　　600 000

C. 借:利润分配——提取法定盈余公积　　　　　　500 000
　　贷:盈余公积——法定盈余公积　　　　　　　　　　500 000

D. 借:利润分配——法定盈余公积　　　　　　　　500 000
　　贷:盈余公积——提取法定盈余公积　　　　　　　　500 000

二、多选题（每题有两个或两个以上正确答案，请将正确答案填在括号内）

1. 下列项目中，应当计入企业外购存货采购成本的有（　　）。
   A. 购买价款　　　　　　　　　　　　B. 加工成本
   C. 进口关税　　　　　　　　　　　　D. 运输费用

2. 下列原始凭证中，可作为一般纳税企业抵扣进项税额的有（　　）。
   A. 增值税专用发票上注明的增值税税额
   B. 进口货物已交纳增值税的完税凭证
   C. 收购免税农产品的专用收购凭证
   D. 可以作为扣税依据的运输结算单据

3. 下列各项中，属于企业资产类科目的有（　　）。
   A. "累计折旧"　　　　　　　　　　　B. "固定资产"
   C. "利润分配"　　　　　　　　　　　D. "在建工程"

4. 期末终了，下列各项中，科目的余额应转入"本年利润"科目的有（　　）。
   A. "资产减值损失"　　　　　　　　　B. "财务费用"
   C. "制造费用"　　　　　　　　　　　D. "投资收益"

5. 企业购入价值3 000元的固定资产，误记入"管理费用"科目，其结果会导致当期（　　）。
   A. 费用多计3 000元　　　　　　　　B. 资产多计3 000元
   C. 利润总额多计3 000元　　　　　　D. 利润总额少计3 000元

6. 某企业2022年营业利润3 200万元，营业外收入500万元，营业外支出100万元，净利润3 100万元。下列关于该企业2011年度有关指标的表述中，正确的有（　　）。
   A. 利润总额3 600万元　　　　　　　B. 利润总额3 700万元
   C. 所得税费用500万元　　　　　　　D. 所得税费用900万元

7. 下列应该包括在资产负债表存货项目的有（　　）。
   A. 工程物资　　　　　　　　　　　　B. 在途物资
   C. 委托代销商品　　　　　　　　　　D. 周转材料

8. 我国企业利润表采用多步式，其分步计算的指标有（　　）。
   A. 营业收入　　　　　　　　　　　　B. 营业利润
   C. 利润总额　　　　　　　　　　　　D. 净利润

9. 下列等式中，正确的有（　　）。
   A. 营业利润＝营业收入－营业成本－税金及附加－期间费用－资产减值损失＋公允价值变动收益（－公允价值变动损失）＋投资收益（－投资损失）
   B. 期间费用＝管理费用＋销售费用＋财务费用
   C. 利润总额＝营业利润＋营业外收入－营业外支出
   D. 净利润＝利润总额－所得税费用

10. 资产负债表中的"货币资金"项目，应根据（　　）科目期末余额的合计数填列。
    A. "备用金"　　　　　　　　　　　　B. "其他货币资金"
    C. "银行存款"　　　　　　　　　　　D. "库存现金"

三、判断题（正确的在括号内打"√"，错误的打"×"）

1. 主营业务成本按主营业务的种类进行明细核算，期末将主营业务成本转入本年利润科目，结转后本科目无余额。（　　）

2. "生产成本"科目，借方登记本期应计入产品成本的各项费用，贷方登记完工入库产品的生产成本，期末如果有余额在借方，表示尚未完工产品的成本。（　　）

3. 企业计提生产用的固定资产折旧应借记"生产成本"科目，贷记"累计折旧"科目。（　　）

4. "在途物资"科目的期末余额，表示货款尚未支付且尚未验收入库材料的实际成本。（　　）

5. 企业售出的商品由于质量、品种不符合要求等原因而发生退货时，应在发生时冲减当期销售收入，同时冲减当期销售成本。（　　）

6. 年度终了，只有在企业亏损的情况下，才应将"本年利润"科目的本年累计余额转入"利润分配——未分配利润"科目。（　　）

7. 企业应付给因解除与职工的劳动关系给予的补偿不通过"应付职工薪酬"科目核算。（　　）

8. 会计报表是根据账簿资料和原始凭证定期编制，总括地反映某一特定会计主体的财务状况、经营成果和现金流量情况的书面文件。（　　）

9. 资产负债表的"年初数"栏内各项数字，一般应根据上年末资产负债的"年末数"栏内所列数字填列。（　　）

10. 利润表的格式有单步式和多步式两种，我国采用多步式。（　　）

技能提升

鲁远公司系增值税一般纳税人，适用的增值税税率为13%。2023年6月份发生的部分经济业务如下：

① "发料凭证汇总表"显示，当月生产车间共领用甲材料134 000元，其中用于A产品生产90 000元，用于B产品生产44 000元。车间管理部门领用甲材料2 000元。公司行政管理部门领用甲材料1 000元。

② "工资结算汇总表"显示，本月应付生产工人薪酬225 000元，其中生产A产品的工人薪酬169 000元，生产B产品的工人薪酬56 000元。应付车间管理人员薪酬18 400元，应付行政管理人员薪酬29 600元。

③ 本月计提固定资产折旧6 000元（其中，生产车间用固定资产计提折旧4 000元，行政管理部门用固定资产计提折旧2 000元）。

④ 5月20日，向A公司销售商品一批，增值税专用发票上注明销售价格为200 000元，增值税税额为26 000元。提货单和增值税专用发票已交A公司，A公司已付款。

该批商品的实际成本为153 000元。6月8日，该批产品因质量问题被A公司全部退回，退回的商品已验收入库。

⑤ 将C产品15台作为福利分配给本公司行政管理人员，C产品每台生产成本为175元，市场售价为每台260元。

要求:
(1) 根据经济业务①,编制会计分录。
(2) 根据经济业务②,编制会计分录。
(3) 根据经济业务③,编制会计分录。
(4) 根据经济业务④,编制会计分录。
(5) 根据经济业务⑤,编制会计分录。

项目四

纳税申报

 学习目标

素养目标：

1. 通过练习操作各个税种的智能申报流程，培养学生严谨细致、规范操作的职业习惯，提高学生职业技能，提升职业自信。

2. 通过学习增值税、消费税、企业所得税、个人所得税、社会保险等相关法律规定，培养学生诚实守信、理性消费观念，树立依法纳税意识和风险防范意识。

3. 通过灵活应用税法的相关规定，帮助学生树立纳税筹划意识，依法维护纳税人的合法利益，提高其业务能力和职业素养。

4. 通过项目驱动小组分工，培养学生自主探究、交流协作、创新创业的意识和能力。

知识目标：

1. 掌握增值税的征税范围、应纳税额的一般计税方法和简易计税方法、纳税义务发生时间；掌握增值税纳税申报与缴纳。

2. 掌握消费税计税依据的确定方法；熟悉消费税申报与缴纳规定；掌握消费税纳税申报表的填制方法。

3. 掌握企业所得税应纳税所得额的计算、纳税调整；熟悉企业所得税月（季）度预缴、年终汇算清缴的相关规定。

4. 掌握个人所得税各项应税所得的划分、应纳税所得额的确定及应纳税额的计算；熟悉个人所得税自行申报和源泉扣缴两种申报方式。

5. 掌握印花税、城镇土地使用税、房产税的应纳税额计算；熟悉印花税、城镇土地使用税、房产税的纳税申报及税款缴纳。

6. 掌握基本养老保险、基本医疗保险、工伤保险、失业保险和生育保险的具体规定；熟悉社会保险费用的计算缴纳。

能力目标：

1. 能够判断哪些经济业务应当缴纳增值税；根据经济业务计算增值税应纳税额；根据经济业务填写增值税纳税申报资料并按规定进行纳税申报。

2. 能够判断应征收消费税的项目，并选择适用税率；根据业务资料计算消费税应纳税额；根据经济业务填写消费税纳税申报资料并按规定进行纳税申报。

3. 能够根据业务资料计算企业所得税的应纳税额；根据业务资料填写企业所得税月（季）度预缴纳税申报表、企业所得税年度纳税申报表及相关附表，并办理年终汇算清缴工作。

4. 能够根据业务资料计算个人所得税的应纳税额;根据业务资料填写个人所得税纳税申报表,办理个人所得税代(预)扣代(预)缴业务和汇算清缴工作。

5. 能够根据业务资料计算房产税、城镇土地使用税、印花税的应纳税额,填制纳税申报表并进行纳税申报。

6. 能够熟练操作社会保险申报流程,完成企业职工缴费申报。

项目概览

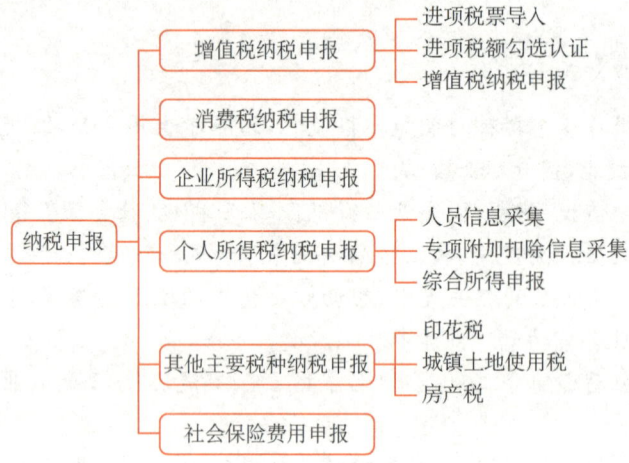

思政园地

税收优惠助推企业发展

今年以来,国家先后延续优化完善相关税费优惠政策,不断加码支持小微企业发展、激励企业加大研发投入、推动企业创新发展等多项企业所得税优惠政策。主要如下:

(一)支持小型微利企业发展

自 2023 年 1 月 1 日至 2027 年 12 月 31 日,对小型微利企业年应纳税所得额不超过 100 万元的部分,减按 25% 计入应纳税所得额,按 20% 的税率缴纳企业所得税。

自 2022 年 1 月 1 日至 2027 年 12 月 31 日,对小型微利企业年应纳税所得额超过 100 万元但不超过 300 万元的部分,减按 25% 计入应纳税所得额,按 20% 的税率缴纳企业所得税。

小型微利企业无论按查账征收方式或核定征收方式缴纳企业所得税,均可享受小型微利企业所得税优惠政策。

(二)激励企业加大研发投入

企业开展研发活动中实际发生的研发费用,未形成无形资产计入当期损益的,在按规定据实扣除的基础上,自 2023 年 1 月 1 日起,再按照实际发生额的 100% 在税前加计扣除;形成无形资产的,自 2023 年 1 月 1 日起,按照无形资产成本的 200% 在税前

摊销。

集成电路企业和工业母机企业开展研发活动中实际发生的研发费用,未形成无形资产计入当期损益的,在按规定据实扣除的基础上,在2023年1月1日至2027年12月31日期间,再按照实际发生额的120%在税前扣除;形成无形资产的,在上述期间按照无形资产成本的220%在税前摊销。

（三）引导企业加大设备、器具投资力度

企业在2024年1月1日至2027年12月31日期间新购进的设备、器具,单位价值不超过500万元的,允许一次性计入当期成本费用在计算应纳税所得额时扣除,不再分年度计算折旧。

（四）支持我国基础研究发展

为鼓励企业加大创新投入,支持我国基础研究发展,继续执行《财政部 税务总局关于企业投入基础研究税收优惠政策的公告》（2022年第32号）,对企业出资给非营利性科研机构、高等学校和政府性自然科学基金用于基础研究的支出,在计算应纳税所得额时可按实际发生额在税前扣除,并可按100%在税前加计扣除。对非营利性科研机构、高等学校接收企业、个人和其他组织机构基础研究资金收入,免征企业所得税。

任务一　增值税纳税申报

任务情境

潍坊森然公司主要从事实木地板的生产销售业务,办税员肖文倩需要填写增值税纳税申报表,完成增值税纳税申报。

任务要求

请根据潍坊森然公司2022年12月发生的经济业务,借助Aisino财税教学系统,完成该公司12月份增值税纳税申报工作。如需最新增值税及附加税费申报表,请扫描二维码下载使用。

任务准备

一、知识准备

（一）征税范围

1. 在我国境内销售货物、劳务,进口货物

销售货物是指有偿转让货物的所有权。销售劳务是指有偿提供加工、修理修配劳务。进口货物是指进入我国海关境内的货物。

1-1　增值税及附加税费申报表（一般纳税人适用）

2. 在我国境内销售服务、无形资产或者不动产

销售服务是指提供交通运输服务、邮政服务、电信服务、建筑服务、金融服务、现代服务和生活服务。

销售无形资产是指转让无形资产所有权或者使用权的业务活动,包括技术、商标、著作权、商誉、自然资源使用权和其他权益性无形资产。

销售不动产是指转让不动产所有权的业务活动。

3. 视同销售货物

(1) 将货物交付其他单位或者个人代销。

(2) 销售代销货物。

(3) 设有两个以上机构并实行统一核算的纳税人,将货物从一个机构移送其他机构用于销售,但相关机构设在同一县(市、区)的除外。

(4) 将自产、委托加工的货物用于集体福利或者个人消费。

(5) 将自产、委托加工或者购进的货物作为投资,提供给其他单位或者个体工商户。

(6) 将自产、委托加工或者购进的货物分配给股东或者投资者。

(7) 将自产、委托加工或者购进的货物无偿赠送其他单位或者个人。

4. 视同销售服务、无形资产或者不动产

(1) 单位或者个体工商户向其他单位或者个人无偿提供服务,但用于公益事业或者以社会公众为对象的除外。

(2) 单位或者个人向其他单位或者个人无偿转让无形资产或者不动产,但用于公益事业或者以社会公众为对象的除外。

(3) 财政部和国家税务总局规定的其他情形。

(二) 税率

1. 税率13%

纳税人销售货物、劳务、有形动产租赁服务或者进口货物,除另有规定外,税率为13%。

2. 税率9%

(1) 粮食等农产品、食用植物油、食用盐;自来水、暖气、冷气、热水、煤气、石油液化气、天然气、二甲醚、沼气、居民用煤炭制品;图书、报纸、杂志、音像制品、电子出版物;饲料、化肥、农药、农机、农膜;国务院规定的其他货物。

(2) 纳税人销售交通运输服务、邮政服务、基础电信服务、建筑服务、不动产租赁服务,销售不动产,转让土地使用权,税率为9%。

2018年5月1日前,执行税率为11%。2018年5月1日至2019年3月31日,执行税率为10%。2019年4月1日起,执行税率为9%。

3. 税率6%

纳税人销售现代服务(租赁服务除外)、增值电信服务、金融服务、生活服务,销售无形资产(转让土地使用权除外),税率为6%。

4. 零税率

纳税人出口货物税率为零;但是,国务院另有规定的除外。

境内单位和个人跨境销售国务院规定范围内的服务、无形资产,税率为零。

5．征收率 3%

采用简易计税方法的纳税人,征收率为 3%。

(三) 应纳税额计算

1．一般计税方法

一般纳税人采用一般计税方法计税时,按照下列公式计算应纳税额:

$$应纳税额 = 当期销项税额 - 当期进项税额$$

2．简易计税方法

小规模纳税人采用简易计税方法,不得抵扣进项税额。其应纳税额计算公式如下:

$$应纳税额 = 销售额 \times 征收率$$

(四) 纳税义务发生时间

(1) 纳税人销售货物、劳务、服务、无形资产或不动产,其纳税义务发生时间为收讫销售款或者取得索取销售款凭据的当天;先开具发票的,为开具发票的当天。

(2) 采取直接收款方式销售货物,不论货物是否发出,均为收到销售款或者取得索取销售款凭据的当天。

(3) 采取托收承付和委托银行收款方式销售货物,为发出货物并办妥托收手续的当天。

(4) 采取预收货款方式销售货物,为货物发出的当天,但销售生产工期超过 12 个月的大型机械设备、船舶、飞机等货物,为收到预收款或者书面合同约定的收款日期的当天。

(5) 委托其他纳税人代销货物,为收到代销单位的代销清单或者收到全部或部分货款的当天。未收到代销清单及货款的,为发出代销货物满 180 天的当天。

(6) 采取赊销和分期收款方式销售货物,为书面合同约定的收款日期的当天,无书面合同的或者书面合同没有约定收款日期的,为货物发出的当天。

(7) 纳税人提供租赁服务采取预收款方式的,其纳税义务发生时间为收到预收款的当天。

(8) 纳税人从事金融商品转让的,为金融商品所有权转移的当天。

(9) 纳税人发生视同销售情形的,其纳税义务发生时间为货物移送的当天,服务、无形资产转让完成的当天或者不动产权属变更的当天。

(10) 增值税扣缴义务发生时间为纳税人增值税纳税义务发生的当天。

(11) 纳税人进口货物,其纳税义务发生时间为报关进口的当天。

(五) 纳税期限

增值税的纳税期限分别为 1 日、3 日、5 日、10 日、15 日、1 个月或者 1 个季度。纳税人的具体纳税期限,由主管税务机关根据纳税人应纳税额的大小分别核定;不能按照固定期限纳税的,可以按次纳税。以 1 个季度为纳税期限的规定适用于小规模纳税人、银行、财务公司、信托投资公司、信用社,以及财政部和国家税务总局规定的其他纳税人。

纳税人以 1 个月或者 1 个季度为一个纳税期的,自期满之日起 15 日内申报纳税;以

1日、3日、5日、10日或者15日为一个纳税期的,自期满之日起5日内预缴税款,于次月1日起15日内申报纳税并结清上月应纳税款。

扣缴义务人解缴税款的期限,按照前两款规定执行。

纳税人进口货物,应当自海关填发进口增值税专用缴款书之日起15日内缴纳税款。

(六) 纳税地点

(1) 固定业户应当向其机构所在地的主管税务机关申报纳税。总机构和分支机构不在同一县(市、区)的,应当分别向各自所在地的主管税务机关申报纳税;经国务院财政、税务主管部门或者其授权的财政、税务机关批准,可以由总机构汇总向总机构所在地的主管税务机关申报纳税。

(2) 固定业户到外县(市、区)销售货物或者劳务,应当向其机构所在地的主管税务机关报告外出经营事项,并向其机构所在地的主管税务机关申报纳税;未报告的,应当向销售地或者劳务发生地的主管税务机关申报纳税;未向销售地或者劳务发生地的主管税务机关申报纳税的,由其机构所在地的主管税务机关补征税款。

(3) 非固定业户应当向销售地、劳务发生地或者应税行为发生地的主管税务机关申报纳税;未向销售地、劳务发生地或者应税行为发生地的主管税务机关申报纳税的,由其机构所在地或者居住地主管税务机关补征税款。

(4) 其他个人提供建筑服务,销售或者租赁不动产,转让自然资源使用权,应向建筑服务发生地、不动产所在地、自然资源所在地主管税务机关申报纳税。

(5) 进口货物,应当向报关地海关申报纳税。

(6) 扣缴义务人应当向其机构所在地或者居住地税务机关申报缴纳扣缴的税款。

二、操作准备

(1) 潍坊森然公司资产负债表、利润表。

(2) 增值税及附加税费申报表(一般纳税人适用)。

(3) 增值税及附加税费申报表附列资料(一)(本期销售情况明细)。

(4) 增值税及附加税费申报表附列资料(二)(本期进项税额明细)。

(5) 增值税及附加税费申报表附列资料(三)(服务、不动产和无形资产扣除项目明细)。

(6) 增值税及附加税费申报表附列资料(四)(税额抵减情况表)。

(7) 增值税减免税申报明细表。

(8) 增值税及附加税费申报表附列资料(五)(附加税费情况表)。

任务实施

一、业务流程

一般纳税人增值税纳税申报业务处理流程如图4-1所示。

项目四 纳税申报

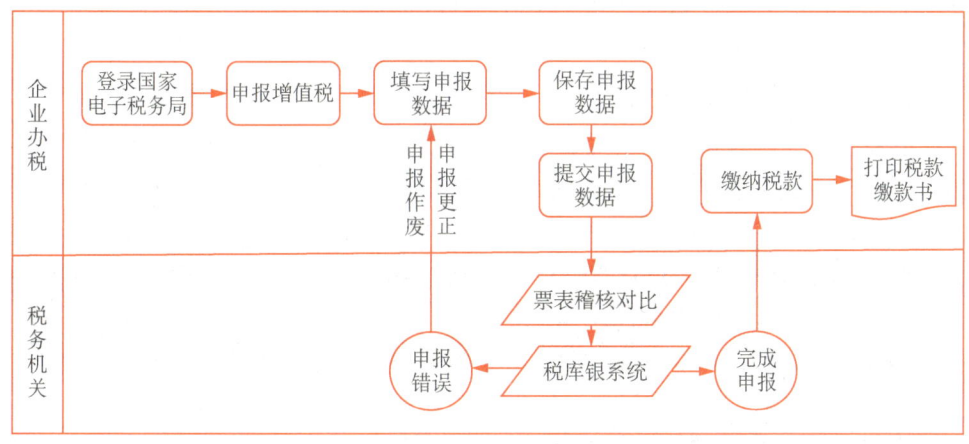

图 4-1 一般纳税人增值税纳税申报业务处理流程

二、业务操作

（一）增值税专用发票进项税票导入

第一步：登录增值税发票管理系统。打开谷歌浏览器，输入教学网址，在登录页面选择"增值税发票管理系统 2.0"，输入用户名和密码，登录界面如图 4-2 所示。

操作录屏 26：进项税票导入

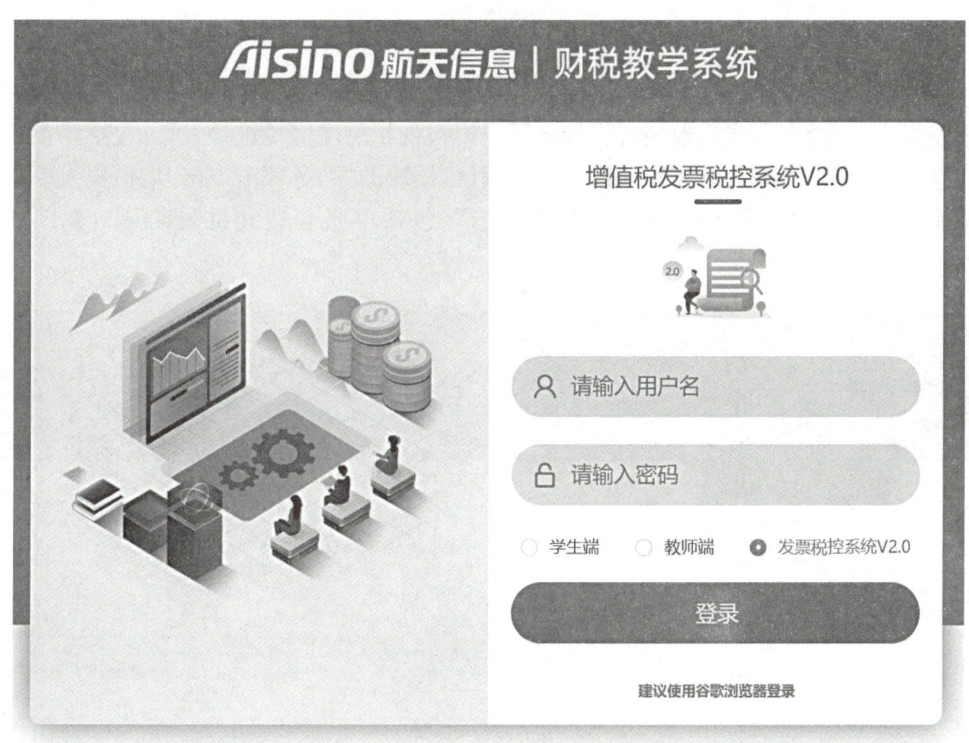

图 4-2 增值税发票管理系统登录界面

第二步：导入准予抵扣的增值税发票。单击左侧菜单栏"电子底账库"子菜单中的"发

1-2 发票导入模板资料

票档案查询",点击右侧工作界面中的"导入",请扫描二维码下载发票导入模板资料。

> **提示**
> (1) 模拟销售方开票,通过增值税发票管理系统导入发票,同步到增值税发票综合服务平台,便于增值税进项发票勾选认证。模拟发票导入,在实务工作中是不存在的。
> (2) 导入模板之前填写模板,注意:购方名称、企业税号用自己生成的。
> (3) 发票号码不能重复,如果重复需要更换号码。
> (4) 模板中数量栏必须补全;税率栏不带百分号;注意填写说明的注意事项。

(二)增值税进项税额勾选认证

增值税进项税额勾选认证流程如图4-3所示。

操作录屏27:增值税进项税额勾选认证

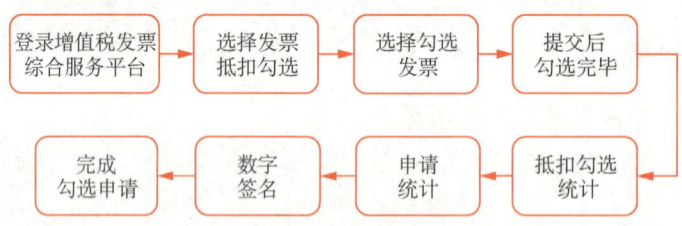

图4-3 增值税进项税额勾选认证流程

第一步:发票抵扣勾选。本步骤主要是按照税款所属期查询、发票勾选(支持同时勾选多份发票)的操作方式实现纳税人勾选用于申报抵扣的增值税进项发票(包括增值税专用发票、机动车销售统一发票)。进入"工业园区"模块的"财务部",点击"增值税发票综合服务平台",用企业税号登录,点击"抵扣勾选"(包括单张勾选和批量勾选),如图4-4所示。

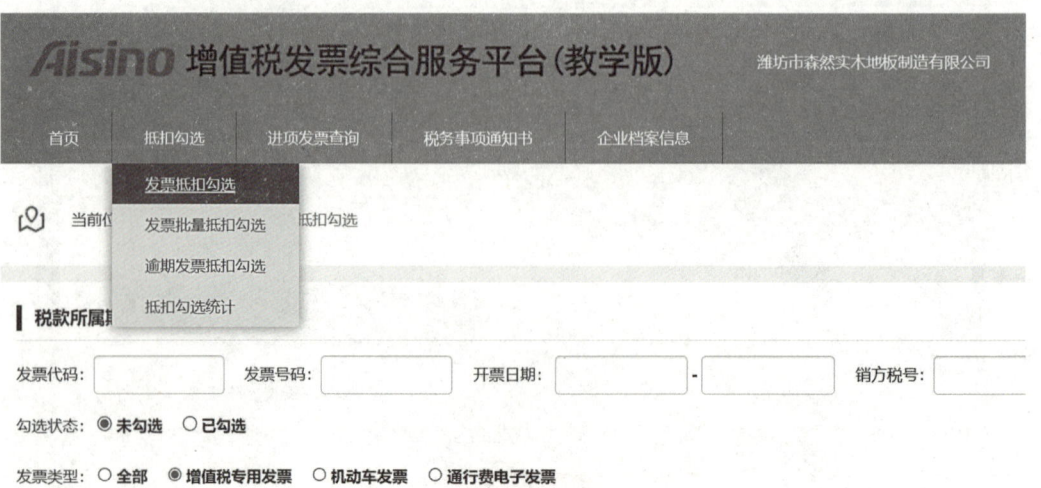

图4-4 发票抵扣勾选界面

第二步：抵扣勾选统计。选择"抵扣勾选"下面的"抵扣勾选统计"，点击"申请统计（可撤销）—统计查询—确认签名（不可撤销）"，在弹出页面输入密码"123456"，完成发票勾选认证，如图 4-5 所示。

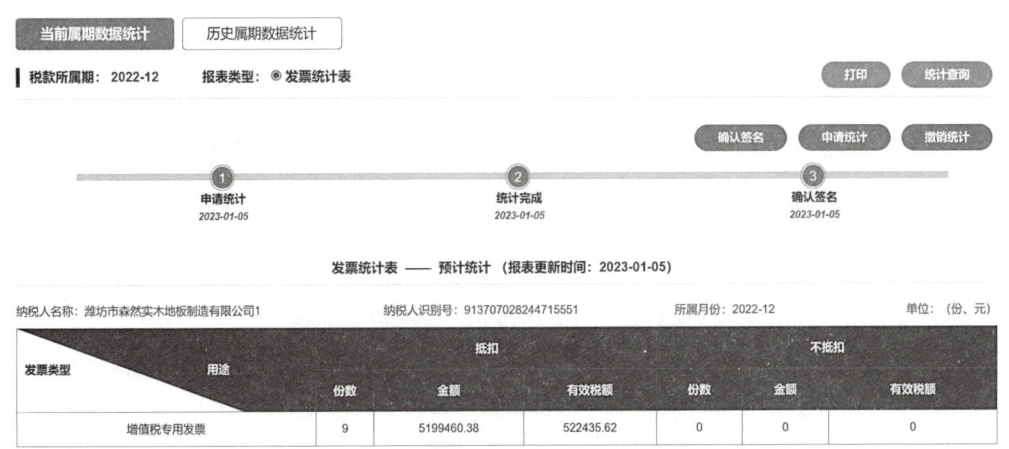

图 4-5　发票抵扣勾选统计

（三）增值税纳税申报

第一步：进入增值税纳税申报表界面。进入"工业园区"模块的"财务部"，点击"国家税务总局电子税务局"，用自己成立企业的社会统一信用代码（密码：123456）登录，点击左侧常用功能"税费缴纳（含申报及更正）"，在"日常申报"界面中找到"增值税一般纳税人月度申报"，点击"申报"，进入增值税纳税申报表界面，点击"数据初始化"，完成数据初始化，如图 4-6、图 4-7、图 4-8 所示。

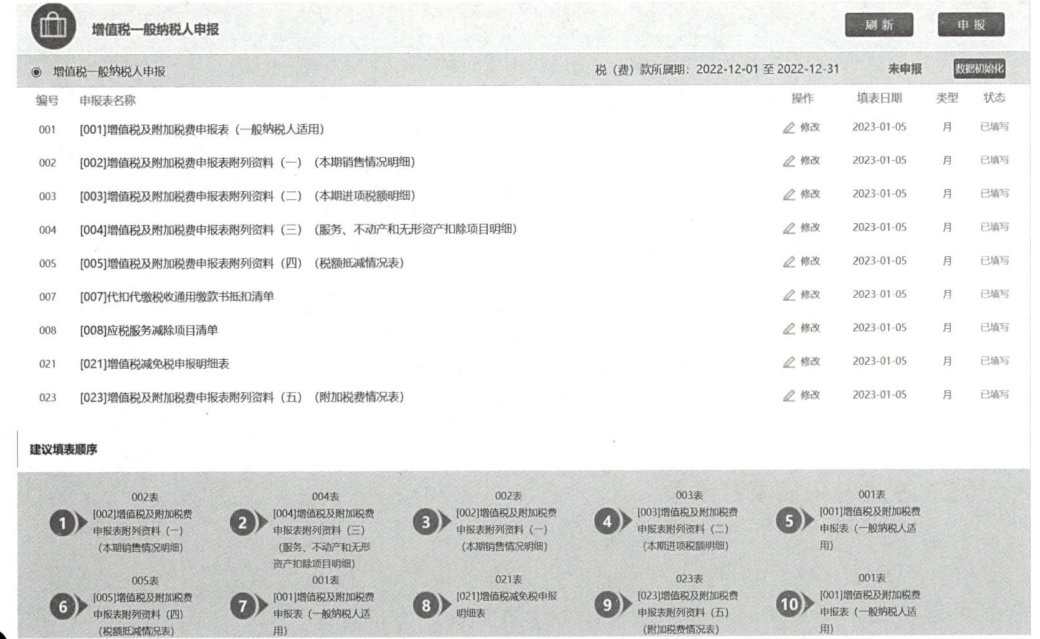

图 4-6　增值税一般纳税人申报

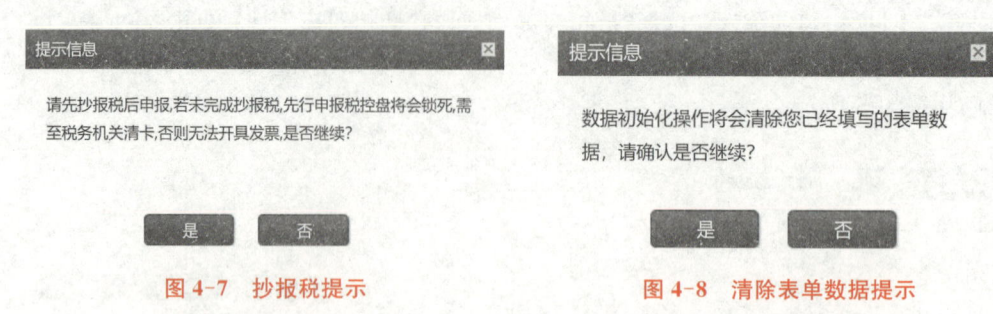

图 4-7 抄报税提示　　　　　图 4-8 清除表单数据提示

第二步：增值税纳税申报。按照页面下方的建议填表顺序，点击"修改"，填列申报表数据。每张申报表填写完成后点击"保存—申报"，系统提示本次申报所需缴纳税款金额，点击"确定"按钮，申报完成。最后在左侧菜单栏"税费缴纳"，找到待缴款的增值税一般纳税人月度申报表，点击"缴纳税款"，完成缴纳增值税税款。

 提示

如果某个申报表无填写内容，则直接单击"保存"按钮即可。

三、业务要领

（一）确定填表顺序

增值税纳税申报表的填表顺序是先填列附列资料后填主表，主表上相应的销项税额和进项税额来自附表，自动带出不可修改。具体的填表顺序如图 4-9 所示。

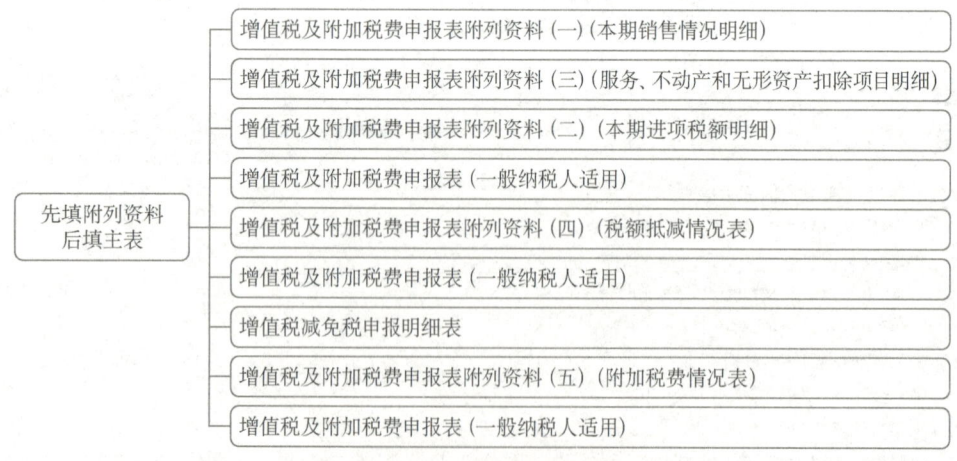

图 4-9 增值税纳税申报表填表顺序

（二）主表与附表填写要领

1. 附列资料（一）：本期销售情况明细

（1）左侧分为四个项目："一、一般计税方法计税""二、简易计税方法计税""三、免抵退税""四、免税"。需要将业务所属计税方法填写到相应位置。

(2) 有差额征税业务的营改增纳税人需要填写附表一第 12 列和附表三。

(3) 第 9 列第 1 至第 5 行之和——自动填充到主表第 1 栏。

(4) 第 16、第 17 行反映适用免抵退税政策的货物、服务、劳务、不动产和无形资产——自动填充到主表第 7 栏"免、抵、退办法出口销售额"。

(5) 第 9 列第 18、第 19 行之和——自动填充到主表第 8 栏"免税销售额"。

2. 附列资料(二):本期进项税额明细

(1) 先模拟导入进项发票,然后勾选认证相关数据,具体参见"业务操作"。

(2) 点击"数据准备区",将之前勾选的进项税直接导入。

(3) 第 8a 栏"加计扣除农产品进项税额"填写纳税人将购进的农产品用于生产销售或委托受托加工 13% 税率货物时加计扣除的农产品进项税额。该栏不填写"份数""金额"。

(4) 第 8b 栏"其他"填写按规定本期可以申报抵扣的其他扣税凭证情况,主要包括:购进国内旅客运输服务计算抵扣的进项税额、通行费发票计算抵扣的进项税额、不动产用途发生改变计算可以继续抵扣的进项税额等。

(5) 第 9 栏和第 10 栏只是统计作用,不重复计入进项。

> 提示
>
> ① 第 9 栏"(三)本期用于购建不动产的扣税凭证"包括第 1 栏中"本期用于购建不动产的增值税专用发票"和第 4 栏中"本期用于购建不动产的其他扣税凭证"。
>
> ② 第 10 栏"(四)本期用于抵扣的旅客运输服务扣税凭证"包括第 1 栏中"按规定本期允许抵扣的购进旅客运输服务取得的增值税专用发票"和第 4 栏中"按规定本期允许抵扣的购进旅客运输服务取得的其他扣税凭证"。
>
> ③ 第 9 栏"(三)本期用于购建不动产的扣税凭证"+ 第 10 栏"(四)本期用于抵扣的旅客运输服务扣税凭证"税额≤第 1 栏"认证相符的增值税专用发票"+ 第 4 栏"其他扣税凭证"税额。

(6) 附表第 12 栏税额——填充到主表第 12 栏。

(7) 附表第 13 栏税额——填充到主表第 14 栏。

(8) 填写第 2 栏的进项"金额"和"税额",数据会带出下面的第 35 栏的"金额"和"税额",并且还有"第 2 栏 + 第 26 栏 = 第 35 栏"数据校验。

3. 附列资料(三):服务、不动产和无形资产扣除项目明细

(1) 只要涉及服务、不动产和无形资产业务,填写附列资料(一)就需要填写附列资料(三)。

(2) 第 1 列"本期服务、不动产和无形资产价税合计额(免税销售额)"= 附表一的第 11 列金额。

> 提示
>
> 其中本列第 3 行和第 4 行之和等于附列资料(一)第 11 列第 5 栏,此栏要求先填附列资料(一)再填附列资料(三)。

(3) 第 5 列第 3、第 4 行之和(6%税率实际扣除额)＝附列资料(一)第 12 列第 5 行(服务、不动产和无形资产扣除项目本期实际扣除金额)。

4. 附列资料(四):(税额抵减情况表)

(1) 本表第 1 行由发生增值税税控系统专用设备费用和技术维护费的纳税人填写,反映纳税人增值税税控系统专用设备费用和技术维护费按规定抵减增值税应纳税额的情况。

> **提示**
> 只有当应纳税额大于 0 时才可以抵减,应纳税额大于专用设备和技术维护费金额时才可以全额抵减。

(2) 增值税税控系统专用设备费及技术维护费本期实际抵减税额,在主表第 23 栏"应纳税减征额"中填写。

(3) 分支机构预征、建筑服务预征、销售不动产预征、出租不动产预征的本期实际抵减税额也应在主表第 28 栏"①分次预缴税额"中填写。

(4) 税控设备抵减应纳税额,在附列资料(四)中填写,同时在《增值税减免税申报明细表》中填写。

5. 增值税减免税申报明细表

(1) 填写减免项目的时候需要注意填写好相应的减税文件。享受多项减免税政策的可以增加行次选择减免税文件。

> **提示**
> ① 支付技术维护费(财税〔2012〕15 号)需要在减免项目中新增一行填写。
> ② 技术维护费减免税额栏次内容填写与附列资料(四)第 1 行一致。

(2) "出口免税"填写增值税纳税人本期按照税法规定出口免征增值税的销售额,但不包括适用免、抵、退税办法出口的销售额。

(3) 技术转让免税(财税〔2016〕36 号)需要新增一行,选择相应文件后填写。

6. 附列资料(五):附加税费情况表

主表应纳税额有了数据,也就有了城市维护建设税和附加费用的计税依据,因此,填写附加税费情况表之前应先填写主表。

7. 主表:增值税及附加税费申报表

(1) 第 2 栏和第 3 栏:"本月数"按照销售货物和提供劳务的销售额自行填写。

(2) 第 9 栏"其中:免税货物销售额"填写纳税人本期按照税法规定免征增值税的货物销售额及适用零税率的货物销售额,但零税率的销售额中不包括适用免、抵、退税办法出口货物的销售额。

(3) 第 13 栏"上期留抵税款""本月数"按上一税款所属期申报表第 20 栏"期末留抵税额""本月数"填写。

(4) 第 14 栏"进项税额转出"根据附列资料(二)第 13 栏自行填写。

(5)第23栏"应纳税额减征额"填写纳税人本期按照税法规定减征的增值税应纳税额,包含按照规定可在增值税应纳税额中全额抵减的增值税税控系统专用设备费用以及技术维护费。

当本期减征额小于或等于第19栏"应纳税额"与第21栏"简易计税办法计算的应纳税额"之和时,按本期减征额实际填写;当本期减征额大于第19栏"应纳税额"与第21栏"简易计税办法计算的应纳税额"之和时,按本期第19栏与第21栏之和填写。本期减征额不足抵减部分结转下期继续抵减。

四、业务解析

在填写潍坊森然公司2022年12月份增值税及附加税费申报表及其附列资料时,应注意如下数据的填写。

操作录屏28:增值税纳税申报

1.[002]增值税及附加税费申报表及其附列资料(一)(本期销售情况明细)

业务(15)、业务(19)、业务(25)、业务(27)、业务(32)和业务(33)开具增值税专用发票,计税销售额合计=190 000+209 000+800 000-198 000+530 000+2 000 000=3 531 000(元),所以本表第1栏第1列填写"3 531 000.00"。

业务(24)开具增值税普通发票,计税销售额为4 400元,所以本表第1栏第3列填写"4 400.00"。

业务(28)、业务(30)和业务(31)未开具增值税发票,计税销售额合计=75 000+800 000+1 500 000=2 375 000(元),所以本表第1栏第5列填写"2 375 000.00"。

业务(21)涉及技术转让,属于免征增值税项目,免税收入为380 000元,所以本表第19栏第3列填写"380 000.00"。

2.[003]增值税及附加税费申报表及其附列资料(二)(本期进项税额明细)

第2栏"本期认证相符且本期申报抵扣"项数据,单击工具栏"数据准备区"自动获取本期已勾选发票的合计份数及合计金额、合计税额,单击"导入"后自动填写,如图4-10所示。

图4-10 自动获取已勾选发票数据

业务(5)以不动产投资入股,需要填写本表的第9栏"本期用于购建不动产的扣税凭证""金额"填写"3 800 000.00","税额"填写"342 000.00"。

业务(7)采购木材,按照农产品销售普通发票金额乘以9%的税率抵扣进项税额,并将全部材料用于生产13%税率的货物,允许加计扣除1%,所以本表第6栏"金额"填写"210 000.00","税额"填写"18 900.00",第8a栏"税额"填写"2 100.00"。

业务(26)报销差旅费中,火车票费用560元,计税价格为560÷(1+9%)=513.76(元),进项税额为513.76×9%=46.24(元)。业务(34)销售部门报销交通费中,其中机票计税价格为(7 330+300)÷(1+9%)=7 000(元),进项税额为7 000×9%=630(元),火车票计税价格为2 725÷(1+9%)=2 500(元),进项税额为2 500×9%=225(元)。本表第8b栏"其他"和第10栏"本期用于抵扣的旅客运输服务扣税凭证"中的"份数"填写"32","金额"填写"18 013.76","税额"填写"1 621.24"。

业务(35)涉及非正常损失的进项税额转出,所以本表第16栏"税额"填写"520.00"。

3. [005]增值税及附加税费申报表附列资料(四)(税额抵减情况表)

业务(11)涉及支付技术维护费280元,在填写本表之前需要把主表第19栏"应纳税额"之前的数据填好,然后再填写该表。本表第1栏第2列"本期发生额"填写"280.00",因为主表中第19列"应纳税额"大于280,所以第1栏第4列"本期实际抵减税额"填写"280.00",如图4-11所示。

增值税纳税申报表附列资料(四)
(税额抵减情况表)

一、税额抵减情况

序号	抵减项目	期初余额	本期发生额	本期应抵减税额	本期实际抵减税额	期末余额
		1	2	3=1+2	4≤3	5=3-4
1	增值税税控系统专用设备费及技术维护费	0.00	280.00	280.00	280.00	0.00
2	分支机构预征缴纳税款	0.00	0.00	0.00	0.00	0.00
3	建筑服务预征缴纳税款	0.00	0.00	0.00	0.00	0.00
4	销售不动产预征缴纳税款	0.00	0.00	0.00	0.00	0.00
5	出租不动产预征缴纳税款	0.00	0.00	0.00	0.00	0.00

二、加计抵减情况

序号	加计抵减项目	期初余额	本期发生额	本期调减额	本期可抵减额	本期实际抵减额	期末余额
		1	2	3	4=1+2-3	5	6=4-5
6	一般项目加计抵减额计算	0.00	0.00	0.00	0.00	0.00	0.00
7	即征即退项目加计抵减额计算	0.00	0.00	0.00	0.00	0	0.00
8	合计	0.00	0.00	0.00	0.00	0.00	0.00

图4-11 增值税纳税申报表附列资料(四)

4. [021]增值税减免税申报明细表

因为填写了增值税及附加税费申报表附列资料(四)(税额抵减情况表),所以需要填写本表,如图4-12所示。

增值税减免税申报明细表

一、减免项目						
减税性质代码及名称	栏次	期初余额	本期发生额	本期应抵减税额	本期实际抵减税额	期末余额
		1	2	3=1+2	4≤3	5=3-4
合计	1	0.00	280.00	280.00	280.00	0.00
☐ 0001129914|SXA031900185|购置增值税税控系统专用设备抵涌	2	0.00	280	280.00	280	0.00
增加一行　删除						

二、免税项目						
免税性质代码及名称	栏次	免征增值税项目销售额	免税销售额扣除项目本期实际扣除金额	扣除后免税销售金额	免税销售额对应的进项税额	免税额
		1	2	3=1-2	4	5
合计	1	380000.00	0.00	380000.00	0.00	0.00
出口免税	2	0.00	0.00	0.00	0.00	0.00
其中:跨境服务	3	0.00	0.00	0.00	0.00	0.00
☐ 0001021203 | SXA031900244 | 技术转让、技术开发免征增值	4	380000	0.00	380000.00	0.00	0.00
增加一行　删除						

图 4-12　增值税减免税申报明细表

5. [023]增值税及附加税费申报表附列资料(五)(附加税费情况表)

在填写本表之前需要把主表第 34 栏“本期应补(退)税额”之前的数据填好,如图 4-13 所示。

增值税及附加税费申报表附列资料(五)(附加税费情况表)

本期是否适用试点建设培育产教融合型企业抵免政策	○是　◉否	当期新增投资额	
		上期留抵可抵免金额	
		结转下期可抵免金额	
可用于扣除的增值税留抵退税额使用情况		当期新增可用于扣除的留抵退税额	
		上期结存可用于扣除的留抵退税额	
		结转下期可用于扣除的留抵退税额	
被红冲所属期起		被红冲所属期止	
本期是否适用小微企业“六税两费”减征政策	否	减征政策适用主体	
		减征政策起始时间	
		减征政策终止时间	

*税(费)种	计税(费)依据				*税率(征收率)	*本期应纳税(费)额	本期减免税(费)额		小微企业“六税两费”减征政策		试点建设培育产教融合性企业		*本期已缴税(费)额	*本期应补(退)税(费)额
	增值税税额	增值税限额减免金额	增值税免抵税额	留抵退税本期扣除额			减免性质代码	减免税(费)额	减征比例(%)	减征额	减免性质代码	本期抵免金额		
	1	2	3	4	5	6=(1+2-4+3)×5	7	8	9	10	11	12	13	14=6-8-10-12-13
城市维护建设税	223535.14	0.00	0.00	0.00	7%	15647.46	请选择	0.00		0.00	请选择	0.00	0.00	15647.46
教育费附加	223535.14	0.00	0.00	0.00	3%	6706.05	请选择	0.00		0.00	请选择	0.00	0.00	6706.05
地方教育附加	223535.14	0.00	0.00	0.00	2%	4470.70	请选择	0.00		0.00	请选择	0.00	0.00	4470.70

图 4-13　增值税及附加税费申报表附列资料(五)

6. [001]增值税及附加税费申报表(一般纳税人适用)

在填写完增值税及附加税费申报表附列资料(五)后,打开本表,看到附列资料(五)的税额已自动勾稽到主表中,检查无误后,单击“保存”按钮。返回主页面,点击“申报”,进行税费缴纳,如图 4-14 所示。

拓展训练

"1+X"证书闯关

提示信息

您本次申报的应补(退)税额为:250359.35元。

您确定要执行操作吗?

注:一元以内不征收税款。

是　　否

图 4-14　增值税及附加税费缴纳

任务总结

表 4-1　任务总结单

项目		总结与反思	研学改进
素质提升	提升		
	不足		
知识掌握	掌握		
	不足		
能力达成	达成		
	不足		

任务评价

表 4-2 任务评价表

评价指标	评价标准	分值	自评	互评	教师	所占比例
岗位技能	（1）准确填写一般纳税人增值税纳税申报表	40				70%
	（2）熟练、规范操作增值税纳税申报及税款缴纳流程	20				
	（3）完成小规模纳税人增值税纳税申报表的填报	20				
	（4）独立完成"1+X"证书闯关	20				
过程性考核	（1）出勤与纪律	25				30%
	（2）工作态度	25				
	（3）自我学习与管理能力	25				
	（4）团队合作与创新能力	25				
综合得分						

任务二　消费税纳税申报

 任务情境

潍坊森然公司 12 月 14 日收回委托青岛辉煌实业有限公司（纳税人识别号：91370211225627278Q）加工的柚木实木地板，并已被代收代缴消费税（税收缴款书号码：89413608），委托加工收回柚木实木地板库存情况如表 4-3 所示。如需最新消费税及附加税费申报表，请扫描二维码下载使用。

表 4-3 委托加工收回柚木实木地板库存情况表

税收分类编码	项目	数量（箱）	计税单价	已纳消费税（元）
10501050401	期初库存情况	50	380 元	950
	本期收回情况	1 250	380 元	23 750
	期末库存情况	100	380 元	1 900

2-1 消费税及附加税费申报表

 **任务要求**

请根据潍坊森然公司2022年12月份发生的经济业务,借助Aisino财税教学系统,帮助办税员肖文倩完成该公司12月份消费税纳税申报工作。

 **任务准备**

一、知识准备

(一)纳税义务人

在中华人民共和国境内生产、委托加工、进口应税消费品的单位和个人,以及国务院确定的销售条例规定的消费品的其他单位和个人。

"在中华人民共和国境内",是指生产、委托加工和进口属于应当缴纳消费税的消费品(简称"应税消费品")的起运地或所在地在境内。

(二)税目

目前征收消费税的有十五个税目,有的税目下设若干子税目。

1. 烟

本税目设置四个子税目:①卷烟;②雪茄烟;③烟丝;④电子烟。

2. 酒

本税目设置四个子税目:①白酒;②黄酒;③啤酒;④其他酒。

3. 高档化妆品

本税目征收范围包括高档美容、修饰类化妆品、高档护肤类化妆品和成套化妆品,不含舞台、戏剧、影视演员化妆用的上妆油、卸妆油、油彩。

高档美容、修饰类化妆品和高档护肤类化妆品是指生产(进口)环节销售(完税)价格(不含增值税)在10元/毫升(克)或15元/片(张)及以上的美容、修饰类化妆品和高档护肤类化妆品。

4. 贵重首饰及珠宝玉石

本税目征收范围包括各种金银珠宝首饰和经采掘、打磨、加工的各种珠宝玉石。金银首饰、铂金首饰、钻石及钻石饰品在零售环节征收消费税。

5. 鞭炮、焰火

本税目不含体育上用的发令纸,鞭炮药引线。

6. 成品油

本税目设置七个子税目:①汽油;②柴油;③石脑油;④溶剂油;⑤润滑油;⑥航空煤油;⑦燃料油。

对航空煤油暂缓征收消费税。

7. 小汽车

本税目设置三个子税目:①乘用车(不超过9座);②中轻型商用客车(10~23座);③超豪华小汽车。

电动汽车以及沙滩车、雪地车、卡丁车、高尔夫车等均不属于本税目征税范围,不征消费税。对于企业购进货车或厢式货车改装生产的商务车、卫星通信车等专用汽车不属于消费税的征税范围,不征消费税。超豪华小汽车为每辆零售价格 130 万元(不含增值税)及以上的乘用车和中轻型商用客车。

8. 摩托车

取消气缸容量 250 毫升(不含)以下的小排量摩托车消费税。

9. 高尔夫球及球具

本税目包括高尔夫球,高尔夫球杆,高尔夫球包(袋),高尔夫球杆的杆头、杆身和握把。

10. 高档手表

高档手表是指不含增值税售价每只在 10 000 元(含)以上的手表。

11. 游艇

本税目只包括艇身长度大于 8 米(含)小于 90 米(含),内置发动机,可以在水上移动,一般为私人或团体购置,主要用于水上运动和休闲娱乐等非牟利活动各类机动艇。

12. 木制一次性筷子

本税目包括未经打磨、倒角的木制一次性筷子。

13. 实木地板

本税目含各类规格的实木地板、实木指接地板、实木复合地板及用于装饰墙壁、天棚的侧端面为榫、槽的实木装饰板,以及未经涂饰的素板。

14. 电池

本税目包括原电池、蓄电池、燃料电池、太阳能电池和其他电池。

对无汞原电池、金属氢化物镍蓄电池、锂原电池、锂离子蓄电池、太阳能电池、燃料电池和全钒液流电池免征消费税。

15. 涂料

涂料是指涂于物体表面能形成具有保护、装饰或特殊性能的固态涂膜的一类液体或固体材料的总称。

对施工状态下挥发性有机物(VOC)含量低于 420 克/升(含)的涂料免征消费税。

(三) 税率

1. 消费税税率的形式

基本形式:比例税率、定额税率。

特殊形式:比例税率和定额税率双重征收——复合计税,如表 4-4 所示。

表 4-4　消费税税目及税率形式

税率形式	适用税目
定额税率	啤酒、黄酒、成品油
比例税率和定额税率复合计税	白酒、卷烟
比例税率	除啤酒、黄酒、成品油、白酒、卷烟以外的其他应税消费品

2. 从高适用税率的情况

(1) 纳税人兼营不同税率的应税消费品,应当分别核算不同税率应税消费品的销售额或销售数量,未分别核算的,按最高税率征税。

(2) 纳税人将不同税率的应税消费品、应税消费品和非应税消费品组成成套消费品销售的,按最高税率征税。

3. 适用税率的特殊规定

(1) 烟的适用税率如下:

第一,卷烟在生产、委托加工、进口环节存在甲类和乙类的税率差异,但在批发环节计征消费税时不区分甲类和乙类,如表4-5所示。

表4-5 甲类、乙类卷烟复合税率的换算和应用

环节	卷烟类型	比例税率	定额税率		
			每支	每标准条(200支)	每标准箱(5万支)
生产、进口、委托加工	甲类卷烟	56%	0.003元	0.6元	150元
	乙类卷烟	36%	0.003元	0.6元	150元
批发	卷烟	11%	0.003元	1.0元	250元

第二,自2022年11月1日起,电子烟实行从价定率的办法计算纳税。生产(进口)环节的税率为36%,批发环节的税率为11%。

(2) 酒的适用税率如下:

第一,白酒同时采用比例税率和定额税率。白酒的比例税率为20%,定额税率要掌握千克、吨等不同计量单位的换算,如表4-6所示。

表4-6 白酒定额税率的不同计量单位的换算

项目	标准		
计量单位	500克或500毫升	1千克(1 000克)	1吨(1 000千克)
单位税额	0.5元	1元	1 000元

第二,啤酒分为甲类和乙类,分别适用250元/吨和220元/吨的税率,如表4-7所示。

表4-7 啤酒分类标准及单位税率

啤酒的分类	分类标准	适用定额税率
甲类	每吨不含增值税出厂价(含包装物和包装物押金)在3 000元(含3 000元)以上的	250元/吨
乙类	每吨不含增值税出厂价(含包装物和包装物押金)在3 000元以下的	220元/吨

(3) 贵重首饰及珠宝玉石的适用税率,如表 4-8 所示。

表 4-8 贵重首饰及珠宝玉石税率及纳税环节

分类	税率	纳税环节
金、银和金基、银基合金首饰,以及金、银和金基、银基合金的镶嵌首饰、钻石及钻石饰品、铂金首饰	5%	零售环节
与金、银和金基、银基、钻石、铂金无关的其他首饰及珠宝玉石	10%	生产、委托加工、进口环节

(4) 小汽车的适用税率如下:

2016 年 12 月 1 日起,"小汽车"税目下增设"超豪华小汽车"子税目。对超豪华小汽车,在生产(进口)环节按现行税率征收消费税的基础上,在零售环节加征消费税。其税率如表 4-9 所示。

表 4-9 小汽车税率

小汽车		出厂环节税率	零售环节税率
每辆零售价格(不含增值税)<130 万元的小汽车	乘用车	1%~40%	不缴纳消费税
	中轻型商用客车	5%	
超豪华小汽车(每辆不含增值税零售价格≥130 万元)	乘用车	1%~40%	10%
	中轻型商用客车	5%	

(四) 应纳税额计算

1. 直接对外销售应纳消费税的计算

(1) 实行从价定率计征的计算公式如下:

$$应纳税额 = 销售额(不含增值税) \times 比例税率$$

(2) 实行从量定额计征的计算公式如下:

$$应纳税额 = 销售数量 \times 定额税率$$

(3) 实行复合计税的计算公式如下:

$$应纳税额 = 销售额(不含增值税) \times 比例税率 + 销售数量 \times 定额税率$$

2. 自产自用应纳消费税的计算

(1) 用于连续生产应税消费品的,不缴纳消费税;用于其他方面的,于移送使用时,按照纳税人生产的同类消费品的平均销售价格计算缴纳消费税;没有同类消费品销售价格的,按照组成计税价格计算缴纳消费税。

(2) 实行从价定率计征的计算公式如下:

$$组成计税价格 = 成本 \times (1 + 成本利润率) \div (1 - 消费税比例税率)$$

$$应纳消费税 = 组成计税价格 \times 消费税比例税率$$

(3) 实行复合计税的计算公式如下：

组成计税价格＝[成本×(1＋成本利润率)＋自产自用数量×消费税定额税率]÷(1－消费税比例税率)

应纳消费税＝组成计税价格×消费税比例税率＋自产自用数量×消费税定额税率

3. 委托加工环节应纳消费税的计算

(1) 按照受托方的同类消费品的销售价格计算缴纳消费税，没有同类消费品的销售价格的，按照组成计税价格计算缴纳。

(2) 实行从价定率计征的计算公式如下：

组成计税价格＝(材料成本＋加工费)÷(1－消费税比例税率)

应纳消费税＝组成计税价格×消费税比例税率

(3) 实行复合计税的计算公式如下：

组成计税价格＝(材料成本＋加工费＋委托加工数量×消费税定额税率)÷(1－消费税比例税率)

应纳消费税＝组成计税价格×消费税比例税率＋委托加工数量×消费税定额税率

4. 进口环节应纳消费税的计算

(1) 实行从价定率计征的计算公式如下：

组成计税价格＝(关税完税价格＋关税)÷(1－消费税比例税率)

应纳消费税＝组成计税价格×消费税比例税率

(2) 实行复合计税的计算公式如下：

组成计税价格＝(关税完税价格＋关税＋进口数量×消费税定额税率)÷(1－消费税比例税率)

应纳消费税＝组成计税价格×消费税比例税率＋进口数量×消费税定额税率

(五) 纳税义务发生时间

(1) 纳税人销售应税消费品的，按不同的销售结算方式，其纳税义务发生时间分别如下：①采取赊销和分期收款结算方式的，为书面合同约定的收款日期的当天，书面合同没有约定收款日期或者无书面合同的，为发出应税消费品的当天。②采取预收货款结算方式的，为发出应税消费品的当天。③采取托收承付和委托银行收款结算方式的，为发出应税消费品并办妥托收手续的当天。④采取其他结算方式的，为收讫销售款或者取得索取销售款凭据的当天。

(2) 纳税人自产自用应税消费品的，为移送使用的当天。

(3) 纳税人委托加工应税消费品的，为纳税人提货的当天。

(4) 纳税人进口应税消费品的，为报关进口的当天。

(六) 纳税期限

消费税的纳税期限分别为 1 日、3 日、5 日、10 日、15 日、1 个月或者 1 个季度。纳税人的具体纳税期限，由主管税务机关根据纳税人应纳税额的大小分别核定；不能按照固定期限纳税的，可以按次纳税。

纳税人以 1 个月或者 1 个季度为一个纳税期的，自期满之日起 15 日内申报纳税；以 1 日、3 日、5 日、10 日或者 15 日为一个纳税期的，自期满之日起 5 日内预缴税款，于次月 1 日起 15 日内申报纳税并结清上月应纳税款。

纳税人进口应税消费品的,应当自海关填发进口消费税专用缴款书之日起 15 日内缴纳税款。

(七) 纳税地点

(1) 纳税人销售的应税消费品,以及自产自用的应税消费品,除国家另有规定外,应当向纳税人机构所在地或者居住地的主管税务机关申报纳税。

(2) 委托加工的应税消费品,除受托方为个人外,由受托方向机构所在地或者居住地的主管税务机关解缴税款。

(3) 委托个人加工的应税消费品,由委托方向其机构所在地或者居住地的主管税务机关申报纳税。

(4) 纳税人的总机构和分支机构不在同一县(市)的,除另有规定外,应当分别向各自机构所在地的主管税务机关申报纳税;经财政部、国家税务总局或者其授权的财政、税务机关批准,可以由总机构汇总向总机构所在地主管税务机关申报纳税。

(5) 纳税人到外县(市)销售或者委托外县(市)代销自产应税消费品的,于应税消费品销售后,向机构所在地或者居住地主管税务机关申报纳税。

(6) 进口应税消费品的,由进口人或者其代理人向报关地海关申报纳税。

二、操作准备

(1) 本期减(免)税额明细表。
(2) 本期委托加工收回情况报告表。
(3) 本期准予扣除税额计算表。
(4) 消费税及附加税费申报表。
(5) 消费税附加税费计算表。

任务实施

一、业务流程

消费税纳税申报业务流程如图 4-15 所示。

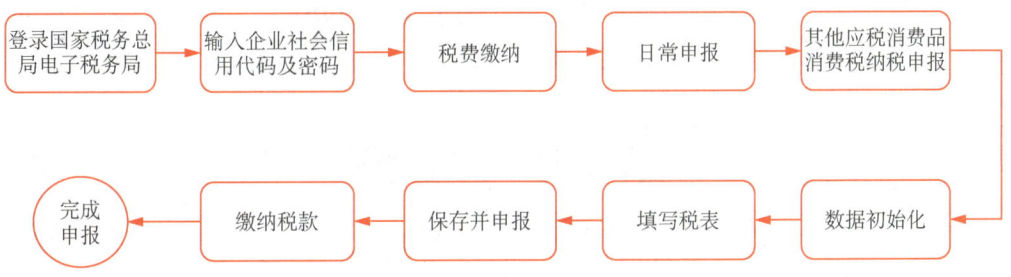

图 4-15 消费税纳税申报业务流程

二、业务操作

第一步:进入国家税务总局电子税务局,选择"税费缴纳—日常申报—其他应税消费品消费税纳税申报—申报",如图4-16所示。

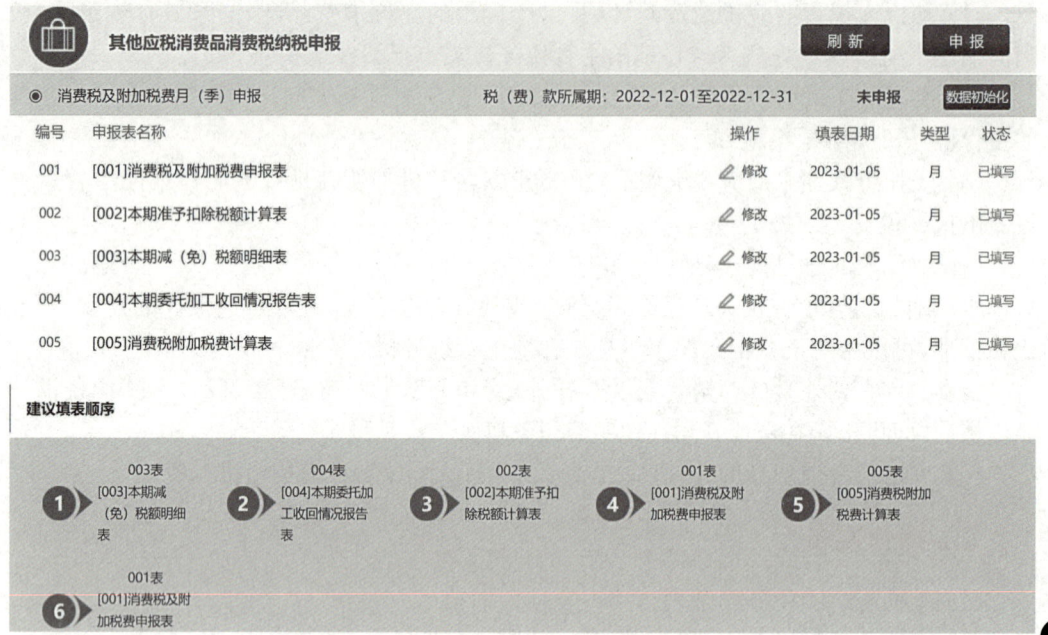

图4-16 其他应税消费品消费税纳税申报

 提示

填表时根据页面下方的"建议填表顺序"进行。

第二步:点击"数据初始化",按提示完成申报表初始化操作,如图4-17所示。

图4-17 清除表单数据提示

第三步:按照页面下方的建议填表顺序,点击"修改",填列申报表数据。每张申报表填写完成后单击"保存"按钮。

提示

如果某个申报表无填写内容,则直接单击"保存"按钮即可。

第四步:所有申报信息填写完毕后,点击"申报",系统提示本次申报所需缴纳税款金额,单击"确定"按钮后申报完成。在左侧菜单栏"税费缴纳",找到待缴款的其他类消费税申报表,点击"缴纳税款",完成缴纳消费税税款。

三、业务要领

(一)确定填表顺序

消费税纳税申报表填表顺序,如图 4-18 所示。

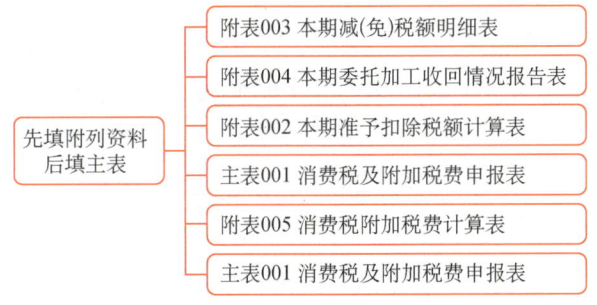

图 4-18 消费税纳税申报表填表顺序

提示

填表之前需先进行初始化操作。

(二)主表与附表填写要领

1.[003]本期减(免)税额明细表

(1)本表由符合消费税减免税政策规定的纳税人填报。本表不含暂缓征收的项目。未发生减(免)消费税业务的纳税人和受托方不填报本表。

(2)本表第8栏"减(免)税额"栏填写本期按适用税率计算的减征、免征消费税税额。同一税款所属期内同一应税消费品适用多档税率的,应分别按照适用税率计算减(免)税额。

(3)本表第8栏"减(免)税额"的"合计"栏填写本期减征、免征消费税税额的合计数。该栏数值应与当期主表"本期减(免)税额"栏数值一致。

(4)本表"出口免税"栏填写纳税人本期按照税法规定的出口免征消费税的销售额、销售数量,不填写减(免)性质代码。

2.[004]本期委托加工收回情况报告表

(1)本表由委托方填写,第一部分填报委托加工收回的应税消费品在委托加工环节由受托方代收代缴税款情况;第二部分填报委托加工收回应税消费品领用存情况。

(2) 本表第一部分第1栏"应税消费品名称"、第5栏"定额税率"和第6栏"比例税率"的填写同主表。

(3) 本表第一部分第4栏"委托加工收回应税消费品计税价格"填写委托加工收回的应税消费品在委托加工环节,由受托方代收代缴消费税时的计税价格。

(4) 本表第一部分第7栏"受托方已代收代缴的税款"填写受托方代收代缴的税款,其计算公式如下:

实行从量定额计税:

$$受托方已代收代缴的税款 = 委托加工收回应税消费品数量 \times 定额税率$$

实行从价定率计税:

$$受托方已代收代缴的税款 = 委托加工收回应税消费品计税价格 \times 比例税率$$

实行复合计税:

$$受托方已代收代缴的税款 = 委托加工收回应税消费品数量 \times 定额税率 \\ + 委托加工收回应税消费品计税价格 \times 比例税率$$

(5) 本表第一部分第8栏"受托方(扣缴义务人)名称"、第9栏"受托方(扣缴义务人)识别号":填写受托方信息。

(6) 本表第二部分第1栏"应税消费品名称"的填写同主表。

(7) 本表第二部分第4栏"本期委托加工收回入库数量"填写委托加工收回应税消费品数量,与本表第一部分第3栏"委托加工收回应税消费品数量"数值相等。

(8) 本表第二部分第7栏"本期结存数量"填写期末留存的委托加工收回应税消费品库存数量,其计算公式如下:

$$本期结存数量 = 上期库存数量 + 本期委托加工收回入库数量 - 本期委托加工收回直接销售数量 \\ - 本期委托加工收回用于连续生产数量$$

3. [002]本期准予扣除税额计算表

(1) 本表由外购(含进口)或委托加工收回应税消费品用于连续生产应税消费品、委托加工收回的应税消费品以高于受托方计税价格出售的纳税人(成品油消费税纳税人除外)填写。

(2) 本表"应税消费品名称""适用税率""计量单位"栏的填写同主表。

(3) 本表第1栏"期初库存委托加工应税消费品已纳税款"填写上期本表第3栏数值。

(4) 本表第5栏"本期准予扣除委托加工应税消费品已纳税款"填写按税法规定本期委托加工收回应税消费品中符合扣除条件准予扣除的消费税已纳税额,其计算公式如下:

$$本期准予扣除委托加工应税消费品已纳税款 \\ = 期初库存委托加工应税消费品已纳税款 + 本期收回委托加工应税消费品已纳税款 \\ - 期末库存委托加工应税消费品已纳税款 - 本期领用不准予扣除委托加工应税消费品已纳税款$$

(5) 本表第 6 栏"期初库存外购应税消费品买价"：填写本表上期第 8 栏"期末库存外购应税消费品买价"的数值。

(6) 本表第 11 栏"本期准予扣除外购应税消费品已纳税款"，其计算公式如下：

本期准予扣除的外购应税消费品已纳税款（从价计税）
= （期初库存外购应税消费品买价 + 本期购进应税消费品买价 - 期末库存外购应税消费品买价 - 本期领用不准予扣除外购应税消费品买价）× 适用税率

(7) 本表第 18 栏"本期准予扣除的外购应税消费品已纳税款"，其计算公式如下：

本期准予扣除的外购应税消费品已纳税款（从量计税）
= （期初库存外购应税消费品数量 + 本期购进应税消费品数量 - 期末库存外购应税消费品数量 - 本期领用不准予扣除外购应税消费品数量）× 适用税率

(8) 本表第 19 栏"本期准予扣除税款合计"，其计算公式如下：

本期准予扣除税款合计
= 本期准予扣除委托加工应税消费品已纳税款 + 本期准予扣除外购应税消费品已纳税款（从价计税）+ 本期准予扣除的外购应税消费品已纳税款（从量计税）

4．[005]消费税附加税费计算表

> **提示**
> 填写本表之前应先填写[001]主表并保存，生成的数据作为城市维护建设税和附加费用的计税依据。

(1) 本表第 1 栏"消费税税额"填写主表"本期应补（退）税额"栏数值。

(2) 本表第 3 栏"本期应纳税（费）额"填写本期按适用的税（费）率（征收率）计算缴纳的应纳税（费）额。其计算公式如下：

本期应纳税（费）额 = 消费税税额 × 税（费）率（征收率）

(3) 本表第 4 栏"减免性质代码"按《减免税政策代码目录》中附加税费适用的减免性质代码填写，增值税小规模纳税人、小型微利企业和个体工商户"六税两费"减征政策优惠不在此栏填写。有减免税（费）情况的必填。

(4) 本表第 5 栏"减免税（费）额"填写本期减免的税（费）额。

(5) 本表第 7 栏"减征额"，其计算公式如下：

减征额 = （本期应纳税（费）额 - 减免税（费）额）× 减征比例

(6) 本表第 9 栏"本期应补（退）税（费）额"，其计算公式如下：

本期应补（退）税（费）额 = 本期应纳税（费）额 - 减免税（费）额 - 减征额 - 本期已缴税（费）额

5．[001]消费税及附加税费申报表

(1) 本表第 5 栏"本期销售额"填写税法规定的本期应当申报缴纳消费税的应税消费品销售额（不含出口免税销售额）。

(2) 本表第 6 栏"本期应纳税额",其计算公式如下:

实行从价定率办法计算的应纳税额 = 销售额 × 比例税率

实行从量定额办法计算的应纳税额 = 销售数量 × 定额税率

实行复合计税办法计算的应纳税额 = 销售额 × 比例税率 + 销售数量 × 定额税率

暂缓征收的应税消费品,不计算应纳税额。

(3) 本表第 8 栏"期初留抵税额"填写上期申报表第 12 栏"期末留抵税额"数值。

(4) 本表第 10 栏"本期应扣除税额"填写纳税人本期应扣除的消费税税额,其计算公式如下:

本期应扣除税额 = 期初留抵税额 + 本期准予扣除税额

(5) 本表第 11 栏"本期实际扣除税额"填写纳税人本期实际扣除的消费税税额,其计算公式如下:

当本期应纳税额合计 − 本期减(免)税额 ≥ 本期应扣除税额时:

本期实际扣除税额 = 本期应扣除税额

当本期应纳税额合计 − 本期减(免)税额 < 本期应扣除税额时:

本期实际扣除税额 = 本期应纳税额合计 − 本期减(免)税额

(6) 本表第 12 栏"期末留抵税额",其计算公式如下:

期末留抵税额 = 本期应扣除税额 − 本期实际扣除税额

(7) 本表第 14 栏"本期应补(退)税额"填写纳税人本期应纳税额中应补缴或应退回的数额,其计算公式如下:

本期应补(退)税额 = 本期应纳税额合计 − 本期减(免)税额 − 本期实际扣除税额 − 本期预缴税额

四、业务解析

操作录屏 29:
消费税纳税
申报

在填写潍坊森然公司 2022 年 12 月份消费税及附加税费申报表及其附列资料时,应注意如下数据的填写。

1. [004]本期委托加工收回情况报告表

(1) 委托加工收回应税消费品代收代缴税款情况中,单击"增加一行","应税消费品名称"选择"实木地板",本期委托加工收回 1 250 箱柚木实木地板,同类商品不含税售价为每箱 380 元,计税价格合计为 475 000 元,所以第 4 列"委托加工收回应税消费品计税价格"填写"475 000"。

(2) 委托加工收回应税消费品领用存情况中,单击"增加一行","应税消费品名称"选择"实木地板","上期库存数量"填写"50","本期委托加工收回入库数量"填写"1 250","本期委托加工收回直接销售数量"填写"1 200",如图 4-19 所示。

本期委托加工收回情况报告表

一、委托加工收回应税消费品代收代缴税款情况

选择	应税消费品名称	商品和服务税收分类编码	委托加工收回应税消费品数量	委托加工收回应税消费品计税价格	适用税率		受托方已代收代缴的税款	受托方(扣缴义务人)名称	受托方(扣缴义务人)识别号	税款缴款书(代扣代收专用)号码	税收缴款书(代扣代收专用)开具日期
					定额税率	比例税率					
		1	2	3	4	5	6	7=3×5+4×6	8	9	10	11
1☐	实木地板	10501050401	--	475000	--	5%	23750.00	青岛辉煌实业有	91370211225627	89413608	2022-12-14

[增加一行] [删除]

二、委托加工收回应税消费品领用存情况

选择	应税消费品名称	商品和服务税收分类编码	上期库存数量	本期委托加工收回入库数量	本期委托加工收回直接销售数量	本期委托加工收回用于连续生产数量	本期结存数量
	1	2	3	4	5	6	7=3+4-5-6
1☐	实木地板	10501050401	50	1250	1200	0	100

[增加一行] [删除]

图 4-19 本期委托加工收回情况报告表

2. [005]消费税附加税费计算表

在填写本表之前需要把主表第 14 栏"本期应补(退)税额"之前的数据填好,如图 4-20 所示。

消费税附加税费计算表

本期是否适用小微企业"六税两费"减征政策	否	减征政策适用主体	
		适用减征政策起止时间	起 止
计税(费)依据修改原因	--请选择--	其他修改原因	
被红冲所属期起		被红冲所属期止	

税(费)种	计税(费)依据 消费税税额	税(费)率(征收率)(%)	本期应纳税(费)额	本期减免税(费)额		本期是否适用"六税两费"减征政策			本期已缴税(费)额	本期应补(退)税(费)额
				减免性质代码	减免税(费)额	小规模减征减免性质	减征比例(%)	减征额		
	1	2	3=1×2	4	5		7	8=(3-5)×7	9	10=3-5-8-9
城市维护建设税	259820.00	7%	18187.40	请选择	0.00		0	0.00	0.00	18187.40
教育费附加	259820.00	3%	7794.60	请选择	0.00		0	0.00	0.00	7794.60
地方教育附加	259820.00	2%	5196.40	请选择	0.00		0	0.00	0.00	5196.40
合计	--		31178.40		0.00		--	--	0.00	0.00	31178.40

图 4-20 消费税附加税费计算表

3. [001]消费税及附加税费申报表

在填写完消费税附加税费计算表后,打开本表,看到消费税附加税费计算表的税额已自动勾稽到主表中,检查无误后,单击"保存"按钮。返回主页面,点击"申报",进行税费缴纳,如图 4-21 所示。

拓展训练

"1+X"证书闯关

提示信息

您本次申报的应补(退)税额为:290998.40元。

您确定要执行操作吗?

注:一元以内不征收税款。

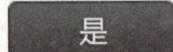

图 4-21　其他应税消费品消费税税费缴纳

表 4-10　任务总结单

项目	总结与反思		研学改进
素质提升	提升		
	不足		
知识掌握	掌握		
	不足		
能力达成	达成		
	不足		

项目四 纳税申报

任务评价

表 4-11 任务评价表

评价指标	评价标准	分值	自评	互评	教师	所占比例
岗位技能	（1）熟练、规范操作消费税申报流程	40				70%
	（2）正确填写消费税纳税申报表	30				
	（3）独立完成"1+X"证书闯关	30				
过程性考核	（1）出勤与纪律	25				30%
	（2）工作态度	25				
	（3）自我学习与管理能力	25				
	（4）团队合作与创新能力	25				
	综合得分					

任务三　企业所得税纳税申报

任务情境

潍坊森然公司是实行查账征收企业所得税的居民企业纳税人，企业所得税选择按季据实预缴，年终汇算清缴的方式缴纳。其 2022 年第一季度至第三季度已预缴的企业所得税为 1 643 025.49 元，第三季度末从业人数为 20 人、资产总额为 2 192.63 万元，第四季度末从业人数为 25 人、资产总额为 3 556.05 万元。假定 2022 年潍坊森然公司除以下情形外，不考虑其他纳税调整事项。

（1）2022 年 5 月购进一批笔记本电脑、办公桌椅，并于当月投入使用，其原值分别为 144 000 元、36 000 元，符合《财政部 税务总局关于设备、器具扣除有关企业所得税政策的通知》（财税〔2018〕54 号）的规定，允许一次性计入当期成本费用在计算应纳税所得额时扣除。该笔记本电脑在会计上采用直线法计提折旧，预计使用年限为 3 年，净残值为 0；办公桌椅在会计上采用直线法计提折旧，预计使用年限为 5 年，净残值为 0。

（2）2022 年 11 月取得国债利息收入 67 000 元。

（3）2022 年 12 月销售木材刷漆专利技术取得收益 100 000 元，符合《中华人民共和国企业所得税法实施条例》的规定，一个纳税年度内，居民企业技术转让所得不超过 500 万元的部分，免征企业所得税；超过 500 万元的部分，减半征收企业所得税。

潍坊森然公司固定资产加计扣除情况如表 4-12 所示。

表 4-12　固定资产加计扣除情况

编号	固定资产名称	账面原值	折旧年限（税法规定的最低折旧年限）	残值率	已计提折旧月份	账载金额	加速折旧金额
1	笔记本电脑	144 000.00	3	0	7	4 000.00	144 000.00
2	办公桌椅	36 000.00	5	0	7	600.00	36 000.00
	合计	180 000.00				4 600.00	180 000.00

潍坊森然公司 2022 年损益账户资料信息如表 4-13 所示。

表 4-13　2022 年损益账户资料信息　　　　　　　　　　　　　　　　单位：元

账户名称	前三季度	10~11 月	12 月	全年累计
主营业务收入	11 200 000.00	7 800 000.00	5 755 400.00	24 755 400.00
其他业务收入	230 000.00			230 000.00
营业收入合计				24 985 400.00
主营业务成本	1 685 108.04	5 300 000.00	3 505 492.00	10 490 600.04
其他业务成本	1 550 000.00			1 550 000.00
营业成本合计				12 040 600.04
税金及附加	853 400.00	550 210.00	448 596.49	1 852 206.49
管理费用	213 390.00	85 356.00	141 090.44	439 836.44
研发费用				0.00
销售费用	520 000.00	4 200.00	49 202.80	573 402.80
财务费用	36 000.00	8 000.00	5 000.00	49 000.00
资产减值损失				0.00
资产处置损益		23 360.00	100 000.00	123 360.00
营业外收入		40 000.00		40 000.00
营业外支出			20 000.00	20 000.00
利润总额	6 572 101.96	1 915 594.00	1 686 018.27	10 173 714.23
所得税费用	1 643 025.49			

任务要求

请根据以上资料，借助 Aisino 财税教学系统，帮助办税员肖文倩完成该公司 2022 年第四季度企业所得税预缴纳税申报工作。如需最新企业所得税预缴申报表，请扫描二维码下载使用。

任务准备

一、知识准备

（一）纳税义务人

在中华人民共和国境内的企业和其他取得收入的组织（以下统称为企业）为企业所得税的纳税人。个人独资企业、合伙企业不适用企业所得税法。

缴纳企业所得税的企业分为居民企业和非居民企业，分别承担不同的纳税义务。

居民企业，是指依法在中国境内成立，或者依照外国（地区）法律成立但实际管理机构在中国境内的企业。

非居民企业，是指依照外国（地区）法律成立且实际管理机构不在中国境内，但在中国境内设立机构、场所的，或者在中国境内未设立机构、场所，但有来源于中国境内所得的企业。

3-1 企业所得税预缴申报表

（二）征税对象和税率

1. 基本征税对象和税率

企业所得税征税对象和适用税率，如表4-14所示。

表4-14 企业所得税征税对象和适用税率

纳税人		征税对象	税率
居民企业		来源于中国境内、境外的所得	25%
非居民企业	在境内设立机构、场所的	其机构、场所取得的来源于境内的所得，以及发生在境外但与其机构、场所有实际联系的所得	25%
	在中国境内未设立机构、场所的，或者虽设立机构、场所但取得的所得与其所设机构、场所没有实际联系的	来源于中国境内的所得	20%（实际减按10%）

2. 特别优惠税率

（1）居民企业中符合条件的小型微利企业减按20%征税。

（2）国家重点扶持的高新技术企业、经认定的技术先进型服务企业和符合条件的从事污染防治的第三方企业减按15%征税。

（三）应纳税所得额

使用直接法计算应纳税所得额的计算公式如下：

应纳税所得额 ＝ 收入总额 － 不征税收入 － 免税收入 － 各项扣除 － 允许弥补的以前年度亏损

使用间接法计算应纳税所得额的计算公式如下：

应纳税所得额 ＝ 会计利润 ± 纳税调整项目金额

1. 收入总额

企业以货币形式和非货币形式从各种来源取得的收入,为收入总额。其具体包括:销售货物收入,提供劳务收入,转让财产收入,股息、红利等权益性投资收益,利息收入,租金收入,特许权使用费收入,接受捐赠收入,其他收入。

2. 不征税收入

(1) 财政拨款。

(2) 依法收取并纳入财政管理的行政事业性收费、政府性基金。

(3) 国务院规定的其他不征税收入。

3. 免税收入

(1) 国债利息收入。

(2) 符合条件的居民企业之间的股息、红利等权益性投资收益。

(3) 在中国境内设立机构、场所的非居民企业从居民企业取得与该机构、场所有实际联系的股息、红利等权益性投资收益。

(4) 符合条件的非营利组织的收入,不包括非营利组织从事营利性活动取得的收入,但国务院财政、税务主管部门另有规定的除外。

4. 扣除项目范围

企业实际发生的与取得收入有关的、合理的支出,包括成本、费用、税金、损失和其他支出,准予在计算应纳税所得额时扣除。

(1) 成本,是指销售商品、提供劳务、转让固定资产、无形资产(包括技术转让)的成本。

(2) 费用,是指企业每一个纳税年度为生产、经营商品和提供劳务等所发生的销售费用、管理费用、财务费用。已经计入成本的有关费用除外。

(3) 税金,是指企业发生的除企业所得税和允许抵扣的增值税以外的企业实际缴纳的税金及附加。

在发生当期可扣除的税金包括:消费税、城市维护建设税、出口关税、资源税、土地增值税、房产税、车船税、城镇土地使用税、印花税、环境保护税、教育费附加和地方教育附加。

在发生当期计入相关资产的成本,在以后各期分摊扣除的税金包括:车辆购置税、契税、耕地占用税、进口关税、烟叶税。

(4) 损失,是指企业在生产经营活动中发生的固定资产和存货的盘亏、毁损、报废损失,转让财产损失,呆账损失,坏账损失,自然灾害等不可抗力因素造成的损失以及其他损失。

企业发生的损失,减除责任人赔偿和保险赔款后的余额,依照国务院财政、税务主管部门的规定扣除。

企业已经作为损失处理的资产,在以后纳税年度又全部收回或者部分收回时,应当计入收回年度当期收入。

(5) 其他支出,是指除成本、费用、税金、损失外,在企业生产经营活动中发生的与生产经营活动有关的、合理的支出。

5. 扣除项目及其标准

1) 工资、薪金支出

企业发生的合理的工资、薪金支出,准予据实扣除。

2）职工福利费、工会经费、职工教育经费

职工福利费、工会经费、职工教育经费（以下简称三项经费）的扣除标准，如表4-15所示。

表4-15 "三项经费"扣除标准

项目	扣除限额的基本规定	超过规定标准部分的处理
职工福利费	不超过工资、薪金总额14%的部分	不得扣除
工会经费	不超过工资、薪金总额2%的部分	不得扣除
职工教育经费	不超过工资、薪金总额8%的部分	准予在以后纳税年度结转扣除

注意

软件生产企业发生的职工教育经费中的职工培训费用，可以全额扣除。

3）社会保险费

企业依照国务院有关部门规定的范围和标准为职工缴纳的基本养老保险、基本医疗保险、失业保险、工伤保险等基本社会保险费和住房公积金，准予扣除。

企业为在本单位任职或者受雇的全体员工支付的补充养老保险、补充医疗保险，分别在不超过职工工资总额5%标准内的部分，准予扣除；超过的部分，不予扣除。

企业为特殊工种职工支付的人身安全保险费和符合国务院财政、税务主管部门规定的商业保险费，准予扣除。

4）利息费用

非金融企业向金融企业借款的利息支出、金融企业的各项存款利息支出和同业拆借利息支出、企业经批准发行债券的利息支出可据实扣除。

非金融企业向非金融企业借款的利息支出，不超过按照金融企业同期同类贷款利率计算的数额的部分可据实扣除，超过部分不允许扣除。

企业从其关联方接受的债权性投资与权益性投资的比例超过规定标准而发生的利息支出，不得在计算应纳税所得额时扣除。

企业向股东或其他与企业有关联关系的自然人借款的利息支出，按"关联企业利息费用的扣除"规定扣除；企业向除上述规定以外的内部职工或其他人员借款的利息支出，符合相关条件的，其利息支出在不超过按照金融企业同期同类贷款利率计算的数额的部分，准予扣除。

5）借款费用

企业在生产经营活动中发生的合理的不需要资本化的借款费用，准予扣除。

企业为购置、建造固定资产、无形资产和经过12个月以上的建造才能达到预定可销售状态的存货发生借款的，在有关资产购置、建造期间发生的合理的借款费用，应当作为资本性支出计入有关资产的成本；有关资产交付使用后发生的借款利息，可在发生当期扣除。

6）汇兑损失

汇率折算形成的汇兑损失，除已经计入有关资产成本以及与向所有者进行利润分配相关的部分外，准予扣除。

7) 业务招待费

企业发生的与生产经营活动有关的业务招待费支出,按照发生额的60%扣除,但最高不得超过当年销售(营业)收入的5‰。

对从事股权投资业务的企业(包括集团公司总部、创业投资企业等),其从被投资企业所分配的股息、红利以及股权转让收入,可以按规定的比例计算业务招待费扣除限额。

企业筹建期间发生的与筹办活动有关的业务招待费支出,可按实际发生额的60%计入企业筹办费,并按相关规定在税前扣除。

8) 广告费和业务宣传费

企业发生的符合条件的广告费和业务宣传费支出,除国务院财政、税务主管部门另有规定外,不超过当年销售(营业)收入15%的部分,准予扣除;超过部分,准予在以后纳税年度结转扣除。

对化妆品制造或销售、医药制造和饮料制造(不含酒类制造)企业发生的广告费和业务宣传费支出,不超过当年销售(营业)收入30%的部分,准予扣除;超过部分,准予在以后纳税年度结转扣除。

烟草企业的烟草广告费和业务宣传费支出,一律不得在计算应纳税所得额时扣除。

企业在筹建期间发生的广告费和业务宣传费支出,可按实际发生额计入企业筹办费,并按有关规定在税前扣除。

9) 环境保护专项资金

企业依照法律、行政法规有关规定提取的用于环境保护、生态恢复等方面的专项资金,准予扣除;上述专项资金提取后改变用途的,不得扣除。

10) 租赁费

以经营租赁方式租入固定资产发生的租赁费支出,按照租赁期限均匀扣除。

以融资租赁方式租入固定资产发生的租赁费支出,按照规定构成融资租入固定资产价值的部分应当提取折旧费用,分期扣除。

11) 劳动保护支出

劳动保护支出是指确因工作需要为雇员配备或提供工作服、手套、安全保护用品、防暑降温用品等所发生的支出。企业发生的合理的劳动保护支出,准予扣除。

12) 公益性捐赠

企业通过公益性社会组织或者县级以上人民政府及其部门,用于公益事业的捐赠支出,在年度利润总额12%以内的部分,准予扣除;超过的部分,在以后3年内结转扣除。

企业通过公益性社会组织或者县级(含县级)以上人民政府及其组成部门和直属机构,用于目标脱贫地区的扶贫捐赠支出,准予据实扣除。

企业通过公益性社会组织或者县级以上人民政府及其部门等国家机关,捐赠用于应对新型冠状病毒感染的肺炎疫情的现金和物品以及企业直接向承担疫情防治任务的医院捐赠用于应对新型冠状病毒感染的肺炎疫情的物品,允许据实扣除。

13) 有关资产的费用

企业转让各类固定资产发生的费用,允许扣除。

企业按规定计算的固定资产折旧费、无形资产的摊销费,准予扣除。

14）总机构分摊的费用

非居民企业在中国境内设立的机构、场所,就其中国境外总机构发生的与该机构、场所生产经营有关的费用,能够提供总机构出具的费用汇集范围、定额、分配依据和方法等证明文件,并合理分摊的,准予扣除。

15）资产损失

企业当期发生的固定资产和流动资产盘亏、毁损净损失,准予扣除。

企业因存货盘亏、毁损、报废等原因不得从销项税额中抵扣的进项税额,应视同企业资产损失,准予与存货损失合并在企业所得税前按规定扣除。

16）手续费及佣金支出

电信企业在发展客户、拓展业务等过程中(如委托销售电话入网卡、电话充值卡等),需向经纪人、代办商支付手续费及佣金的,其实际发生的相关手续费及佣金支出,不超过企业当年收入总额5%的部分,准予在企业所得税前据实扣除。

保险企业发生与其经营活动有关的手续费及佣金支出,不超过当年全部保费收入扣除退保金等后金额的18%(含本数)的部分,在计算应纳税所得额时准予扣除;超过部分,允许结转以后年度扣除。

从事代理服务、主营业务收入为手续费、佣金的企业(如证券、期货、保险代理等企业),其为取得该类收入而实际发生的营业成本(包括手续费及佣金支出),准予在企业所得税税前据实扣除。

其他企业按与具有合法经营资格中介服务机构或个人(不含交易双方及其雇员、代理人和代表人等)所签订服务协议或合同确认的收入金额的5%计算限额;超过部分,不得扣除。

企业不得将手续费及佣金支出计入回扣、业务提成、返利、进场费等费用。

企业已计入固定资产、无形资产等相关资产的手续费及佣金支出,应当通过折旧、摊销等方式分期扣除,不得在发生当期直接扣除。

企业支付的手续费及佣金不得直接冲减服务协议或合同金额,应如实入账。

除委托个人代理外,企业以现金等非转账方式支付的手续费及佣金不得在税前扣除。

6．不得扣除项目

(1)向投资者支付的股息、红利等权益性投资收益款项。

(2)企业所得税税款。

(3)税收滞纳金。

(4)罚金、罚款和被没收财物的损失。

(5)超过规定标准的捐赠支出。

(6)赞助支出。

(7)未经核定的准备金支出。

(8)企业之间支付的管理费、企业内营业机构之间支付的租金和特许权使用费,非银行企业内部的营业机构之间支付的利息。

(9)与取得收入无关的其他支出。

7．亏损弥补

企业纳税年度发生的亏损,准予向以后年度结转,用以后年度的所得弥补,但结转年限最长不得超过5年。

自 2018 年 1 月 1 日起,当年具备高新技术企业或科技型中小企业资格的企业,其具备资格年度之前 5 个年度发生的尚未弥补完的亏损,准予结转以后年度弥补,最长结转年限由 5 年延长至 10 年。

受疫情影响较大的困难行业企业 2020 年度发生的亏损,最长结转年限由 5 年延长至 8 年。

(四) 资产的税务处理

1. 固定资产的税务处理

1) 固定资产的计税基础

(1) 外购的固定资产,以购买价款和支付的相关税费以及直接归属于使该资产达到预定用途发生的其他支出为计税基础。

(2) 自行建造的固定资产,以竣工结算前发生的支出为计税基础。

(3) 融资租入的固定资产,以租赁合同约定的付款总额和承租人在签订租赁合同过程中发生的相关费用为计税基础,租赁合同未约定付款总额的,以该资产的公允价值和承租人在签订租赁合同过程中发生的相关费用为计税基础。

(4) 盘盈的固定资产,以同类固定资产的重置完全价值为计税基础。

(5) 通过捐赠、投资、非货币性资产交换、债务重组等方式取得的固定资产,以该资产的公允价值和支付的相关税费为计税基础。

(6) 改建的固定资产,除足额提取折旧的固定资产和租入固定资产以外的其他固定资产,以改建过程中发生的改建支出增加为计税基础。

2) 不得计算折旧扣除的固定资产

下列固定资产不得计算折旧扣除:

(1) 房屋、建筑物以外未投入使用的固定资产。

(2) 以经营租赁方式租入的固定资产。

(3) 以融资租赁方式租出的固定资产。

(4) 已足额提取折旧仍继续使用的固定资产。

(5) 与经营活动无关的固定资产。

(6) 单独估价作为固定资产入账的土地。

(7) 其他不得计算折旧扣除的固定资产。

3) 固定资产折旧的计算方法

固定资产按照直线法计算的折旧,准予扣除。

企业应当自固定资产投入使用月份的次月起计算折旧;停止使用的固定资产,应当自停止使用月份的次月起停止计算折旧。

企业应当根据固定资产的性质和使用情况,合理确定固定资产的预计净残值。固定资产的预计净残值一经确定,不得变更。

4) 固定资产折旧的计提年限

除国务院财政、税务主管部门另有规定外,固定资产计算折旧的最低年限如下:

(1) 房屋、建筑物,为 20 年。

(2) 飞机、火车、轮船、机器、机械和其他生产设备,为 10 年。

(3) 与生产经营活动有关的器具、工具、家具等,为 5 年。

（4）飞机、火车、轮船以外的运输工具，为4年。

（5）电子设备，为3年。

2．生产性生物资产的税务处理

生产性生物资产按照直线法计算的折旧，准予扣除。生产性生物资产计算折旧的最低年限如下：

（1）林木类生产性生物资产，为10年。

（2）畜类生产性生物资产，为3年。

3．无形资产的税务处理

在计算应纳税所得额时，企业按照规定计算的无形资产摊销费用，准予扣除。

（1）下列无形资产不得计算摊销费用扣除：①自行开发的支出已在计算应纳税所得额时扣除的无形资产。②自创商誉。③与经营活动无关的无形资产。④其他不得计算摊销费用扣除的无形资产。

（2）无形资产的摊销方法及年限：①无形资产按照直线法计算的摊销费用，准予扣除。②无形资产的摊销年限不得低于10年。作为投资或者受让的无形资产，在有关法律或合同中规定使用年限的，可依其规定使用年限分期计算摊销。③外购商誉的支出，在企业整体转让或者清算时，准予扣除。

4．长期待摊费用的税务处理

企业发生的下列支出作为长期待摊费用，按照规定摊销的，准予扣除：①已足额提取折旧的固定资产的改建支出，按照固定资产预计尚可使用年限分期摊销。②租入固定资产的改建支出，按照合同约定的剩余租赁期限分期摊销。③固定资产的大修理支出，按照固定资产尚可使用年限分期摊销。④其他应当作为长期待摊费用的支出，自支出发生月份的次月起，分期摊销，摊销年限不得低于3年。

5．存货的税务处理

企业使用或者销售存货，按照规定计算的存货成本，准予在计算应纳税所得额时扣除。

企业使用或者销售的存货的成本计算方法，可以在先进先出法、加权平均法、个别计价法中选用一种。计价方法一经选用，不得随意变更。

6．投资资产的税务处理

企业对外投资期间，投资资产的成本在计算应纳税所得额时不得扣除。企业在转让或者处置投资资产时，投资资产的成本准予扣除。

（五）应纳税额的计算

应纳税额的计算公式如下：

$$应纳税额 = 应纳税所得额 \times 适用税率 - 减免税额 - 抵免税额。$$

企业已在境外缴纳的所得税税额，可以从其当期应纳税额中抵免，抵免限额为该项所得依照规定计算的应纳税额；超过抵免限额的部分，可以在以后5个年度内，用每年度抵免限额抵免当年应抵税额后的余额进行抵补。

居民企业从其直接或者间接控制的外国企业分得的来源于中国境外的股息、红利等权益性投资收益，外国企业在境外实际缴纳的所得税税额中属于该项所得负担的部分，可以作为该居民企业的可抵免境外所得税税额,在规定的抵免限额内抵免。

(六) 税收优惠

1. 免税收入

(1) 国债利息收入。

(2) 符合条件的居民企业之间的股息、红利等权益性投资收益。

(3) 在中国境内设立机构、场所的非居民企业从居民企业取得与该机构、场所有实际联系的股息、红利等权益性投资收益。

(4) 符合条件的非营利组织取得的特定收入。

2. 所得减免

(1) 企业从事下列项目的所得,免征企业所得税:①蔬菜、谷物、薯类、油料、豆类、棉花、麻类、糖料、水果、坚果的种植。②农作物新品种的选育。③中药材的种植。④林木的培育和种植。⑤牲畜、家禽的饲养。⑥林产品的采集。⑦灌溉、农产品初加工、兽医、农技推广、农机作业和维修等农、林、牧、渔服务业项目。⑧远洋捕捞。

(2) 企业从事下列项目的所得,减半征收企业所得税:①花卉、茶以及其他饮料作物和香料作物的种植。②海水养殖、内陆养殖。

(3) 从事国家重点扶持的公共基础设施项目的投资经营所得和从事符合条件的环境保护、节能节水项目的所得:自项目取得第一笔生产经营收入所属年度起,第1年至第3年免征企业所得税,第4年至第6年减半征收企业所得税。

(4) 符合条件的技术转让所得:年度所得不超过500万元的部分,免征企业所得税;超过500万元的部分,减半征收企业所得税。

(5) 非居民企业取得的下列所得免征企业所得税:①外国政府向中国政府提供贷款取得的利息所得。②国际金融组织向中国政府和居民企业提供优惠贷款取得的利息所得。③经国务院批准的其他所得。

3. 民族自治地方的减免税

民族自治地方的自治机关对本民族自治地方的企业应缴纳的企业所得税中属于地方分享的部分,可以决定减征或者免征。自治州、自治县决定减征或者免征的,须报省、自治区、直辖市人民政府批准。

4. 加计扣除

(1) 企业开展研发活动中实际发生的研发费用,未形成无形资产计入当期损益的,在按规定据实扣除的基础上,自2023年1月1日起,再按照实际发生额的100%在税前加计扣除;形成无形资产的,自2023年1月1日起,按照无形资产成本的200%在税前摊销。

(2) 集成电路企业和工业母机企业开展研发活动中实际发生的研发费用,未形成无形资产计入当期损益的,在按规定据实扣除的基础上,在2023年1月1日至2027年12月31日期间,再按照实际发生额的120%在税前扣除;形成无形资产的,在上述期间按照无形资产成本的220%在税前摊销。

(3) 安置残疾人员所支付的工资,加计100%扣除。

5. 应纳税所得额抵扣

创业投资企业从事国家需要重点扶持和鼓励的创业投资,期限满2年(24个月)的,可以按投资额的 70% 抵扣应纳税所得额。

6. 加速折旧

企业的固定资产由于技术进步等原因,确需加速折旧的,可以缩短折旧年限或者采取加速折旧的方法。

7. 减计收入

企业综合利用资源,生产国家非限制和禁止并符合国家和行业相关标准的产品所取得的收入,减按 90% 计入收入总额。

8. 应纳税额抵免

企业购置并实际使用规定的环境保护、节能节水、安全生产等专用设备的投资额的 10% 抵免应纳税额。

(七) 征收管理

1. 纳税地点

1) 居民企业的纳税地点

除税收法律、行政法规另有规定外,居民企业以企业登记注册地为纳税地点;但登记注册地在境外的,以实际管理机构所在地为纳税地点。

2) 非居民企业的纳税地点

非居民企业在中国境内设立机构、场所的,以机构、场所所在地为纳税地点。非居民企业在中国境内设立两个或者两个以上机构、场所的,经税务机关审核批准,可以选择由其主要机构、场所汇总缴纳企业所得税。

在中国境内未设立机构、场所的,或者虽设立机构、场所但取得的所得与其所设机构、场所没有实际联系的非居民企业,以扣缴义务人所在地为纳税地点。

2. 纳税期限

(1) 企业所得税按年计征,分月或者分季预缴,年终汇算清缴,多退少补。

(2) 企业在一个纳税年度中间开业,或者终止经营活动,使该纳税年度的实际经营期不足 12 个月的,应当以其实际经营期为一个纳税年度。企业清算时,应当以清算期间为一个纳税年度。

(3) 企业应当自年度终了之日起 5 个月内,向税务机关报送年度企业所得税纳税申报表,并汇算清缴,结清应缴应退税款。

(4) 企业在年度中间终止经营活动的,应当自实际经营终止之日起 60 日内,向税务机关办理当期企业所得税汇算清缴。

3. 纳税申报

(1) 按月或按季预缴的,企业应当自月份或者季度终了之日起 15 日内,向税务机关报送预缴企业所得税纳税申报表,预缴税款。

(2) 企业在报送企业所得税纳税申报表时,应当按照规定附送财务会计报告和其他有关资料。

二、操作准备

(1) 资产负债表、利润表。

(2) 居民企业所得税查账征收月(季)度申报表。
(3) 资产加速折旧、摊销(扣除)优惠明细表。

 **任务实施**

一、业务流程

企业所得税月(季)度预缴纳税申报流程如图 4-22 所示。

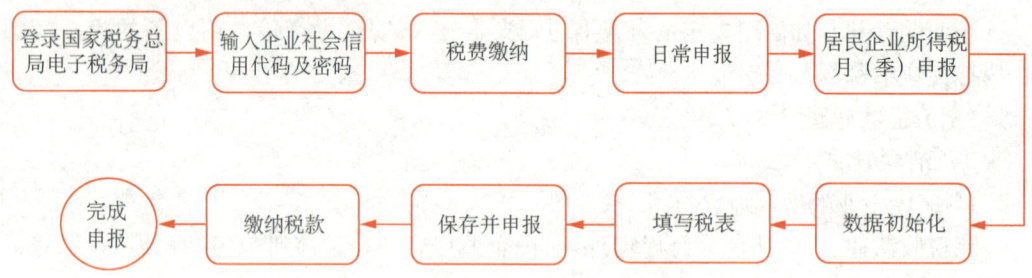

图 4-22　企业所得税月(季)度预缴纳税申报流程

二、业务操作

第一步：进入国家税务总局电子税务局，选择"我要办税—税费申报及缴纳—居民企业所得税月(季)申报"，如图 4-23 所示。

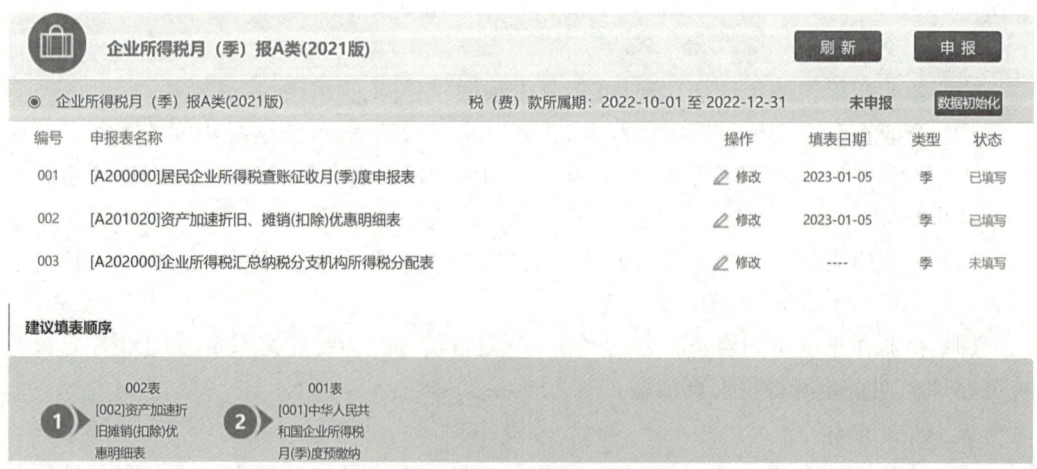

图 4-23　企业所得税纳税申报

 提示

填表时根据页面下方的"建议填表顺序"进行。

第二步：点击"数据初始化"，按提示完成申报表初始化操作，如图 4-24 和图 4-25

所示。

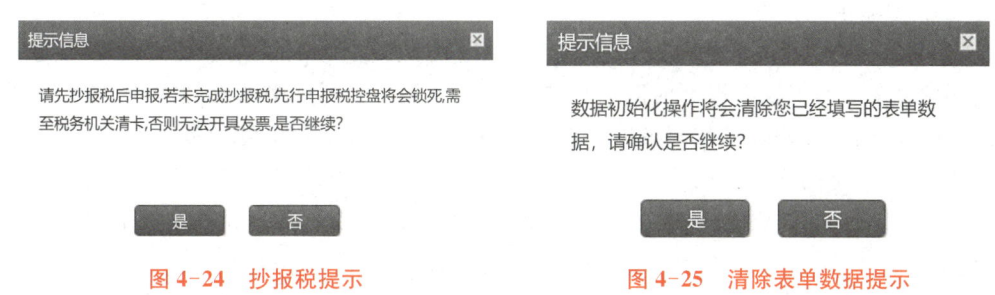

图 4-24　抄报税提示　　　　　图 4-25　清除表单数据提示

第三步：根据页面下方的"建议填表顺序"依次填写。选中表单，点击"修改"按钮，根据案例资料进行填写；填写完毕后点击"保存"按钮。

 提示

若某个表单无填写内容，则直接点击"保存"按钮。

第四步：所有申报信息填写完毕后，点击"保存"按钮，系统提示本次申报所需缴纳税款金额，点击"确定"按钮后申报完成。在左侧菜单栏"税费缴纳"，找到待缴款的居民企业所得税月(季)度申报表，点击"缴纳税款"，完成企业所得税预缴税款。

三、业务要领

(一) 确定填表顺序

企业所得税预缴申报填表顺序，如图 4-26 所示。

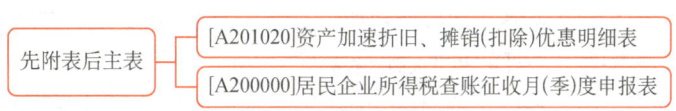

图 4-26　企业所得税预缴申报填表顺序

 提示

填表之前需先进行初始化操作。

(二) 主表与附表填写要领

1. [A200000]居民企业所得税查账征收月(季)度申报表

(1) 本表适用于实行查账征收企业所得税的居民企业纳税人(以下简称纳税人)在月(季)度预缴纳税申报时填报。

(2) 优惠及附报事项信息：本项下所有项目按季度填报。按月申报的纳税人，在季度最后一个属期的月份填报。企业类型为"跨地区经营汇总纳税企业分支机构"的，不填报

"优惠及附报事项有关信息"所有项目。

(3) 预缴税款计算：

① 第7行"免税收入、减计收入、加计扣除"根据相关行次计算结果填报。

根据《企业所得税申报事项目录》，在第7.1行、第7.2行……填报税收规定的免税收入、减计收入、加计扣除等优惠事项的具体名称和本年累计金额。发生多项且根据税收规定可以同时享受的优惠事项，可以增加行次，但每个事项仅能填报一次。

② 第8行"所得减免"根据相关行次计算结果填报。第3+4-5-6-7行≤0时，本行不填报。

根据《企业所得税申报事项目录》，在第8.1行、第8.2行……填报税收规定的所得减免优惠事项的名称和本年累计金额。发生多项且根据税收规定可以同时享受的优惠事项，可以增加行次，但每个事项仅能填报一次。每项优惠事项下有多个具体项目的，应分别确定各具体项目所得，并填写盈利项目(项目所得＞0)的减征、免征所得额的合计金额。

③ 第9行"弥补以前年度亏损"填报纳税人截至本税款所属期末，按照税收规定在企业所得税税前弥补的以前年度尚未弥补亏损的本年累计金额。

当本表第3+4-5-6-7-8行≤0时，本行＝0。

④ 第10行"实际利润额\按照上一纳税年度应纳税所得额平均额确定的应纳税所得额"：预缴方式为"按照实际利润额预缴"的纳税人，根据本表相关行次计算结果填报，第10行＝第3+4-5-6-7-8-9行；预缴方式为"按照上一纳税年度应纳税所得额平均额预缴"的纳税人，填报按照上一纳税年度应纳税所得额平均额计算的本年累计金额。

2. [A201020]资产加速折旧、摊销(扣除)优惠明细表

(1) 本表由享受资产加速折旧、摊销和一次性扣除优惠政策的纳税人填报。不享受资产加速折旧、摊销和一次性扣除优惠政策的纳税人，无需填报。

对于享受一次性扣除的资产，"按照税收一般规定计算的折旧\摊销金额"直接填报按照税收一般规定计算的1个月的折旧、摊销金额。

操作录屏30：
企业所得税
预缴申报

(2) 自该资产开始计提折旧、摊销起，在"享受加速政策计算的折旧\摊销金额"大于"按照税收一般规定计算的折旧\摊销金额"的折旧、摊销期间内，必须填报本表。

自该资产开始计提折旧、摊销起，在"享受加速政策计算的折旧\摊销金额"小于"按照税收一般规定计算的折旧\摊销金额"的折旧、摊销期间内，不填报本表。

资产折旧、摊销本年先后出现"税收折旧、摊销大于一般折旧、摊销"和"税收折旧、摊销小于等于一般折旧、摊销"两种情形的，在"税收折旧、摊销小于等于一般折旧、摊销"期间，仍需根据该资产"税收折旧、摊销大于一般折旧、摊销"期内最后一期折旧、摊销的有关情况填报本表，直至本年最后一次月(季)度预缴纳税申报。

拓展训练

(3) 以前年度开始享受加速政策的，若该资产本年符合上述原则，应继续填报本表。

"1＋X"证书闯关

 任务总结

表 4-16　任务总结单

项目		总结与反思	研学改进
素质提升	提升		
	不足		
知识掌握	掌握		
	不足		
能力达成	达成		
	不足		

 任务评价

表 4-17　任务评价表

评价指标	评价标准	分值	自评	互评	教师	所占比例
岗位技能	（1）熟练、规范操作企业所得税申报流程	40				70%
	（2）正确填写企业所得税纳税申报表	30				
	（3）独立完成"1＋X"证书闯关	30				
过程性考核	（1）出勤与纪律	25				30%
	（2）工作态度	25				
	（3）自我学习与管理能力	25				
	（4）团队合作与创新能力	25				
综合得分						

任务四 个人所得税纳税申报

任务情境

潍坊森然公司已发放12月份工资,现办税员肖文倩需要在国家税务总局电子税务局中完成该公司12月个人所得税预扣预缴申报,请扫描二维码下载个税申报资料。

4-1 个税申报资料

任务要求

根据潍坊森然公司发放工资、非货币性福利等实际情况,结合"应付职工薪酬"明细账核算内容,借助Aisino财税教学系统,帮助肖文倩完成个人所得税扣缴申报工作。

任务准备

一、知识准备

(一)纳税义务人

个人所得税的纳税义务人,包括中国公民、个体工商业户、个人独资企业、合伙企业投资者、在中国有所得的外籍人员(包括无国籍人员,下同)和香港、澳门、台湾同胞。

按照住所和居住时间两个标准,纳税人划分为居民个人和非居民个人。

(1)居民个人,是指在中国境内有住所,或者无住所而在一个纳税年度内在中国境内居住累计满183天的个人。居民个人负有无限纳税义务,其从中国境内和境外取得的所得,都要在中国缴纳个人所得税。

(2)非居民个人,是指在中国境内无住所又不居住,或者无住所而在一个纳税年度内在中国境内居住累计不满183天的个人。非居民个人承担有限纳税义务,仅就其从中国境内取得的所得,在中国缴纳个人所得税。

(二)征税范围

1. 工资、薪金所得

工资、薪金所得,是指个人因任职或受雇而取得的工资、薪金、奖金、年终加薪、劳动分红、津贴、补贴以及与任职或受雇有关的其他所得。

下列不属于工资、薪金性质的补贴、津贴,不征收个人所得税:

(1)独生子女补贴。

(2)执行公务员工资制度未纳入基本工资总额的补贴、津贴差额和家庭成员的副食补贴。

(3)托儿补助费。

(4)差旅费津贴、误餐补助。单位以误餐补助名义发给职工的补助、津贴不能包括在内。

2. 劳务报酬所得

劳务报酬所得,是指个人从事劳务取得的所得,包括从事设计、装潢、安装、制图、化验、测试、医疗、法律、会计、咨询、讲学、翻译、审稿、书画、雕刻、影视、录音、录像、演出、表演、广告、展览、技术服务、介绍服务、经纪服务、代办服务以及其他劳务取得的所得。

区分"劳务报酬所得"和"工资、薪金所得",主要看是否存在雇佣与被雇佣的关系。劳务报酬所得是个人独立从事各种技艺、提供各项劳务取得的报酬;工资、薪金所得是个人从事非独立劳动,即在机关、团体、学校、部队、企事业单位及其他组织中任职、受雇而得到的报酬。前者不存在雇佣与被雇佣关系,后者则存在这种关系。

3. 稿酬所得

稿酬所得,是指个人因其作品以图书、报刊等形式出版、发表而取得的所得。

(1) 稿酬所得特别强调了以图书、报刊等形式"出版""发表"。因此,如果只是"翻译""审稿""书画"所得,并没有出版、发表的,则属于劳务报酬所得,而非稿酬所得。

(2) 作者去世后,财产继承人取得的遗作稿酬,也属于"稿酬所得"。

4. 特许权使用费所得

特许权使用费所得,是指个人提供专利权、商标权、著作权、非专利技术以及其他特许权的使用权取得的所得。

(1) 提供著作权的使用权取得的所得(不包括稿酬所得),属于特许权使用费所得。

(2) 作者将自己的文字作品手稿原件或复印件拍卖取得的所得,按照"特许权使用费所得"征税。

(3) 个人取得专利赔偿所得,属于"特许权使用费所得"。

(4) 剧本作者从电影、电视剧的制作单位取得的剧本使用费,属于"特许权使用费所得"。

5. 经营所得

经营所得,是指:

(1) 个体工商户从事生产、经营活动取得的所得,个人独资企业投资人、合伙企业的个人合伙人来源于境内注册的个人独资企业、合伙企业生产、经营的所得。

(2) 个人依法从事办学、医疗、咨询以及其他有偿服务活动取得的所得。

(3) 个人对企业、事业单位承包经营、承租经营以及转包、转租取得的所得。

(4) 个人从事其他生产、经营活动取得的所得。

6. 利息、股息、红利所得

利息、股息、红利所得,是指个人拥有债权、股权等而取得的利息、股息、红利所得。

7. 财产租赁所得

财产租赁所得,是指个人出租不动产、机器设备、车船以及其他财产取得的所得。

个人取得的财产转租收入,属于"财产租赁所得",由财产转租人缴纳个人所得税。

8. 财产转让所得

财产转让所得,是指个人转让有价证券、股权、合伙企业中的财产份额、不动产、机器设备、车船以及其他财产取得的所得。

(1) 个人转让上市公司股票取得的所得,免征个人所得税。

(2) 对个人出售自有住房取得的所得按照"财产转让所得"税目征收个人所得税,但对个人转让自用5年以上并且是家庭唯一生活用房取得的所得,免征个人所得税。

9. 偶然所得

偶然所得,是指个人得奖、中奖、中彩以及其他偶然性质的所得。

企业对累积消费达到一定额度的顾客,给予额外抽奖机会,个人的获奖所得,按照"偶然所得"缴纳个人所得税。

个人取得单张有奖发票奖金所得不超过800元(含800元)的,暂免征收个人所得税;个人取得单张有奖发票奖金所得超过800元的,按照"偶然所得"缴纳个人所得税。

注意

居民个人取得上述1~4项所得(综合所得),按纳税年度合并计算个人所得税;非居民个人取得上述1~4项所得,按月或者按次分项计算个人所得税。纳税人取得上述5~9项所得,按规定分别计算个人所得税。

(三) 税率

1. 综合所得适用税率

综合所得个人所得税税率表(居民个人适用),如表4-18所示。

表4-18 个人所得税税率表(居民个人综合所得适用)

级数	全年应纳税所得额	税率	速算扣除数
1	不超过36 000元的	3%	0
2	超过36 000元至144 000元的部分	10%	2 520
3	超过144 000元至300 000元的部分	20%	16 920
4	超过300 000元至420 000元的部分	25%	31 920
5	超过420 000元至660 000元的部分	30%	52 920
6	超过660 000元至960 000元的部分	35%	85 920
7	超过960 000元的部分	45%	181 920

2. 个人所得税月度税率

个人所得月度税率表(选择单独计税的全年一次性奖金,非居民个人工资、薪金所得,劳务报酬所得、稿酬所得、特许权使用费所得适用),如表4-19所示。

表4-19 个人所得税月度税率表

级数	全年应纳税所得额	税率	速算扣除数
1	不超过3 000元的	3%	0
2	超过3 000元至12 000元的部分	10%	210
3	超过12 000元至25 000元的部分	20%	1 410

(续表)

级数	全年应纳税所得额	税率	速算扣除数
4	超过 25 000 元至 35 000 元的部分	25%	2 660
5	超过 35 000 元至 55 000 元的部分	30%	4 410
6	超过 55 000 元至 80 000 元的部分	35%	7 160
7	超过 80 000 元的部分	45%	15 160

3. 经营所得适用税率

经营所得个人所得税税率表，如表 4-20 所示。

表 4-20　个人所得税税率表（经营所得适用）

级数	全年应纳税所得额	税率	速算扣除数
1	不超过 30 000 元的	5%	0
2	超过 30 000 元至 90 000 元的部分	10%	1 500
3	超过 90 000 元至 300 000 元的部分	20%	10 500
4	超过 300 000 元至 500 000 元的部分	30%	40 500
5	超过 500 000 元的部分	35%	65 500

4. 其他所得适用税率

利息、股息、红利所得，财产租赁所得，财产转让所得和偶然所得，适用 20% 的比例税率。

对个人出租住房取得的所得暂减按 10% 的税率征收个人所得税。

(四) 应纳税所得额

1. 居民个人的综合所得

居民个人的综合所得，以每一纳税年度的收入额减除费用 6 万元以及专项扣除、专项附加扣除和依法确定的其他扣除后的余额，为应纳税所得额。

综合所得，包括工资、薪金所得，劳务报酬所得，稿酬所得和特许权使用费所得。劳务报酬所得、稿酬所得、特许权使用费所得以收入减除 20% 的费用后的余额为收入额。稿酬所得的收入额减按 70% 计算。

1) 专项扣除

专项扣除，包括居民个人按照国家规定的范围和标准缴纳的基本养老保险、基本医疗保险、失业保险等社会保险费和住房公积金等。

2) 专项附加扣除

专项附加扣除，包括子女教育、继续教育、大病医疗、住房贷款利息或者住房租金、赡养老人、3 岁以下婴幼儿照护等支出。

(1) 子女教育。纳税人的子女接受全日制学历教育的相关支出，2019 年 1 月 1 日至 2022 年 12 月 31 日，纳税人可以按照每个子女每月 1 000 元的标准定额扣除。2023 年 1 月 1 日起，纳税人可以按照每个子女每月 2 000 元的标准定额扣除。年满 3 岁至小学入学前处于学前教育阶段的子女，按上述规定执行。

（2）继续教育。纳税人在中国境内接受学历（学位）继续教育的支出，在学历（学位）教育期间按照每月400元定额扣除。同一学历（学位）继续教育的扣除期限不能超过48个月。纳税人接受技能人员职业资格继续教育、专业技术人员职业资格继续教育的支出，在取得相关证书的当年，按照3 600元定额扣除。

（3）大病医疗。在一个纳税年度内，纳税人发生的与基本医保相关的医药费用支出，扣除医保报销后个人负担（指医保目录范围内的自付部分）累计超过15 000元的部分，由纳税人在办理年度汇算清缴时，在80 000元限额内据实扣除。

（4）住房贷款利息。纳税人本人或配偶单独或共同使用商业银行或住房公积金个人住房贷款为本人或其配偶购买中国境内住房，发生的首套住房贷款利息支出，在实际发生贷款利息的年度，按照每月1 000元标准定额扣除，扣除期限最长不超过240个月。纳税人只能享受一次首套住房贷款的利息扣除。

（5）住房租金。纳税人在主要工作城市没有自有住房而发生的住房租金支出，可以按照以下标准定额扣除：①直辖市、省会（首府）城市、计划单列市以及国务院确定的其他城市，扣除标准为每月1 500元。②除第一项所列城市以外，市辖区户籍人口超过100万的城市，扣除标准为每月1 100元；市辖区户籍人口不超过100万（含）的城市，扣除标准为每月800元。

（6）赡养老人。被赡养人是指年满60周岁（含）的父母，以及子女均已去世的年满60周岁的祖父母、外祖父母。纳税人赡养一位以上被赡养人的赡养支出，其专项附加扣除标准由每月2 000元提高到3 000元。其中，独生子女按照每月3 000元的标准定额扣除；非独生子女与兄弟姐妹分摊每月3 000元的扣除额度，每人分摊的额度不能超过每月1 500元。扣除标准自2023年1月1日起实施。

（7）3岁以下婴幼儿照护。3岁以下婴幼儿照护专项附加扣除标准，由每个婴幼儿每月1 000元提高到2 000元。调整后的扣除标准自2023年1月1日起实施。

3）依法确定的其他扣除

依法确定的其他扣除，包括个人缴付符合国家规定的企业年金、职业年金，个人购买符合国家规定的商业健康保险、税收递延型商业养老保险的支出，以及国务院规定可以扣除的其他项目。

对个人购买符合规定的商业健康保险产品的支出，允许在当年（月）计算应纳税所得额时予以税前扣除，扣除限额为2 400元/年（200元/月）。单位统一为员工购买符合规定的商业健康保险产品的支出，应分别计入员工个人工资薪金，视同个人购买，按上述限额予以扣除。

2. 非居民个人的工资、薪金所得

非居民个人的工资、薪金所得，以每月收入额减除费用5 000元后的余额为应纳税所得额；劳务报酬所得、稿酬所得、特许权使用费所得，以每次收入额为应纳税所得额。

3. 经营所得

经营所得，以每一纳税年度的收入总额减除成本、费用以及损失后的余额，为应纳税所得额，按年计算个人所得税。

取得经营所得的个人，如果没有综合所得的，计算其每一纳税年度的应纳税所得额时,应当减除费用 6 万元、专项扣除、专项附加扣除以及依法确定的其他扣除。专项附加扣除在办理汇算清缴时减除。

4. 财产租赁所得

财产租赁所得,每次收入不超过 4 000 元的,可以扣除 800 元;每次收入超过 4 000 元的,可以扣除 20% 的费用,其余额为应纳税所得额。

5. 财产转让所得

财产转让所得,以转让财产的收入额减除财产原值和合理费用后的余额,为应纳税所得额。

6. 利息、股息、红利所得和偶然所得

利息、股息、红利所得和偶然所得,以每次收入额为应纳税所得额。

(五) 应纳税额

1. 综合所得应纳税额的计算

综合所得应纳税额的计算公式如下:

$$综合所得应纳税额 = (全年收入额 - 60\,000\, 元 - 专项扣除 - 专项附加扣除 - 依法确定的其他扣除) \times 适用税率 - 速算扣除数$$

2. 综合所得预扣预缴税款的计算

(1) 扣缴义务人向居民个人支付工资、薪金所得时,应当按照累计预扣法计算预扣税款,并按月办理全员全额扣缴申报。其计算公式如下:

$$本期应预扣预缴税额 = (累计预扣预缴应纳税所得额 \times 预扣率 - 速算扣除数) - 累计减免税额 - 累计已预扣预缴税额$$

$$累计预扣预缴应纳税所得额 = 累计收入 - 累计免税收入 - 累计减除费用 - 累计专项扣除 - 累计专项附加扣除 - 累计依法确定的其他扣除$$

其中:累计减除费用,按照 5 000 元/月乘以纳税人当年截至本月在本单位的任职受雇月份数计算。

(2) 扣缴义务人向居民个人支付劳务报酬所得,稿酬所得,特许权使用费所得,按次或者按月预扣预缴个人所得税。

① 计算预扣预缴应纳税所得额。劳务报酬所得,稿酬所得,特许权使用费所得以每次收入减除费用后的余额为收入额,其中稿酬所得的收入额减按 70% 计算。劳务报酬所得,稿酬所得,特许权使用费所得每次收入不超过 4 000 元的,减除费用按 800 元计算;当每次收入在 4 000 元以上的,减除费用按 20% 计算。劳务报酬所得,稿酬所得,特许权使用费所得以每次收入额为预扣预缴应纳税所得额。

② 计算预扣预缴应纳税额。根据预扣预缴应纳税所得额乘以适用预扣率计算应预扣预缴税额。其中,劳务报酬所得适用 20%~40% 的超额累进预扣率,稿酬所得、特许权使用费所得适用 20% 的比例预扣率。

3. 非居民个人扣缴个人所得税的计算

扣缴义务人向非居民个人支付工资、薪金所得,劳务报酬所得,稿酬所得,特许权使用费所得时,按月或者按次代扣代缴个人所得税。

非居民个人的工资、薪金所得,以每月收入额减除费用5 000元的余额为应纳税所得额;劳务报酬所得、稿酬所得、特许权使用费所得,以每次收入额为应纳税所得额,适用换算后的非居民个人月度税率表计算应纳税额。其中,劳务报酬所得、稿酬所得、特许权使用费所得以收入减除20%的费用后的余额为收入额。稿酬所得的收入额减按70%计算。

4. 经营所得应纳税额的计算

经营所得应纳税额的计算公式如下:

$$\begin{aligned}应纳税额 &= 应纳税所得额 \times 适用税率 - 速算扣除数 \\ &= (每一纳税年度的收入总额 - 成本、费用、税金、损失等准予扣除项目及以前年度亏损) \\ &\quad \times 适用税率 - 速算扣除数\end{aligned}$$

5. 利息、股息、红利所得应纳税额的计算

利息、股息、红利所得应纳税额的计算公式如下:

$$应纳税额 = 应纳税所得额 \times 适用税率 = 每次收入额 \times 适用税率$$

6. 财产租赁所得应纳税额的计算

(1) 每次(月)收入额不足4 000元的计算公式如下:

$$应纳税额 = [每次(月)收入额 - 财产租赁过程中缴纳的税费 - 修缮费用(800为限) - 800] \times 20\%$$

(2) 每次(月)收入额在4 000元以上的计算公式如下:

$$应纳税额 = [每次(月)收入额 - 财产租赁过程中缴纳的税费 - 修缮费用(800为限)] \times (1 - 20\%) \times 20\%$$

7. 财产转让所得应纳税额的计算

财产转让所得应纳税额的计算公式如下:

$$应纳税额 = (收入总额 - 财产原值 - 合理费用) \times 20\%$$

8. 偶然所得应纳税额的计算

偶然所得应纳税额的计算公式如下:

$$应纳税额 = 每次收入额 \times 20\%$$

(六) 税收优惠

1. 免税项目

(1) 省级人民政府、国务院部委和中国人民解放军军以上单位,以及外国组织颁发的科学、教育、技术、文化、卫生、体育、环境保护等方面的奖金。

(2) 国债和国家发行的金融债券利息。

(3) 按照国务院规定发给的政府特殊津贴、院士津贴,以及国务院规定免纳个人所得税的其他补贴、津贴。

(4) 福利费、抚恤金、救济金。

(5) 保险赔款。

(6) 军人的转业费、复员费、退役金。

(7) 按照国家统一规定发给干部、职工的安家费、退职费、基本养老金或者退休费、离休费、离休生活补助费。

(8) 依照我国有关法律规定应予免税的各国驻华使馆、领事馆的外交代表、领事官员和其他人员的所得。

(9) 中国政府参加的国际公约、签订的协议中规定免税的所得。

2．减税项目

(1) 残疾、孤老人员和烈属的所得。

(2) 因严重自然灾害造成重大损失的。

(3) 国务院可以规定其他减税情形，报全国人民代表大会常务委员会备案。

3．其他免税和暂免征税项目（包括但不限于）

(1) 外籍个人取得下列所得暂免征收个人所得税：① 外籍个人以非现金形式或实报实销形式取得的住房补贴、伙食补贴、搬迁费、洗衣费。② 外籍个人按合理标准取得的境内、外出差补贴。③ 外籍个人取得的探亲费、语言训练费、子女教育费等，经当地税务机关审核批准为合理的部分。④ 外籍个人从外商投资企业取得的股息、红利所得。⑤ 符合相关条件的外籍专家取得的工资、薪金所得。

(2) 企业职工因企业破产，从破产企业取得的一次性安置费收入，免征个人所得税。

(3) 对被拆迁人按照国家有关城镇房屋拆迁管理办法规定的标准取得的拆迁补偿款，免征个人所得税。

(4) 个人领取原提存的住房公积金、基本医疗保险金、基本养老保险金，以及失业保险金，免征个人所得税。

(5) 对工伤职工及其近亲属按照规定取得的工伤保险待遇，免征个人所得税。

(6) 对个人取得的储蓄存款利息，暂免征收个人所得税。

(7) 个人举报、协查各种违法犯罪行为而获得的奖金，暂免征收个人所得税。

(8) 个人办理代扣代缴税款手续，按规定取得的扣缴手续费，暂免征收个人所得税。

(9) 个人转让自用达5年以上，并且是唯一的家庭居住用房取得，暂免征收个人所得税。

(10) 个体工商户、个人独资企业和合伙企业或个人从事种植业、养殖业、饲养业、捕捞业取得的所得，暂不征收个人所得税。

(11) 自2022年1月1日起，对法律援助人员依法获得的法律援助补贴，免征个人所得税。

（七）征收管理

1．申报方式

1) 扣缴申报

(1) 扣缴义务人应当按照国家规定办理全员全额扣缴申报，并向纳税人提供其个人所得和已扣缴税款等信息。

(2) 扣缴义务人每月或者每次预扣、代扣的税款，应当在次月15日内缴入国库，并向税务机关报送扣缴个人所得税申报表。

(3) 对扣缴义务人按照所扣缴的税款，付给2%手续费。

2) 自行申报

有下列情形之一的，纳税人应当依法办理纳税申报：

(1) 取得综合所得需要办理汇算清缴。
(2) 取得应税所得没有扣缴义务人。
(3) 取得应税所得，扣缴义务人未扣缴税款。
(4) 取得境外所得。
(5) 因移居境外注销中国户籍。
(6) 非居民个人在中国境内从两处以上取得工资、薪金所得。
(7) 国务院规定的其他情形。

2．纳税期限

1) 居民个人的纳税期限

(1) 居民个人取得综合所得，按年计算个人所得税；有扣缴义务人的，由扣缴义务人按月或者按次预扣预缴税款；需要办理汇算清缴的，应当在取得所得的次年3月1日至6月30日内办理汇算清缴。

(2) 居民个人从中国境外取得所得的，应当在取得所得的次年3月1日至6月30日内申报纳税。

2) 非居民个人的纳税期限

(1) 非居民个人取得工资、薪金所得，劳务报酬所得，稿酬所得和特许权使用费所得，有扣缴义务人的，由扣缴义务人按月或者按次代扣代缴税款，不办理汇算清缴。

(2) 非居民个人在中国境内从两处以上取得工资、薪金所得的，应当在取得所得的次月15日内申报纳税。

3) 扣缴义务人的纳税期限

扣缴义务人每月或者每次预扣、代扣的税款，应当在次月15日内缴入国库，并向税务机关报送扣缴个人所得税申报表。

4) 其他情形的纳税期限

(1) 纳税人取得经营所得，按年计算个人所得税，由纳税人在月度或者季度终了后15日内向税务机关报送纳税申报表，并预缴税款；在取得所得的次年3月31日前办理汇算清缴。

(2) 纳税人取得利息、股息、红利所得，财产租赁所得，财产转让所得和偶然所得，按月或者按次计算个人所得税，有扣缴义务人的，由扣缴义务人按月或者按次代扣代缴税款。

(3) 纳税人取得应税所得没有扣缴义务人的，应当在取得所得的次月15日内向税务机关报送纳税申报表，并缴纳税款。

(4) 纳税人取得应税所得，扣缴义务人未扣缴税款的，纳税人应当在取得所得的次年6月30日前缴纳税款；税务机关通知限期缴纳的，纳税人应当按照期限缴纳税款。

(5) 纳税人因移居境外注销中国户籍的，应当在注销中国户籍前办理税款清算。

二、操作准备

(1) 员工信息采集表。
(2) 员工专项附加扣除信息采集表。
(3) 员工正常工资薪金收入表。

一、业务流程

个人所得税扣缴申报流程如图 4-27 所示。

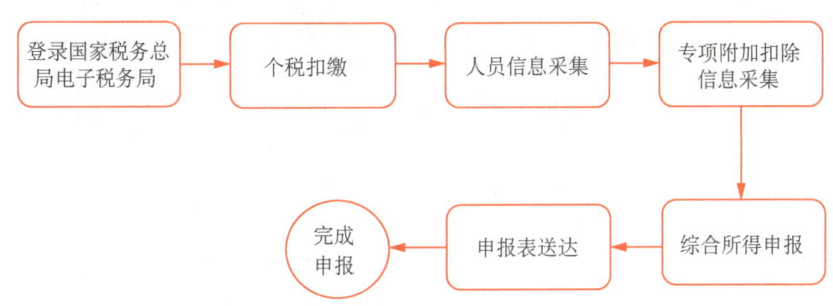

图 4-27 个人所得税扣缴申报流程

二、业务操作

第一步：登录自然人电子税务局。进入国家税务总局电子税务局，点击"个税扣缴"，输入企业社会信用代码和登录密码，点击"登录"按钮，如图 4-28 所示。

操作录屏31：个人所得税预缴申报

图 4-28 个税扣缴登录

第二步：人员信息采集。

（1）通过左侧功能菜单或直接点击右侧"常用功能"，进入自然人电子税务局页面，如图 4-29 所示。

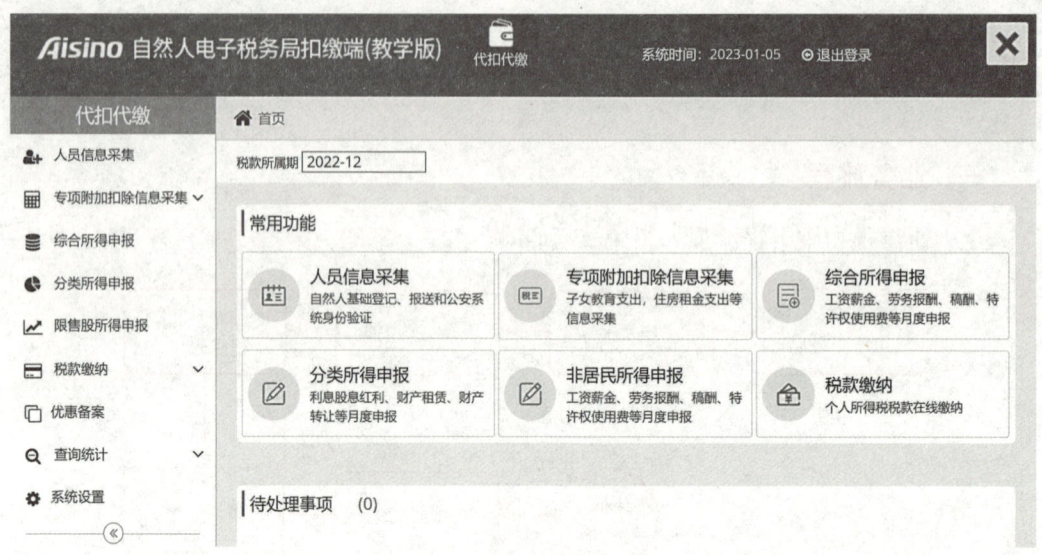

图 4-29　自然人电子税务局

（2）点击"人员信息采集"，进入公司人员信息采集页面，点击"导入"按钮，导入人员信息基本情况表，如图 4-30 所示。

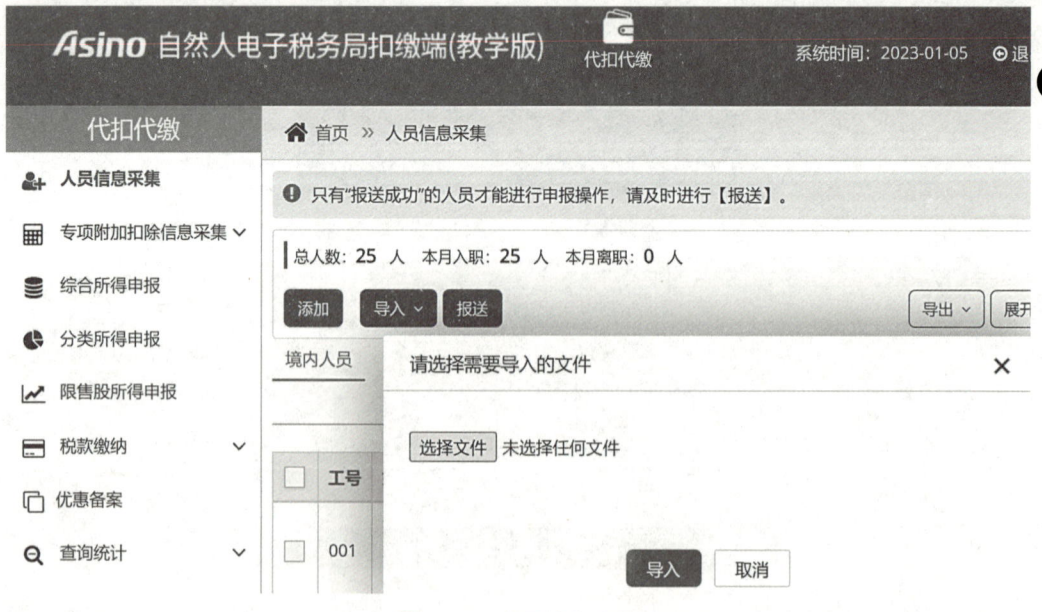

图 4-30　人员信息采集

> **提示**
> 人员信息采集可以通过"导入"功能导入，也可以通过"添加"按钮逐个添加员工信息。

（3）勾选员工信息，点击"报送"按钮，完成人员信息采集，如图4-31所示。

	工号	姓名	证件类型	证件号码	性别	人员状态	报送状态	身份验证状态	手机号码	是否残疾	是否烈属	是否孤老	任职受雇
☑	001	刘永昌	1	370725197912190528	男	正常	报送成功	验证通过	13305365926	否	否	否	雇员
☑	002	桑虹	1	370721198205137521	女	正常	报送成功	验证通过	18905365727	否	否	否	雇员
☑	003	高峰	1	370513198206282371	男	正常	报送成功	验证通过	15653616260	否	否	否	雇员
☑	004	秦燕	1	130184199003256548	女	正常	报送成功	验证通过	13454146447	否	否	否	雇员
☑	005	谢敏	1	32010319980522222X	女	正常	报送成功	验证通过	13457346738	否	否	否	雇员
☑	006	肖文倩	1	370402199912170518	女	正常	报送成功	验证通过	13953612521	否	否	否	雇员

图 4-31　人员信息勾选报送

第三步：专项附加扣除信息采集。依次单击"子女教育支出""继续教育支出""住房贷款利息支出"按钮，填写相关信息，信息填写完毕并检查无误后，单击"保存"按钮。

> **提示**
>
> （1）专项附加扣除信息采集可通过单击"新增"按钮逐个新增，新增时需要点击"放大镜"选择相关人员；也可批量导入，即点击"导入"，在下拉菜单中选择"模板下载"，将下载模板中的信息填写完整后，点击"导入文件"。
> （2）下载模板后填写相关信息注意查看填表说明，按规定填写。模板名称中不能有数字。

完成专项附加扣除信息填写后，需要选中员工信息，单击"报送"按钮，如图4-32所示。

第四步：综合所得预缴申报。

（1）收入及减除填写。点击"正常工资薪金所得"所在行的"填写"：①单个添加，点击"放大镜"选择相关人员，填写人员收入、扣除信息等，单击"保存"按钮。②批量添加，点击"导入"，在下拉菜单中选择"模板下载"，将正常工资薪金所得模板信息填写完成后，点击"导入文件"，完成批量导入员工正常工资薪金所得信息，如图4-33所示。

图 4-32　专项附加按扣除信息采集报送

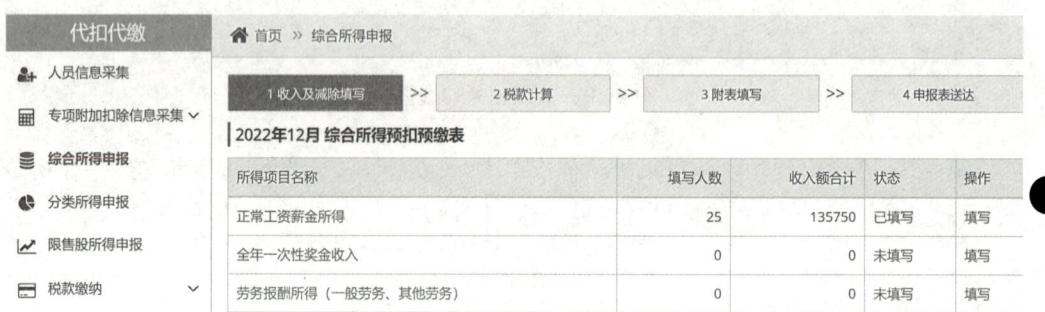

图 4-33　综合所得申报

> **提示**
>
> （1）"正常工资薪金所得"会调用本纳税年度上期累计数据，再与当期填写的数据合并累计计税（税款所属期为一月时，只检查是否有待计算数据，有则进行算税）。如果本次只有汇总申报记录，则无需调用往期申报数据。
> （2）第一次申报，费用扣除扣除 5 000 元，第一次申报项目除子女教育外，其他项目从次月开始生效扣除。
> （3）批量导入时，点击"导入文件"，在弹出对话框中，可复制上月数据，可标准模板导入，可生成零工资记录用户手工修改。如果是第一次申报，需要选择"标准模板导入"。如果点击"复制上月当期数据"项，则将上月的数据复制到本月所属期报表中。
> （4）复制成功后若有员工涉及专项附加扣除的，需再点击"预填专项附加扣除"。

(2) 税款计算。返回"综合申报所得"页面，点击"税款计算"，系统会自动进行税款计算，如图 4-34 所示。

图 4-34 税款计算

(3) 附表填写。如果有减免事项、商业健康保险等事项，点击相应所得事项"填写"，完成附表填写。

(4) 申报表送达。点击"申报表送达"进行申报，点击"发送申报"，系统提示本次扣缴税款，点击"确定"按钮，系统提示申报成功已缴费，完成申报工作，如图 4-35 所示。

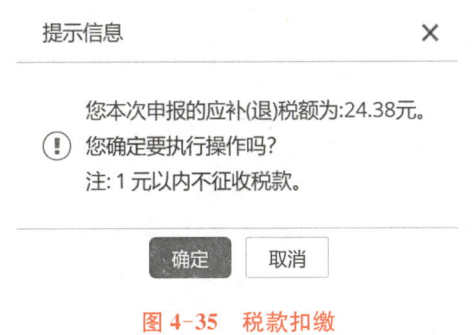

图 4-35 税款扣缴

三、业务要领

(1) 扣缴义务人应当按照国家规定办理全员全额扣缴申报，并向纳税人提供其个人所得和已扣缴税款等信息。扣缴义务人应根据员工所发放工资、非货币性福利等实际情况，结合"应付职工薪酬"明细账核算内容，在代扣代缴的次月 15 日内填写个人所得税扣缴申报表，进行纳税申报。

(2)《个人所得税扣缴申报表》中，税款所属期是纳税人取得应纳个人所得税款的所

拓展训练

"1+X"证书闯关

属期间;纳税申报期是纳税所属期下月的征期。比如 12 月份发放的工资,应在下一年 1 月申报期内办理扣缴申报,对应的税款所属期为 12 月 1 日至 12 月 31 日。

(3) 填写人员信息采集、专项附加扣除信息采集和综合所得预缴申报时,可以点击"添加""新增"按钮,实现相关信息的录入,也可以下载相关模板,查看填表说明,按照要求填写相关信息,点击"导入"按钮,导入信息。

(4) 点击"导出申报表",可下载个人所得税扣缴申报表,查看相关信息。

四、业务解析

潍坊森然公司个税预缴答案已在【业务操作】部分呈现,此处不再赘述。

任务总结

表 4-21 任务总结单

项目		总结与反思	研学改进
素质提升	提升		
	不足		
知识掌握	掌握		
	不足		
能力达成	达成		
	不足		

任务评价

表 4-22 任务评价表

评价指标	评价标准	分值	自评	互评	教师	所占比例
岗位技能	(1) 熟练、规范操作个人所得税申报流程	30				70%
	(2) 熟练操作专项附加扣除信息采集和综合所得申报	40				
	(3) 独立完成"1+X"证书闯关	30				
过程性考核	(1) 出勤与纪律	25				30%
	(2) 工作态度	25				
	(3) 自我学习与管理能力	25				
	(4) 团队合作与创新能力	25				
	综合得分					

任务五　其他主要税种纳税申报

任务情境

潍坊森然公司 12 月发生的经济业务涉及印花税、城镇土地使用税和房产税,现办税员肖文倩需要填写相关财产和行为税的纳税申报表,完成纳税申报。如需最新财产和行为税纳税申报表,请扫描二维码下载使用。

任务要求

根据潍坊森然公司 12 月发生的经营业务数据,帮助肖文倩完成该公司印花税、城镇土地使用税和房产税的纳税申报工作,以国家税务总局山东省电子税务局为例。

5-1 财产和行为税纳税申报表

任务准备

一、知识准备

(一) 印花税

1. 征税范围

(1) 合同。在税目税率表中列举了 11 大类合同,包括买卖、承揽、建设工程、融资租赁、租赁、运输、仓储、保管、借款、财产保险、技术合同或者具有合同性质的凭证。

(2) 产权转移书据。土地使用权出让书据，土地使用权、房屋等建筑物和构筑物所有权转让书据(不包括土地承包经营权和土地经营权转移)，股权转让书据(不包括应缴纳证券交易印花税的)以及商标专用权、著作权、专利权、专有技术使用权转让书据。

(3) 营业账簿。按照营业账簿反映的内容不同，在税目中分为记载资金的账簿和其他营业账簿两类。对记载资金的营业账簿按万分之二点五税率征收印花税，对其他营业账簿不征收印花税。

(4) 证券交易。证券交易印花税对证券交易的出让方征收，不对受让方征收。

2. 税率

印花税税目税率表，如表 4-23 所示。

表 4-23 印花税税目税率表

税目		税率	备注
合同 (指书面 合同)	借款合同	借款金额的万分之零点五	银行业金融机构、经国务院银行业监督管理机构批准设立的其他金融机构与借款人(不包括同业拆借)的借款合同
	融资租赁合同	租金的万分之零点五	
	买卖合同	价款的万分之三	动产买卖合同(不包括个人书立的动产买卖合同)
	承揽合同	报酬的万分之三	
	建设工程合同	价款的万分之三	
	运输合同	运输费用的万分之三	货运合同和多式联运合同(不包括管道运输合同)
	技术合同	价款、报酬或者使用费的万分之三	不包括专利权、专有技术使用权转让书据
	租赁合同	租金的千分之一	
	保管合同	保管费的千分之一	
	仓储合同	仓储费的千分之一	
	财产保险合同	保险费的千分之一	不包括再保险合同
产权 转移 书据	土地使用权出让书据	价款的万分之五	转让包括买卖(出售)、继承、赠与、互换、分割
	土地使用权、房屋等建筑物和构筑物所有权转让书据(不包括土地承包经营权和土地经营权转移)	价款的万分之五	
	股权转让书据(不包括应缴纳证券交易印花税的)	价款的万分之五	
	商标专用权、著作权、专利权、专有技术使用权转让书据	价款的万分之三	

(续表)

税目	税率	备注
营业账簿	实收资本（股本）、资本公积合计金额的万分之二点五	
证券交易	成交金额的千分之一	自2023年8月28日起，实施减半征收

3．应纳税额的计算

应纳税额的计算公式如下：

$$应纳税额 = 计税依据 \times 适用税率$$

（1）应税合同的计税依据，为合同所列的金额，不包括列明的增值税税款。

（2）应税产权转移书据的计税依据，为产权转移书据所列的金额，不包括列明的增值税税款。

（3）应税营业账簿的计税依据，为账簿记载的实收资本（股本）、资本公积合计金额。

（4）证券交易的计税依据，为成交金额。

4．征收管理

1）纳税义务发生时间

（1）印花税的纳税义务发生时间为纳税人书立应税凭证或者完成证券交易的当日。

（2）证券交易印花税扣缴义务发生时间为证券交易完成的当日。

2）纳税地点

（1）纳税人为单位的，应当向其机构所在地的主管税务机关申报缴纳印花税。

（2）纳税人为个人的，应当向应税凭证书立地或者纳税人居住地的主管税务机关申报缴纳印花税。

（3）不动产产权发生转移的，纳税人应当向不动产所在地的主管税务机关申报缴纳印花税。

3）纳税期限

（1）印花税按季、按年或者按次计征。实行按季、按年计征的，纳税人应当自季度、年度终了之日起15日内申报缴纳税款；实行按次计征的，纳税人应当自纳税义务发生之日起15日内申报缴纳税款。

（2）证券交易印花税按周解缴。证券交易印花税扣缴义务人应当于每周终了之日起5日内申报解缴税款以及银行结算的利息。

4）缴纳方式

（1）印花税可以采用粘贴印花税票或者由税务机关依法开具其他完税凭证的方式缴纳。

（2）印花税票粘贴在应税凭证上的，由纳税人在每枚税票的骑缝处盖戳注销或者画销。

(二)城镇土地使用税

1. 征税范围

城镇土地使用税的征税范围是税法规定的纳税区域内的土地。凡在城市、县城、建制镇、工矿区范围内的土地,不论是属于国家所有的土地,还是集体所有的土地,都属于城镇土地使用税的征税范围。

建立在城市、县城、建制镇和工矿区以外的工矿企业不需缴纳城镇土地使用税。

公园、名胜古迹内的索道公司经营用地,应按规定缴纳城镇土地使用税。

2. 税率

城镇土地使用税实行有幅度的地区差别定额税率,按大、中、小城市和县城、建制镇、工矿区分别规定每平方米土地使用税年应纳税额。

城镇土地使用税每平方米年税额标准:大城市1.5~30元;中等城市1.2~24元;小城市0.9~18元;县城、建制镇、工矿区0.6~12元。

3. 计税依据

城镇土地使用税计税依据:纳税人实际占用的土地面积。

(1)凡由省级人民政府确定的单位组织测定土地面积的,以测定的土地面积为准。

(2)尚未组织测定,但纳税人持有政府部门核发的土地使用证书的,以证书确定的土地面积为准。

(3)尚未核发土地使用证书的,应当由纳税人据实申报土地面积,并据以纳税,待核发土地使用证书后再作调整。

4. 应纳税额的计算

应纳税额的计算公式如下:

$$年应纳税额 = 实际占用应税土地面积(平方米) \times 适用税额$$

5. 征收管理

1) 纳税义务发生时间

(1)购置新建商品房,自房屋交付使用之次月起计征城镇土地使用税。

(2)购置存量房,自办理房屋权属转移、变更登记手续,房地产权属登记机关签发房屋权属证书之次月起计征城镇土地使用税。

(3)出租、出借房产,自交付出租、出借房产之次月起计征城镇土地使用税。

(4)以出让或转让方式有偿取得土地使用权的,应由受让方从合同约定交付土地时间的次月起缴纳;合同未约定交付土地时间的,从合同签订的次月起缴纳。

(5)纳税人新征用的耕地,自批准征用之日起满1年时开始缴纳城镇土地使用税。

(6)纳税人新征用的非耕地,自批准征用次月起缴纳城镇土地使用税。

2) 纳税地点

城镇土地使用税在土地所在地缴纳。

纳税人使用的土地不属于同一省、自治区、直辖市、管辖范围内的,由纳税人分别向土地所在地的税务机关申报缴纳;在同一省、自治区、直辖市、管辖范围内,纳税人跨地区使用的土地,由各省、自治区、直辖市税务局确定纳税地点。

3) 纳税期限

按年计算、分期缴纳,具体缴纳期限由省、自治区、直辖市人民政府确定。

(三) 房产税

1. 征税范围

以房屋为征税对象,但独立于房屋之外的建筑物(如水塔、围墙、室外游泳池等)不属于房屋,不征收房产税。

房地产开发企业建造的商品房,在出售前,不征收房产税;但对出售前房地产开发企业已使用或出租、出借的商品房应按规定征收房产税。

房产税的征税范围为城市、县城、建制镇和工矿区,不包括农村。

2. 税率

房产税税率采用比例税率。从价计征和从租计征实行不同标准的比例税率。

(1) 从价计征房产税的税率,按照房产余值计征的,年税率为 1.2%。

(2) 从租计征房产税的税率,按房产租金收入计征的,年税率为 12%。

3. 应纳税额的计算

(1) 从价计征房产税应纳税额的计算公式如下:

$$应纳税额 = 房产原值 \times (1 - 扣除比例) \times 1.2\%$$

扣除比例幅度为 10%~30%,具体减除幅度由省、自治区、直辖市人民政府规定。

(2) 从租计征房产税应纳税额的计算公式如下:

$$应纳税额 = 不含税租金收入 \times 12\%(或 4\%)$$

> **注意**
>
> 对个人出租住房,不区分实际用途,均按 4% 的税率征收房产税;对企事业单位、社会团体以及其他组织向个人、专业化规模化住房租赁企业出租住房的,减按 4% 的税率征收房产税。

4. 纳税义务发生时间

(1) 纳税人将原有房产用于生产经营,从生产经营之月起,缴纳房产税。

(2) 纳税人自行新建房屋用于生产经营,从建成之日的次月起,缴纳房产税。

(3) 纳税人委托施工企业建设的房屋,从办理验收手续之日的次月起,缴纳房产税。

(4) 纳税人购置新建商品房,自房屋交付使用之次月起,缴纳房产税。

(5) 纳税人购置存量房,自办理房屋权属转移、变更登记手续,房地产权属登记机关签发房屋权属证书之次月起,缴纳房产税。

(6) 纳税人出租、出借房产,自交付出租、出借房产之次月起,缴纳房产税。

(7) 房地产开发企业自用、出租、出借本企业建造的商品房,自房屋使用或交付之次月起,缴纳房产税。

（8）纳税人因房产的实物或权利状态发生变化而依法终止房产税纳税义务的，其应纳税款的计算截止到房产的实物或权利状态发生变化的当月末。

5．纳税地点和纳税期限

1）纳税地点

房产税在房产所在地缴纳，房产不在同一地方的纳税人，应按房产的坐落地点分别向房产所在地的税务机关申报纳税。

2）纳税期限

房产税实行按年计算、分期缴纳的征收方法，具体纳税期限由省、自治区、直辖市人民政府确定。

二、操作准备

（1）财产和行为税纳税申报表。
（2）财产和行为税减免税明细申报附表。
（3）城镇土地使用税、房产税税源明细表。
（4）印花税税源明细表。
（5）书立印花税应税合同、产权转移书据和营业账簿情况。

任务实施

一、业务流程

财产和行为税申报业务流程如图4-36所示。

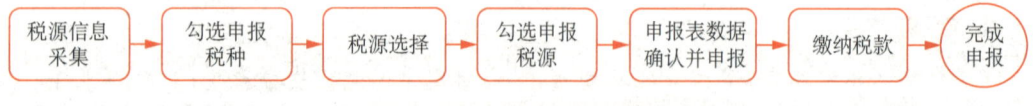

图4-36　财产和行为税申报业务流程

二、业务操作

第一步：登录电子税务局，输入企业社会信用代码、操作员手机号、密码，进行登录。

第二步：依次点击"我要办税""税费申报及缴纳""综合申报""财产和行为税申报"，进入界面，点击"新增申报"，勾选需要申报的税种。尚未采集税源信息的，可点击"税源信息采集"，跳转至采集页面采集税源信息。

提示

可以单独勾选其中一个税种单独申报，也可以同时勾选多个税种一起申报。

第三步：勾选需要申报的税种，点击"选择未申报税源"，可选择需要申报的税源，选择

完成后,点击"确定"按钮。

第四步:点击"下一步"按钮,进入申报表界面。点击"申报表选择",可以切换主附表,核实申报信息,核实信息无误后,可点击"申报"按钮,确定后显示申报成功即可。

> **提示**
>
> 如申报信息有误需要修改,则应回到《财产和行为税税源信息报告》修改相应税源信息。

第五步:点击"税费缴纳",进行缴费,缴款完成后则完成申报流程。

三、业务要领

自 2021 年 6 月 1 日起,全国纳税人申报财产和行为税(含城镇土地使用税、房产税、车船税、印花税、耕地占用税、资源税、土地增值税、契税、环境保护税、烟叶税)时,进行合并申报。城市维护建设税是增值税、消费税的附加税种,将分别与增值税、消费税合并申报,不纳入财产和行为税合并申报范围。纳税人在申报多个财产和行为税税种时,不再单独使用分税种申报表,而是在一张纳税申报表上同时申报多个税种。对纳税人而言,可简化报送资料、减少申报次数、缩短办税时间。

纳税申报前,纳税人需要填报《财产和行为税税源明细表》,维护税源信息。这是后续管理的基础数据来源,也是生成纳税申报表的主要依据。税源信息没有变化的,确认无变化后直接进行纳税申报,无需再次填报;税源信息有变化的,通过填报《财产和行为税税源明细表》进行数据更新维护后再进行纳税申报。

纳税申报时,各税统一采用《财产和行为税纳税申报表》。申报表由一张主表和一张减免税附表组成,主表为纳税情况,附表为申报享受的各类减免税情况。

纳税人可以自由选择维护税源信息的时间,既可以在申报期之前,也可以在申报期内。为确保税源信息和纳税申报表逻辑一致,减轻纳税人填报负担,征管系统将根据各税种税源信息自动生成申报表,纳税人审核确认后即可完成申报。无论选择何种填报方式,纳税人申报时,系统都会根据已经登记的税源明细表自动生成申报表。

合并申报不强制要求一次性申报全部税种,纳税人可以自由选择一次性或分别申报当期税种。例如,纳税人 6 月应申报城镇土地使用税、房产税、印花税,6 月 5 日申报时只申报了城镇土地使用税和房产税,遗漏了印花税,则可在申报期结束前单独申报印花税,不用更正此前的申报。

不同纳税期限的财产和行为税各税种可以合并申报。按期申报但纳税期限不同的税种可以合并申报。例如,某企业按季度缴纳城镇土地使用税,按月汇总缴纳印花税,则在 9 月征期内,该企业可以合并申报三季度城镇土地使用税和 8 月份印花税。

纳税人发现错填、漏填税源信息时,可以直接修改已填写的税源明细表。申报信息有误,需要修改相应的税源信息。合并申报支持单税种更正。纳税人更正申报一个或部分税种,不影响其他已申报税种。

拓展训练

任务总结

表 4-24 任务总结单

项目	总结与反思		研学改进
素质提升	提升		
	不足		
知识掌握	掌握		
	不足		
能力达成	达成		
	不足		

任务评价

表 4-25 任务评价表

评价指标	评价标准	分值	自评	互评	教师	所占比例
岗位技能	(1) 熟练、规范操作财产和行为税纳税申报流程	40				70%
	(2) 熟练、准确填写财产和行为税纳税申报表	30				
	(3) 独立完成拓展训练	30				
过程性考核	(1) 出勤与纪律	25				30%
	(2) 工作态度	25				
	(3) 自我学习与管理能力	25				
	(4) 团队合作与创新能力	25				
综合得分						

任务六 社会保险费用申报

任务情境

潍坊森然公司对职工应缴纳的社会保险费用代为申报,现办税员肖文倩需要在社会保险基金管理中心完成该公司职工 12 月社会保险费用申报,请扫描二维码下载社保申报资料。

任务要求

借助 Aisino 财税教学系统,根据潍坊森然公司的基本信息和职工工资收入情况,帮助肖文倩完成该公司 12 月职工社会保险费用申报工作。

6-1 社保申报资料

任务准备

一、知识准备

目前我国的社会保险主要有基本养老保险、基本医疗保险、工伤保险、失业保险和生育保险。

(一)基本养老保险

1. 基本养老保险制度的组成

基本养老保险制度由三个部分组成:职工基本养老保险制度、新型农村社会养老保险制度、城镇居民社会养老保险制度。

职工基本养老保险费的征缴范围包括国有企业、城镇集体企业、外商投资企业、城镇私营企业和其他城镇企业及其职工,实行企业化管理的事业单位及其职工。这是基本养老保险的主体部分。

2. 职工基本养老保险费的缴纳

职工基本养老保险费的缴纳由用人单位和职工共同缴纳。

1) 单位缴费

用人单位应当按照国家规定的本单位职工工资总额的比例缴纳基本养老保险费,记入基本养老保险统筹基金。自 2019 年 5 月 1 日起,降低城镇职工基本养老保险(包括企业和机关事业单位基本养老保险)单位缴费比例。各省、自治区、直辖市及新疆生产建设兵团养老保险单位缴费比例高于 16% 的,可降至 16%;目前低于 16% 的,要研究提出过渡办法。

2) 个人缴费

职工个人按照本人缴费工资的 8% 缴费,记入个人账户。缴费工资一般为职工本人上一年度月平均工资。本人月平均工资低于当地职工月平均工资60%的，按当地职工月平均工资的60%作为缴费基数。本人月平均工资高于当地职工月平均工资300%的，按当地职工月平均工资的300%作为缴费基数，超过部分不计入缴费工资基数，也不计入计发养老金的基数。

城镇个体工商户和灵活就业人员按照上述口径计算的本地全口径城镇单位就业人员平均工资核定社保个人缴费基数上下限，允许缴费人在60%～300%之间选择适当的缴费基数，缴费比例为20%，其中8%记入个人账户。

(二) 基本医疗保险

1. 基本医疗保险的组成

1) 职工基本医疗保险

职工应当参加职工基本医疗保险，由用人单位和职工按照国家规定共同缴纳基本医疗保险。

无雇工的个体工商户、未在用人单位参加基本医疗保险的非全日制从业人员以及其他灵活就业人员，可以参加职工基本医疗保险，由个人按照国家规定缴纳基本医疗保险费。

2) 城乡居民基本医疗保险

城乡居民基本医疗保险是整合城镇居民基本医疗保险和新型农村合作医疗两项制度，建立统一的城乡居民基本医疗保险制度。城乡居民基本医疗保险制度覆盖除职工基本医疗保险应参保人员以外的其他所有城乡居民，统一保障待遇。

2. 全面推进生育保险和职工基本医疗保险合并实施

根据国务院办公厅2019年3月6日印发的《关于全面推进生育保险和职工基本医疗保险合并实施的意见》，推进两项保险合并实施，统一参保登记，即参加职工基本医疗保险的在职职工同步参加生育保险。统一基金征缴和管理，生育保险基金并入职工基本医疗保险基金，按照用人单位参加生育保险和职工基本医疗保险的缴费比例之和确定新的用人单位职工基本医疗保险费率，个人不缴纳生育保险费。两项保险合并实施后实行统一定点医疗服务管理，统一经办和信息服务。确保职工生育期间的生育保险待遇不变。

3. 职工基本医疗保险费的缴纳

1) 单位缴费

单位缴费部分，由统筹地区统一确定适合当地经济发展水平的基本医疗保险单位缴费率，一般为职工工资总额的6%左右。用人单位缴纳的基本医疗保险费分为两部分，一部分用于建立统筹基金，另一部分划入个人账户。

2) 基本医疗保险个人账户的资金来源

个人缴费部分，由统筹地区统一确定适合当地职工负担水平的基本医疗保险个人缴费率。一般为本人工资收入的2%。

用人单位缴费的划入部分，由统筹地区根据个人医疗账户的支付范围和职工年龄等因素确定用人单位所缴医疗保险费划入个人医保账户的比例，一般为30%左右。

(三) 工伤保险

1. 工伤保险费的缴纳

中华人民共和国境内的企业、事业单位、社会团体、民办非企业单位、基金会、律师事务所、会计师事务所等组织的职工和个体工商户的雇工,均有依法享受工伤保险待遇的权利。

职工应当参加工伤保险,由用人单位缴纳工伤保险费,职工不缴纳工伤保险费。

用人单位缴纳工伤保险费的数额为本单位职工工资总额乘以单位缴费费率之积。

2．特别规定

(1) 工伤保险中所称的本人工资,是指工伤职工工伤或者患职业病前12个月平均月缴费工资。本人工资高于统筹地区职工平均工资300%的,按照统筹地区职工平均工资的300%计算;本人工资低于统筹地区职工平均工资60%的,按照统筹地区职工平均工资的60%计算。

(2) 工伤职工符合领取基本养老基金条件的,停发伤残津贴,享受基本养老保险待遇。基本养老保险待遇低于伤残津贴的,由工伤保险基金补足差额。

(3) 职工所在用人单位未依法缴纳工伤保险费,发生工伤事故的,由用人单位支付工伤保险待遇。用人单位不支付的,从工伤保险基金中先行支付,由用人单位偿还。用人单位不偿还的,社会保险经办机构可以追偿。

(4) 职工(包括非全日制从业人员)在两个或者两个以上用人单位同时就业的,各用人单位应当分别为职工缴纳工伤保险费。职工发生工伤,由职工受到伤害时工作的单位依法承担工伤保险责任。

(四) 失业保险

职工应当参加失业保险,由用人单位和职工按照国家规定共同缴纳失业保险费。征缴范围包括:国有企业、城镇集体企业、外商投资企业、城镇私营企业和其他城镇企业及其职工,事业单位及其职工。

城镇企业事业单位按照本单位工资总额的2%缴纳失业保险费,职工按照本人工资的1%缴纳失业保险费。为减轻企业负担,促进扩大就业,人力资源社会保障部、财政部发文降低失业保险费率,将用人单位和职工失业保险缴费比例总和从3%阶段性降至1%,个人费率不得超过单位费率。

(五) 社会保险费征缴与管理

1．社会保险登记

1) 用人单位的社会保险登记

用人单位应当自成立之日起30日内凭营业执照、登记证书或者单位印章,向当地社会保险经办机构申请办理社会保险登记。

提示

根据《社会保险费征缴暂行条例》规定,企业在办理登记注册时,同步办理社会保险登记。为了方便讲解社会保险申报的业务操作,将社会保险登记内容放在本任务中讲解。

2) 个人的社会保险登记

用人单位应当自用工之日起30日内为其职工向社会保险经办机构申请办理社会保

险登记。

自愿参加社会保险的无雇工的个体工商户、未在用人单位参加社会保险的非全日制从业人员以及其他灵活就业人员,应当向社会保险经办机构申请办理社会保险登记。

2．社会保险费用的缴纳

（1）用人单位应当自行申报、按时足额缴纳社会保险费,非因不可抗力等法定事由不得缓缴、减免。

（2）职工应当缴纳的社会保险费由用人单位代扣代缴,用人单位应当按月将缴纳社会保险费的明细情况告知本人。

（3）无雇工的个体工商户、未在用人单位参加社会保险的非全日制从业人员以及其他灵活就业人员,可以直接向社会保险费征收机构缴纳社会保险费。

3．社会保险基金的管理

（1）除了基本医疗保险基金和生育保险基金合并建账及核算外,各项社会保险基金分别建账、分账核算,执行国家统一的会计制度。

（2）社会保险基金专款专用,任何组织和个人不得侵占或者挪用。

（3）社会保险基金存入财政专户,通过预算实现收支平衡。社会保险基金预算按照社会保险项目分别编制。

（4）社会保险基金在保证安全的前提下,按照国务院规定投资运营实现保值增值。

二、操作准备

（1）单位信息。
（2）职工花名册。
（3）职工工资统计表。

任务实施

一、业务流程

社会保险费用申报流程如图 4-37 所示。

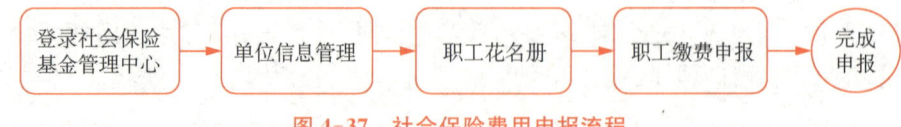

图 4-37 社会保险费用申报流程

操作录屏 32：
社会保险费用申报

二、业务操作

第一步：点击"电子政务—社保管理中心",输入企业社会信用代码和密码登录,进入社会保险基金管理中心的页面,如图 4-38 所示。

图 4-38　社会保险基金管理中心

第二步：点击"单位信息管理"，查看"单位基本信息"，"申报类型"选择"月报"，"单位非关键信息修改"填写相关信息，"单位险种和银行账号管理"填写相关信息并勾选相应险种，保存提交，等待审核，如图 4-39 所示。

图 4-39　基本信息录入

第三步：点击"职工花名册"，可通过"员工登记"进行逐个登记，也可通过"批量导入"，完成职工名单上传，点击"员工名单更新"，等待审核通过后，登记状态显示"已登记"。

第四步：点击"职工缴费申报"，"申报年份"选择"2022年12月"，输入每位职工当月工资金额后，点击"提交"按钮，系统将自动计算出本月缴费总额和各项险种缴费金额，点击"确认"按钮，系统将从绑定的银行账户中扣除相应费用。

> **提示**
> （1）单击"返回上一步"按钮，可继续修改职工缴费申报信息。
> （2）单击"确认"按钮后正式申报。

三、业务要领

（1）用人单位与职工签订劳动合同后，需要先为职工进行用工备案，审核通过后才能转入社保关系，进行社保缴纳工作。

（2）每年的社保缴费基数都是上年度的工资总额，月缴费基数是工资总额的月均值。缴费基数一般一年只能调整一次，实际调整时间以各地规定为准。

（3）选中员工信息后，点击"员工修改"，可对该名员工信息进行修改。"员工登记""员工修改""批量导入"后，需点击"员工名单更新"，提交审核。

（4）点击"导出缴费明细"，可导出申报月份职工缴费明细，查看职工当月社会保险各险种的明细和总额。

拓展训练

任务总结

表4-26 任务总结单

项目		总结与反思	研学改进
素质提升	提升		
	不足		
知识掌握	掌握		
	不足		
能力达成	达成		
	不足		

任务评价

表 4-27 任务评价表

评价指标	评价标准	分值	自评	互评	教师	所占比例
岗位技能	(1) 熟练、规范操作社会保险费用申报流程	40				70%
	(2) 熟练操作职工花名册	30				
	(3) 熟练操作职工缴费申报	30				
过程性考核	(1) 出勤与纪律	25				30%
	(2) 工作态度	25				
	(3) 自我学习与管理能力	25				
	(4) 团队合作与创新能力	25				
综合得分						

知识巩固

一、单选题(每题只有一个正确答案,请将正确答案填在括号内)

1. 根据增值税相关规定,下列不属于增值税视同销售行为的是(　　)。
   A. 将外购手机作为中秋福利发给企业员工
   B. 将自产的月饼作为中秋福利发放给员工
   C. 将自产的月饼捐赠给福利院老人
   D. 将自产的月饼交给超市代销

2. 增值税一般纳税人购进(　　)服务涉及的进项税额,准予从销项税额中抵扣。
   A. 住宿　　　　　　　　　　　　B. 贷款
   C. 娱乐　　　　　　　　　　　　D. 居民日常

3. 境外自然人为境内单位提供设计服务,境内单位支付含税服务费 10 300 元,境内单位应扣缴增值税(　　)元。
   A. 0　　　　B. 583.02　　　　C. 618　　　　D. 1 184.96

4. 某企业为增值税一般纳税人,2022 年 11 月提供汽车租赁服务,开具增值税专用发票,注明金额 50 万元;提供汽车车身广告位出租服务,开具增值税专用发票,注明金额 60 万元;出租上月购置房屋,开具增值税专用发票,注明金额 100 万元。该企业本月增值税销项税额(　　)万元。
   A. 15.60　　　　B. 18.90　　　　C. 23.30　　　　D. 25.60

5. 某企业为增值税一般纳税人,2022 年 12 月购入材料取得增值税专用发票上注明的税额为 30 万元(全部用于应税项目),租入房屋取得增值税专用发票上注明的税额为

20万元(既用于免税项目又用于应税项目),则当月该企业可以抵扣的进项税额为( )万元。

A. 20　　　　　B. 30　　　　　C. 40　　　　　D. 50

6. 下列各项中,属于消费税征收范围的是( )。

A. 调味料酒　　　　　　　　　　　B. 电动汽车

C. 气缸容量200毫升的摩托车　　　D. 宝石坯

7. 下列关于包装物押金涉及的增值税、消费税税务处理说法中,正确的是( )。

A. 收取的包装物押金,一律不并入销售额征收增值税、消费税

B. 酒类包装物押金,一律并入销售额征收增值税、消费税;其他货物包装物押金,单独记账核算的,不并入销售额征收增值税、消费税

C. 啤酒的包装物押金不征收消费税,也不征收增值税,因为二者的计税口径是一致的

D. 对销售除啤酒、黄酒外的其他酒类产品收取的包装物押金,均应并入当期销售额征收增值税、消费税;酒类以外的其他货物包装物押金,单独记账的,时间在1年以内且未逾期的,不计算缴纳增值税、消费税

8. 某烟花厂受托加工一批烟花,由委托方提供原材料成本30 000元,该厂收取加工费10 000元、代垫辅助材料款5 000元,没有同类烟花销售价格,以上款项均不含增值税,鞭炮、焰火适用消费税税率为15%。该厂应代收代缴消费税( )元。

A. 5 869.57　　　B. 6 750　　　C. 7 058.82　　　D. 7 941.18

9. 除国务院财政、税务主管部门另有规定外,以下与生产经营活动有关的固定资产中,最低折旧年限为5年的是( )。

A. 生产设备　　B. 电子设备　　C. 家具　　D. 建筑物

10. 甲企业2022年开始筹建,当年未取得收入,筹建期间发生业务招待费300万元、业务宣传费20万元、广告费200万元。上述支出可计入企业筹办费并在税前扣除的金额是( )万元。

A. 200　　　　　B. 220　　　　　C. 400　　　　　D. 520

11. 某居民企业(增值税一般纳税人)因管理不善导致从其他一般纳税人处购进的一批价值50万元(不含税,已抵扣进项税额)的材料变质,保险公司审理后同意赔付5万元,则该业务企业所得税前可扣除的损失金额为( )万元。

A. 45　　　　　B. 50　　　　　C. 51.50　　　　　D. 53

12. 企业为职工发放的非货币性福利在预扣预缴个人所得税时,应按( )税目缴纳个人所得税。

A. 工资、薪金所得　　　　　　　　B. 劳务报酬所得

C. 利息、股息、红利所得　　　　　D. 稿酬所得

13. 2022年10月,王某在商场举办的有奖销售活动中获得奖金5 000元,王某领奖时支付交通费30元、餐费70元。王某中奖奖金应缴纳个人所得税应纳税额( )元。

A. 1 000　　　　B. 994　　　　C. 986　　　　D. 980

14. 职工取得的下列收入中,不得作为社会保险费缴费基数的是( )。

A. 奖金

B. 津贴

C. 加班工资

D. 支付给劳务派遣单位的劳务派遣人员的费用

15. 2022年12月张某出租自有住房,当月收取不含增值税租金5 000元,当月需偿还个人住房贷款1 500元,张某当月应缴纳房产税税额为(　　)元。

　　A. 140　　　　　　B. 200　　　　　　C. 420　　　　　　D. 600

16. 某公司2022年在城区实际占地面积18 000平方米,其中生产区占地10 000平方米,生活区占地3 000平方米,对外出租5 000平方米。已知,城镇土地使用税年税额为2元/平方米,该公司当年应缴纳城镇土地使用税(　　)元。

　　A. 20 000　　　　B. 26 000　　　　C. 30 000　　　　D. 36 000

二、多选题(每题有两个或两个以上正确答案,请将正确答案填在括号内)

1. 下列关于增值税纳税义务发生时间的说法中,正确的有(　　)。

A. 纳税人进口货物,其纳税义务发生时间为报关进口的当天

B. 纳税人发生应税销售行为,先开具发票的,其纳税义务发生时间为开具发票的当天

C. 签订书面合同以赊销方式销售货物的,其纳税义务发生时间为货物发出的当天

D. 采取托收承付方式销售货物的,其纳税义务发生时间为发出货物并办妥托收手续的当天

2. 下列各项中,免征增值税的有(　　)。

A. 农业生产者销售自产水果　　　　B. 销售宠物饲料

C. 体育彩票的发行收入　　　　　　D. 超市销售水果罐头

3. 增值税一般纳税人发生的下列业务中,不得开具增值税专用发票的有(　　)。

A. 商业企业零售化妆品

B. 商业企业零售烟酒

C. 商业企业零售劳保手套

D. 工业企业将自产货物无偿赠送给其他企业

4. 下列自产应税消费品,以纳税人同类应税消费品的最高销售价格作为计税依据计算消费税的有(　　)。

A. 用于职工福利的应税消费品　　　B. 用于对外投资入股的应税消费品

C. 用于换取生产资料的应税消费品　D. 用于抵债的应税消费品

5. 下列物品中,既征收增值税又征收消费税的有(　　)。

A. 从国外进口小轿车　　　　　　　B. 从国外进口手机

C. 商场零售高档化妆品　　　　　　D. 葡萄酒厂销售自产葡萄酒

6. 下列各项中,符合批发环节征收消费税规定的有(　　)。

A. 卷烟和雪茄烟在批发环节征收消费税

B. 计算批发环节缴纳的消费税时,不得扣除已含的生产环节消费税税款

C. 卷烟批发企业的总分机构不在同一地区的,由总机构申报缴纳消费税

D. 纳税人批发卷烟和其他商品不能分别核算销售额的,一并征收消费税

7. 下列支出中,可以从企业所得税应纳税所得额中直接据实扣除的有(　　)。

A. 违约金 B. 诉讼费用
C. 实际发生的业务招待费 D. 提取未付的职工工资

8. 由于技术进步等原因,企业的固定资产确实需要加速折旧的,根据企业所得税的相关规定,可以采用加速折旧方法的有( )。

A. 年数总和法
B. 双倍余额递减法
C. 缩短折旧年限,但最低折旧年限不得低于规定折旧年限的50%
D. 先进先出法

9. 下列各项中,免征个人所得税的有( )。

A. 赵某取得退休工资8 000元
B. 钱某取得救济金10 000元
C. 孙某举报税务违法行为获得奖金10 000元
D. 李某取得境内上市公司股票转让所得38 000元

10. 下列说法中,符合个人所得税相关规定的有( )。

A. 偶然所得以1个月取得的收入为一次
B. 财产租赁所得以1个月内取得的收入为一次
C. 出版社的专业作者翻译的作品以图书形式出版取得的报酬属于稿酬所得
D. 编剧从制作单位取得的剧本使用费属于稿酬所得

11. 居民个人取得的下列所得,应纳入综合所得计征个人所得税的有( )。

A. 工资薪金所得 B. 劳务报酬所得
C. 稿酬所得 D. 特许权使用费所得

12. 下列属于我国个人所得税法中规定的专项附加扣除项目的有( )。

A. 住房贷款利息支出 B. 大病医疗支出
C. 住房公积金 D. 失业保险

13. 根据印花税的规定,下列各项中,属于购销合同的有( )。

A. 商品房销售合同
B. 二手房转让合同
C. 发电厂与电网之间签订的购售电合同
D. 出版单位与发行单位之间订立的图书订购单

三、判断题(正确的在括号内打"√",错误的打"×")

1. 小规模纳税人发生增值税应税销售行为,合计月销售额未超过15万元(以1个季度为一个纳税期的,季度销售额未超过45万元)的,免征增值税。 ( )

2. 采取分期收款方式销售货物的,增值税纳税义务发生时间为收到货款的当天。
( )

3. 纳税人为销售货物而收取的出租包装物押金,无论是否逾期及是否退还都需并入销售额征收增值税。 ( )

4. 根据我国现行消费税的相关规定,企业使用外购白酒连续生产白酒销售的,外购白酒已纳的消费税准予抵扣。 ( )

5. 外国企业无偿赠送的物资免征进口环节增值税和消费税。 ( )

6. 委托个人加工的应税消费品,由委托方向其机构所在地或者居住地主管税务机关申报纳税。（   ）

7. 经营单位进口金银首饰无须缴纳进口环节消费税。（   ）

8. 企业应当自固定资产投入使用月份的当月起计算折旧;停止使用的固定资产,应当自停止使用月份的次月起停止计算折旧。（   ）

9. 计算企业所得税应纳税所得额时,企业当年发生的职工福利费超过法律规定扣除标准的部分,不得在以后年度结转扣除。（   ）

10. 某企业2022年实现利润总额30万元,直接向希望小学捐款6万元,通过公益性社会组织向受灾地区捐款4万元。该公司在计算本年度企业所得税应纳税所得额时,准予扣除的捐赠额为10万元。（   ）

11. 对个人独资企业投资者取得的生产经营所得征收个人所得税,不征收企业所得税。（   ）

12. 个人所得税的专项附加扣除,一个纳税年度扣除不完,可以结转以后年度扣除。（   ）

13. 某公司委托施工企业建设一栋办公楼,从该办公楼建成之次月起缴纳房产税。（   ）

14. 财产所有权人将财产赠与社会福利机构书立的产权转移数据,免征印花税。（   ）

15. 土地使用权未确定或权属纠纷未解决的,暂不缴纳城镇土地使用税。（   ）

技能提升

实务操作题一

山东景泰筷子制造有限责任公司为增值税一般纳税人,2022年12月发生如下经济业务(假定当月取得的增值税专用发票均已在"增值税发票选择确认平台"进行选择确认)。

(1) 向客户A销售竹筷子10 000双,合同约定每双筷子的不含税售价为100元,因采购数量较多,给予八五折优惠。针对该业务开具了增值税专用发票,且销售额与折扣额在同一张增值税发票的金额栏中分别注明。

(2) 向客户B销售不锈钢筷子4 000双,合同约定每双不含税售价为200元,针对该笔业务开具了一张增值税普通发票。

(3) 从泰和房地产开发公司购入一栋房屋作为办公楼,取得一张增值税专用发票上注明不含税金额为1 200 000元。

(4) 当月召开年底业绩冲刺动员大会,支付会议费取得一张增值税专用发票上注明不含税价款5 000元;支付住宿费取得一张增值税专用发票上注明不含税价款3 000元。

(5) 当月将上月外购的一批绿植用于新建职工宿舍净化空气,该批绿植已抵扣增值税进项税额3 600元。

已知:山东景泰筷子制造有限责任公司适用的城市维护建设税税率为7%。

要求:假设张倩为山东景泰筷子制造有限责任公司的办税人员(身份证号:

370705199610152246），除上述情形外，不考虑其他纳税调整事项。请根据上述资料帮助张倩完成该公司 2022 年 12 月增值税纳税申报。

实务操作题二

醉妃酒业有限公司企业所得税选择按季根据实际利润预缴、年终汇算清缴的方式缴纳。2022 年第一季度至第三季度已预缴的企业所得税为 148 677.50 元。其第四季度初从业人数为 115 人、资产总额为 3 000 万元，第四季度末从业人数为 121 人、资产总额为 3 300 万元。

2022 年 11 月购进一台机器设备，并于当月投入使用，其原值为 120 万元，符合《财政部税务总局关于设备、器具扣除有关企业所得税政策的通知》(财税〔2018〕54 号)的规定，允许一次性计入当期成本费用在计算应纳税所得额时扣除。该机器设备在会计上采用直线法计提折旧，预计使用年限为 10 年，净残值为 4%。醉妃酒业 2022 年损益账户资料信息如表 4-28 所示。

表 4-28　2022 年损益账户资料信息

公司名称：醉妃酒业有限公司　　　　　　　　　　　　　　　　　　　　　　　　　单位：元

账户名称	金额			
	前三季度	10～11 月	12 月	全年累计
主营业务收入	4 350 000.00	1 450 000.00	1 080 000.00	6 880 000.00
其他业务收入	120 000.00	30 000.00		150 000.00
营业收入合计	4 470 000.00	1 480 000.00	1 080 000.00	7 030 000.00
主营业务成本	3 350 000.00	780 000.00	410 000.00	4 540 000.00
其他业务成本	68 090.00	12 578.00		80 668.00
营业成本合计	3 418 090.00	792 578.00	410 000.00	4 620 668.00
税金及附加	35 200.00	8 900.00	6 500.00	50 600.00
管理费用	220 000.00	50 000.00	30 000.00	300 000.00
研发费用				0.00
销售费用	180 000.00	40 000.00	25 000.00	245 000.00
财务费用	32 000.00	8 000.00	4 000.00	44 000.00
资产减值损失	10 000.00	2 000.00		12 000.00
资产处置损益	20 000.00		10 000.00	30 000.00
营业外收入		50 000.00		50 000.00
营业外支出			5 000.00	5 000.00
会计利润	594 710.00	628 522.00	609 500.00	1 832 732.00
预缴所得税	148 677.50			

假定徐丽为醉妃酒业有限公司的办税人员(身份证号：320101198912120808)，除上述情形外，不考虑其他纳税调整事项。请根据上述资料帮助徐丽完成该公司2022年第四季度企业所得税预缴申报。

实务操作题三

醉妃酒业有限公司(纳税人识别号：913201152010205677)2022年11月新入职一名员工李翔，其个人情况如表4-29至表4-31所示。

表4-29 人员基本情况

工号	姓名	证照类型	证照号码	国籍(地区)	性别	学历	出生日期	人员状态	任职受雇从业类型	手机号码	任职受雇从业日期
001	李翔	居民身份证	370702199312070038	中国	男	大学本科	1993-12-07	正常	雇员	18360667166	2022-11-10

表4-30 专项附加扣除情况

姓名	身份证号码	电话	有无配偶	扣除项目	是否独生子女
李翔	370702199312070038	18360667166	无	赡养老人支出	是
被赡养人信息	姓名	身份证件类型	身份证件号码	国籍(地区)	关系	出生日期
	李建军	居民身份证	320100196207100030	中国	父母	1962-07-10

表4-31 收入及专项扣除情况

当月工资收入	免税收入	专项扣除项目			
		基本养老保险费	基本医疗保险费	失业保险费	住房公积金
123 000.00	0.00	9 840.00	2 460.00	615.00	14 760.00

假设不考虑其他事项，请根据上述资料完成员工李翔2022年11月份个人所得税代扣代缴申报。

参考文献

[1] 航天信息股份有限公司.金税财务应用(初级)[M].北京:高等教育出版社,2021.
[2] 航天信息股份有限公司.金税财务应用(中级)[M].北京:高等教育出版社,2021.
[3] 史新浩,邵丽.税务核算与申报[M].北京:北京大学出版社,2019.
[4] 吴向阳,李梅.会计基础[M].上海:立信会计出版社,2020.
[5] 李梅.基础会计实训[M].上海:立信会计出版社,2020.
[6] 财政部会计财务评价中心.经济法基础[M].北京:经济科学出版社,2023.
[7] 中国注册会计师协会.2022年度注册会计师全国统一考试辅导教材税法[M].北京:经济科学出版社,2022.
[8] 孙荣,吴茵富.会计综合实训[M].北京:中国人民大学出版社,2018.